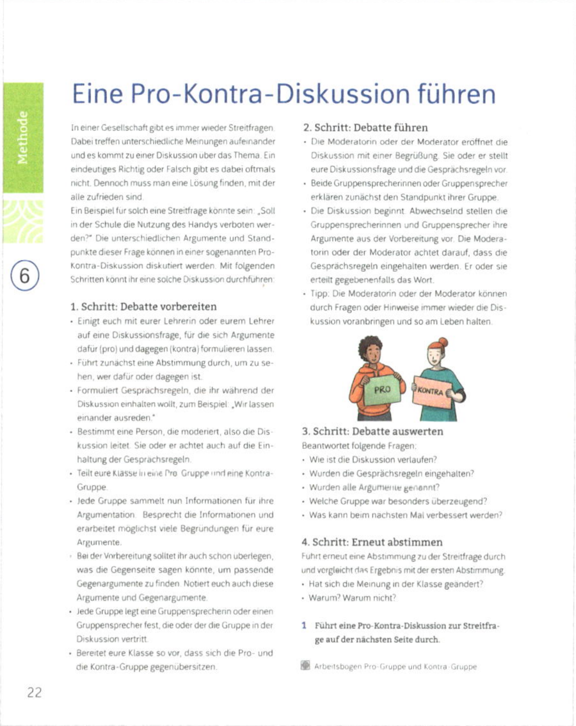

Methodenseite

Auf diesen Seiten werden Methoden für den Unterricht in den Fächern Wirtschaft und Politik vorgestellt und mit bestimmten Fragestellungen eingeübt. Die Methode kannst du dann auch auf andere Inhalte anwenden.

Kompakt und Lerncheck

Jedes Kapitel endet mit einer **Kompaktseite**, auf der die wichtigsten Inhalte und Begriffe zusammengefasst werden.

Mit dem **Lerncheck** kannst du überprüfen, ob du die Kompetenzen erreicht hast. Deine Antworten kannst du mit den Lösungen im Medienpaket vergleichen.

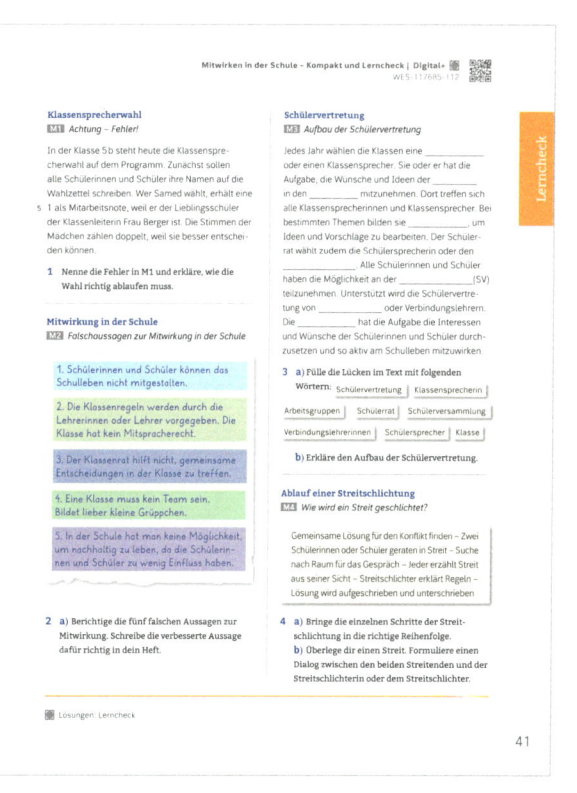

westermann

Erarbeitet von:

Marius Bosse
Jan-Niklas Esser
Wolfgang Pankratz

pra/xis

Wirtschaft | Politik

BAND 1

Mit Beiträgen von: Wera Barth, Melanie Eßer, Sabine Gans, Laura Grewe, Sandra Kaps, Laura Knoll, Michael Köhler

Vorbereiten. Organisieren. Durchführen.
BiBox ist das umfassende Digitalpaket zu diesem Lehrwerk mit zahlreichen Materialien und dem digitalen Schulbuch. Für Lehrkräfte und für Schülerinnen und Schüler sind verschiedene Lizenzen verfügbar. Nähere Informationen unter **www.bibox.schule**

Das Internetportal für aktuellen Unterricht
Unterrichtsmaterialien zu aktuellen Themen für fast alle Fächer finden Sie unter **www.schroedel-aktuell.de**

© 2023 Westermann Bildungsmedien Verlag GmbH, Georg-Westermann-Allee 66, 38104 Braunschweig
www.westermann.de

Das Werk und seine Teile sind urheberrechtlich geschützt. Jede Nutzung in anderen als den gesetzlich zugelassenen bzw. vertraglich zugestandenen Fällen bedarf der vorherigen schriftlichen Einwilligung des Verlages. Nähere Informationen zur vertraglich gestatteten Anzahl von Kopien finden Sie auf www.schulbuchkopie.de.

Für Verweise (Links) auf Internet-Adressen gilt folgender Haftungshinweis: Trotz sorgfältiger inhaltlicher Kontrolle wird die Haftung für die Inhalte der externen Seiten ausgeschlossen. Für den Inhalt dieser externen Seiten sind ausschließlich deren Betreiber verantwortlich. Sollten Sie daher auf kostenpflichtige, illegale oder anstößige Inhalte treffen, so bedauern wir dies ausdrücklich und bitten Sie, uns umgehend per E-Mail davon in Kenntnis zu setzen, damit beim Nachdruck der Verweis gelöscht wird.

Druck A[1] / Jahr 2023
Alle Drucke der Serie A sind im Unterricht parallel verwendbar.

Redaktion: Manja Nitschke
Illustrationen: Asja Bleckwedel (Kaltenkirchen), Danae Diaz (Stuttgart)
Umschlaggestaltung/Layout: LIO Design GmbH, Braunschweig
Druck und Bindung: Westermann Druck GmbH, Georg-Westermann-Allee 66, 38104 Braunschweig

ISBN 978-3-14-**117685**-8

Inhalt

Methodenübersicht und kooperative Lernformen
- 6 Die im Buch enthaltenen Methoden im Überblick
- 6 Kooperative Lernformen

Wirtschaft und Politik – deine neuen Fächer
- 10 Politik – was ist das?
- 12 Wirtschaft überall
- 14 **Methode** Der Yes-Day

Mitwirken in der Schule
- 18 Wir als Klassenteam
- 20 Unsere Klassenregeln
- 22 **Methode** Eine Pro-Kontra-Diskussion führen
- 24 Wählen in der Klasse
- 26 **Methode** Eine Mindmap erstellen
- 28 Der Klassenrat
- 30 Streit friedlich lösen
- 32 Meine Schule kennenlernen
- 34 Rechte und Pflichten in der Schule
- 36 Die Schülervertretung
- 38 Nachhaltigkeit in der Schule
- 40 Kompakt
- 41 Lerncheck

Kapitel 1

Mitwirken in der Gemeinde
- 44 Wir leben nicht allein
- 46 Wir leben in Gemeinden
- 48 Entscheidungen in der Gemeinde
- 52 **Methode** Das Rathaus erkunden
- 54 Politische Entscheidungen verfolgen
- 56 Kinder- und Jugendbeteiligung
- 58 Nachhaltigkeit in der Gemeinde
- 60 Einsatz für die Gemeinschaft
- 64 Kompakt
- 65 Lerncheck

Kapitel 2

Inhalt

Grundlagen des Wirtschaftens

- 68 **Methode** Ein Gedankenexperiment durchführen - das Inselspiel
- 70 Grundbedürfnisse des Menschen
- 72 Sind Bedürfnisse nur Dinge?
- 74 Die Entstehung des Geldes
- 76 Die Funktionen des Geldes
- 78 **Methode** Ein Schaubild auswerten
- 80 Was können wir uns leisten?
- 82 Taschengeld - Mein eigenes Geld
- 84 Regeln für meinen Einkauf
- 86 Kaufkraft von Jugendlichen
- 88 Kompakt
- 89 Lerncheck

Kapitel 3

Zusammenleben in einer vielfältigen Gesellschaft

- 92 Familien sind vielfältig
- 96 Familienformen im Wandel
- 98 Gleichberechtigung in Familien
- 100 Geschlechterrollen
- 104 Rollenkonflikte im Alltag
- 106 **Methode** Ein Rollenspiel durchführen
- 108 Unsere Gesellschaft ist vielfältig
- 111 **Methode** Ein Lernplakat gestalten
- 112 Nachhaltig Handeln in der Familie
- 114 Kinder haben Rechte!
- 118 **Methode** Fünf-Schritt-Lesemethode
- 120 Kinderarmut in Deutschland
- 122 Kompakt
- 123 Lerncheck

Kapitel 4

Inhalt

Die Medien und du

- 126 Medien früher und heute
- 128 Medien in meinem Alltag
- 130 **Methode** Eine Umfrage durchführen
- 132 Umgang mit Medien
- 134 Aufgaben der Massenmedien
- 136 **Methode** Im Internet recherchieren
- 138 Soziale Medien und Cybermobbing
- 142 Sich in den Medien darstellen
- 146 Influencerinnen und Influencer
- 148 Fake News
- 152 Regeln und Rechte im Internet
- 154 **Kompakt**
- 155 **Lerncheck**

Kapitel 5

Dein Einkauf und die Umwelt

- 158 Beeinflussung des Kaufverhaltens
- 160 Einkaufsfalle Supermarkt
- 164 Beeinflussung durch Werbung
- 166 **Methode** Werbung analysieren
- 168 Werbung in Sozialen Medien
- 172 Menschen verändern die Umwelt
- 174 Ressourcen – Schätze der Natur
- 176 Folgen von Kaufentscheidungen
- 180 **Methode** Arbeitsergebnisse präsentieren
- 182 **Kompakt**
- 183 **Lerncheck**

Kapitel 6

Anhang

- 184 Hilfen
- 189 Textquellenverzeichnis
- 191 Bildquellenverzeichnis
- 192 Stichwortverzeichnis

- 193 Aufgabenstellungen besser verstehen (Operatorenübersicht)

Methodenübersicht und kooperative Lernformen

Die im Buch enthaltenen Methoden im Überblick

14	**Methode**	Der Yes-Day
22	**Methode**	Eine Pro-Kontra-Diskussion führen
26	**Methode**	Eine Mindmap erstellen
52	**Methode**	Das Rathaus erkunden
68	**Methode**	Ein Gedankenexperiment durchführen
78	**Methode**	Ein Schaubild auswerten
106	**Methode**	Ein Rollenspiel durchführen
111	**Methode**	Ein Lernplakat gestalten
118	**Methode**	Fünf-Schritt-Lesemethode
130	**Methode**	Eine Umfrage durchführen
136	**Methode**	Im Internet recherchieren
166	**Methode**	Werbung analysieren
180	**Methode**	Arbeitsergebnisse präsentieren

Marktplatz

Austausch von Informationen und Meinungen

1. Geht im Raum umher, bis ihr ein Signal von der Lehrkraft bekommt.
2. Bleibt dann stehen und besprecht mit der Person, die euch am nächsten steht, eure Aufgabe. Beim nächsten Signal geht ihr wieder weiter.
3. Wenn erneut das Signal erklingt, bleibt ihr wieder stehen und sprecht mit einer Person.

Kooperative Lernformen

Think-Pair-Share
Kooperatives Lernen in einem 3-Schritt-System, Austausch von Ideen und Gedanken
1. Nachdenken:
   Denkt in Einzelarbeit über die Aufgabe nach, löst sie und macht euch Notizen.
2. Austauschen:
   Stellt eure Lösungen einander vor, lernt die Lösung des anderen kennen.
3. Stellt euch gegenseitig Fragen und tauscht euch aus. Notiert dann ein gemeinsames Ergebnis.
4. Vorstellen:
   Stellt die gemeinsame Lösung in der Klasse vor, lernt weitere Lösungen kennen und vergleicht sie wieder mit der eigenen Lösung.

Lerntempoduett (Bushaltestelle)
Lernen in individuellem Tempo mit kooperativem Austausch
1. Jede Schülerin und jeder Schüler bearbeitet die Aufgabe zunächst in Einzelarbeit.
2. Wenn jemand fertig ist, steht sie oder er auf und wartet auf die nächste Person, die fertig ist.
3. Beide Schüler vergleichen ihre Ergebnisse. Sie sind nun ein Expertenpaar.
4. Eine Wiederholung dieses Ablaufs mit weiteren Aufgabenstellungen ist möglich.

Zur Durchführung des Lerntempoduetts kann ein fester Treffpunkt im Klassenraum vereinbart und mit einem Schild als Bushaltestelle markiert werden.

Partnervortrag
Vergleich und Vorstellung von Ideen, Materialien, Ergebnissen
1. Lest die Aufgabenstellung.
   Arbeitet in Einzelarbeit einen Vortrag aus.
2. Setzt euch zu zweit zusammen und einigt euch, wer zuerst Sprecherin oder Sprecher ist und wer zuhört.
3. Die Zuhörerin oder der Zuhörer hört aufmerksam zu und wiederholt dann das Erzählte. Die Sprecherin oder der Sprecher achtet darauf, ob der Vortrag vollständig und richtig wiedergegeben wird.
4. Danach wechselt ihr die Rollen.

Galeriegang
Präsentation von Gruppenergebnissen
1. Bildet möglichst gleich große Gruppen.
2. Jede Gruppe bearbeitet ein anderes Thema.
3. Anschließend werden die Gruppen neu zusammengesetzt: Aus jeder alten Gruppe wechselt ein Experte in eine neue Gruppe.
4. Die Gruppen wandern von Station zu Station. Dort präsentiert eine Expertin oder ein Experte die Ergebnisse und beantwortet Fragen.

Kooperative Lernformen

Stühletausch
Vergleich und Vorstellung von Ideen, Materialien, Ergebnissen, gemeinsame Auswertung

1. Jeder Schüler löst die gestellte Aufgabe und legt sein Ergebnisblatt auf seinen Stuhl.
2. Nun sucht sich jeder Schüler einen anderen Stuhl und liest das dort ausgelegte Ergebnis. Dann notiert er eine Rückmeldung.
3. Jeder geht auf seinen Platz zurück und prüft die Rückmeldung zu seiner Lösung.
4. Gemeinsam wird in der Klasse ein auswertendes Gespräch geführt.

Placemat
Zusammenführen von individuellen Gedanken als Gesprächsanlass, um zu einem Gruppenprodukt zu kommen

1. Ein Blatt wird entsprechend der Anzahl an Diskutierenden in gleich große Felder aufgeteilt. In der Mitte bleibt ein Feld für die Ergebnisse frei. Jeder schreibt seine Ergebnisse zum Arbeitsauftrag in ein Außenfeld.
2. Diese Ergebnisse werden in der Gruppe besprochen.
3. In der Mitte wird anschließend das übereinstimmende Arbeitsergebnis notiert.
4. Die Gruppe stellt ihre Ergebnisse vor.

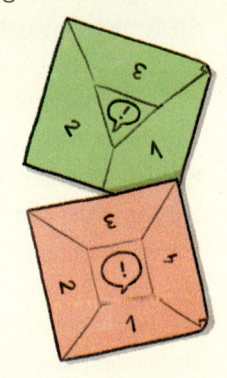

Bienenkorb
Austausch von Informationen

1. Findet euch mit euren Sitznachbarinnen und -nachbarn zu zweit oder zu mehreren zusammen.
2. Tauscht euch gemeinsam zur jeweiligen Fragestellung aus: Sammelt Ideen und Lösungsvorschläge oder vergleicht vorhandene Ergebnisse.
3. Sprecht anschließend gemeinsam in der Klasse.

Partnerabfrage
Vergleich von Ideen, Materialien, Ergebnissen, Aktivierung und Festigung des Gelernten durch Formulieren und Beantworten von Fragen

1. Findet euch mit einem Partner zusammen.
2. Bearbeitet zunächst die vorgegebene Aufgabe allein.
3. Formuliert ausgehend von eurer Lösung verschiedene Fragen, die ihr eurem Partner stellen könnt.
4. Fragt euch nun mit euren Fragen gegenseitig ab. Wechselt nach jeder Frage.
Derjenige, der eine Frage stellt, kann Hinweise und Tipps geben. Nachdem die Frage beantwortet wurde, liest derjenige, der die Frage gestellt hat, seine Antwort noch einmal vor.

Kooperative Lernformen

Fishbowl

Diskussionsform eines Themas in einer Kleingruppe, während eine Großgruppe zuhört und sich beteiligen kann

1. Die Arbeitsgruppe setzt sich in einen inneren Stuhlkreis und diskutiert ein Thema/Problem. Ein Stuhl bleibt für einen Gast frei.
2. Die übrigen Schüler sitzen in einem äußeren Stuhlkreis und hören zu.
   Die Gruppe im Innenkreis stellt ihre Arbeitsergebnisse vor.
3. Die Zuhörer im Außenkreis können sich am Gespräch beteiligen. Wer mitdiskutieren möchte, setzt sich als Gast auf den freien Stuhl bei der Arbeitsgruppe und äußert seinen Beitrag. Danach verlässt er den Innenkreis und setzt sich wieder auf seinen ursprünglichen Platz.
4. Andere, die nicht mehr mitdiskutieren möchten, können aussteigen und sich ebenfalls in den Außenkreis setzen. Zum Abschluss erfolgt eine Reflexion des Gesagten.

Kugellager

Vergleich und Vorstellung von Ideen, Materialien, Meinungen, Hausaufgaben, Ergebnissen einer Einzelarbeit

1. Teilt euch in zwei Gruppen. Bildet dann einen inneren und einen äußeren Stuhlkreis. Jeweils ein Schüler aus dem Innenkreis und sein Gegenüber aus dem Außenkreis bilden Gesprächspartner.
2. Der Schüler aus dem Außenkreis stellt seine Fragen, der Schüler aus dem Innenkreis beantwortet sie.
3. Die Gesprächspartner wechseln, indem der Außenkreis sich einen Platz weiterbewegt. Jetzt stellt der Schüler aus dem Innenkreis seine Fragen und der Partner im Außenkreis beantwortet sie.
4. Der Platz- und Rollenwechsel wird zwei- bis dreimal wiederholt.

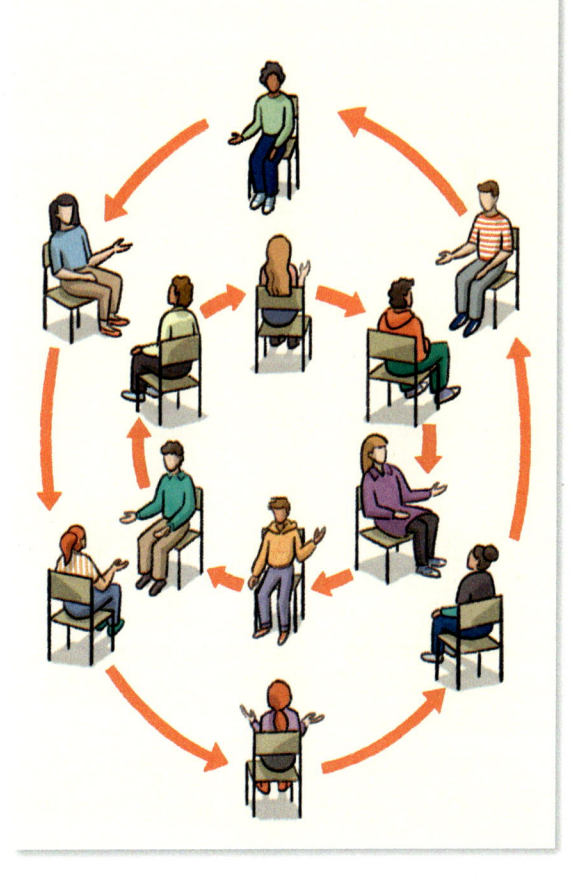

Wirtschaft und Politik – deine neuen Fächer

Wie können Menschen in einer Gemeinschaft leben und handeln?

Vergrößerte Ansicht des Einstiegsbildes

Politik – was ist das?

Politik – eine Begriffserklärung
Im alten Griechenland lebten viele Menschen in Städten zusammen. Diese Städte wurden „Polis" genannt. Das Besondere war, dass jede Polis ihr **Zusammenleben** selbst regelte. In einer Polis hatten die Bürger das Recht, aber auch die Pflicht, über Angelegenheiten der **Gemeinschaft** mitzubestimmen. Vom griechischen Wort „Polis" kommt der Begriff Politik, wie wir ihn heute kennen. Die Politik regelt also alles, was zum geordneten Zusammenleben der Gemeinschaft notwendig ist.

Gemeinschaften haben Regeln
In der Regel leben Menschen nicht allein, sondern in Gemeinschaften. Gemeinschaften sind beispielsweise die Familie, Kita und Schule. Aber auch das Dorf, die Stadt oder der Staat sind Gemeinschaften. Überall da treffen wir mit anderen zusammen und manchmal schließen wir miteinander Freundschaften. Mit anderen, die wir nur flüchtig treffen, zum Beispiel auf der Straße oder im Bus, müssen wir auskommen. Damit das Zusammenleben gut funktioniert, gibt es **Regeln**. Das kennst du aus der Familie, der Schule oder anderen Gemeinschaften, denen du angehörst.

Politik geht uns alle an
In Gemeinschaften treten auch **Probleme** auf. Die Politik versucht, diese Probleme zu lösen. Unterschiedliche Gruppen versuchen dabei, ihre **Interessen** durchzusetzen. Es kann zum Beispiel um den neuen Pausenhof der Schule oder den Bau eines Hallenbades gehen. Politik geht uns also alle an.

Wir leben in einer Demokratie
In Deutschland ist das Volk an den Entscheidungen des Staates beteiligt. Eine solche „Herrschaft des Volkes" nennt man **Demokratie**. In freien **Wahlen** bestimmen die Menschen, wer sie regieren soll. Sind sie damit unzufrieden, können sie bei der nächsten Wahl eine andere Regierung wählen. Auch dürfen die Menschen ihre **Meinung** frei äußern.

A Zeichne zwei weitere Gedankenblasen zum Bild in dein Heft und stelle sie deiner Klasse vor.
B Beschreibe den Begriff Politik.
C Nenne Gemeinschaften, denen du angehörst.
D Beschreibe, was eine Demokratie ausmacht.
E Begründe, warum Politik uns alle angeht.

Ein neues Fach beginnt

M1 *Was denkst du über folgende Aussagen?*

trifft überhaupt nicht zu — trifft vollständig zu

1. Politik interessiert mich gar nicht.
2. Ich kann mich einmischen und mich bei der Bürgermeisterin über den verdreckten Skaterpark beschweren.
3. Politikerinnen und Politiker treffen Entscheidungen für die Gesellschaft, also auch für mich.
4. Ich kann für meine Belange auf Demonstrationen eintreten, zum Beispiel für eine lebenswerte Zukunft.
5. Ich finde, Entscheidungen sollen mit dem Los und nicht durch Abstimmung entschieden werden.

1 a) Zeichnet die Abbildung M1 fünfmal untereinander an die Tafel. Nummeriert sie von 1 bis 5. Drückt zu jeder Aussage eure Meinung aus, indem ihr ankreuzt, an welcher Stelle ihr eure Position seht. So seht ihr, wie sich die Meinungen in eurer Klasse verteilen.
   b) Begründet eure jeweiligen Entscheidungen.
   c) Diskutiert eure Ergebnisse.

Was gehört zu meinem neuen Fach Politik?

M2 *Inhalte des Fachs Politik*

2 a) Gib jeder Zeichnung eine sinnvolle Überschrift.
   b) Beschreibe, was du auf den Zeichnungen erkennst und was das mit Politik zu tun hat. *Think-Pair-Share*
   c) Zeichne zwei weitere Bilder zu Themen, von denen du vermutest, dass sie im Fach Politik wichtig sind.

Wirtschaft und Politik – deine neuen Fächer

Wo kommen wir mit Wirtschaft in Berührung?

Wirtschaft überall

Wirtschaft ist überall

Wenn du mit deinen Eltern die Nachrichten schaust oder wenn sich Erwachsene unterhalten, hast du vielleicht schon einmal den Begriff **Wirtschaft** gehört. Doch Wirtschaft ist nichts, was nur deine Eltern etwas angeht. Auch du bist überall davon umgeben.

Als Wirtschaft werden alle Einrichtungen und menschlichen Aktivitäten verstanden, die uns helfen, unsere Wünsche und **Bedürfnisse** zu erfüllen. Wirtschaft betrifft manchmal nur einzelne Personen oder Familien. Wir gehen zum Beispiel in den Supermarkt, wenn wir Essen benötigen. Die Lebensmittel dort wurden in Fabriken produziert. Wirtschaft kann aber auch die komplette Welt umspannen. So treten auch Länder miteinander in Kontakt, um Wirtschaft zu betreiben.

Haushalte, Unternehmen und der Staat sind die **Akteure der Wirtschaft: Haushalte** sind Familien oder Einzelpersonen, die etwas kaufen. Sie kaufen bei **Unternehmen**, die zum Beispiel unsere Kleidung oder Lebensmittel herstellen. Der **Staat** achtet darauf, dass alles nach den geltenden Regeln abläuft.

Was bedeutet „wirtschaftliches Handeln"?

Wenn du durch eine Einkaufsstraße läufst, siehst du sehr viel **Werbung**. Werbung will dich dazu bringen, etwas zu kaufen. In einem Laden gibt es Schuhe vielleicht gerade zum halben Preis, in einem anderen ist Kleidung im Sonderangebot. Bevor du dir aber Schuhe kaufst, überlegst du zuerst, ob du sie brauchst und ob du genügend **Geld** dafür hast. Auch bei der Kleidung bist du dir nicht sicher, ob sie in einem anderen Laden vielleicht noch günstiger ist.

All das ist **wirtschaftliches Handeln**. Auch deine Eltern überlegen, was mit dem Geld der Familie eingekauft und was gespart werden sollte. Manchmal kann es vorkommen, dass für bestimmte Dinge zu wenig Geld da ist. Dann muss die Familie planen, wie sie das knappe Geld einsetzt. Sie handelt wirtschaftlich.

A Erstelle eine Mindmap (Methode auf Seite 26) zum Thema „Wirtschaft im Alltag".
B Notiere, wo du in deinem Alltag überall Wirtschaft erleben kannst.
C Erläutere mit Beispielen die Begriffe „Wirtschaft" und „wirtschaftliches Handeln".

Wirtschaft überall | Digital+
WES-117685-002

Wirtschaft ist vielseitig
M1 *Und das hat mit Wirtschaft zu tun?*

A

B

C

D

E

F

1 Wähle eine Aufgabe aus:
  a) Ordne folgende Begriffe den Bildern zu: Transport, Einzelhandel, Werbung durch Influencer, Markt, Rabatte („Sale"), Geld.
  b) Erläutere in eigenen Worten, inwiefern auf den einzelnen Bildern die Begriffe „Wirtschaft" und „wirtschaftliches Handeln" dargestellt werden.
  c) Erstelle eine eigene Collage zum Thema „Wirtschaft und wirtschaftliches Handeln".

Der Yes-Day – Ein Erlebnisspiel: Eure neuen Fächer kennenlernen

Einen Tag lang tun und lassen, was man möchte...

Stellt euch vor: Einen Tag lang ist alles erlaubt. Wäre das nicht toll? Wäre dann jeder glücklich und zufrieden? Ist das überhaupt möglich? Und was hat das mit deinen neuen Fächern Wirtschaft und Politik zu tun?

Um auf diese Fragen eine Antwort zu finden, könnt ihr ein Erlebnisspiel – den „Yes-Day" – durchführen. Hier geht es darum, dass ihr in Gedanken einen solchen Tag nach euren Wünschen erlebt. In einem Tagebucheintrag berichtet ihr anschließend davon. Dazu braucht ihr nur eure Fantasie, einen Stift und einen Zettel. Ihr absolviert den „Yes-Day" in drei Schritten:

Schritt 1: Die Vorbereitung

Bildet Kleingruppen mit etwa drei bis vier Personen. Legt euch Stift und Zettel bereit und lest gemeinsam den Text aus M1.
Beantwortet jetzt die folgenden Fragen in eurer Kleingruppe und macht euch Notizen:

- Welche Rolle spielt die Schule an eurem Yes-Day?
- Wie und wo bekommt ihr eure Nahrungsmittel? Wie macht ihr einen Einkauf? Welche Rolle spielt Geld?
- Was unternehmt ihr nachmittags? Seid ihr allein unterwegs, oder mit jemandem zusammen?
- Welche Rolle spielen andere Menschen? Wie geht ihr mit anderen Menschen um?

Schritt 2: Eure Erlebnisse schildern – „Du glaubst nicht, was heute passiert ist!"

Nun geht es darum, eure Erlebnisse genau zu schildern. Schreibt dazu gemeinsam einen Tagebucheintrag, welcher euren Tag und eure Entscheidungen genau erkennen lässt. Ihr könnt euch am Beispiel in M2 orientieren oder eurer Fantasie freien Lauf lassen und einen eigenen Text verfassen.

Schritt 3: Auswertung

Tauscht euren Tagebucheintrag mit einer anderen Gruppe. Wertet nun den Yes-Day mithilfe der Aufgaben auf Seite 15 unten aus.

Der Yes-Day - Ein Erlebnisspiel | Digital+
WES-117685-003

Methode

M1 *Stellt euch vor ...*

Ihr wacht morgens auf und irgendetwas fühlt sich anders an. Dann lest ihr es in eurem Kalender: Heute ist euer persönlicher „Yes-Day"!
Was das bedeutet? Es gibt keine Regeln! Egal wen ihr trefft oder was ihr möchtet, es gibt nur das Wörtchen „Ja". Ihr werdet an keine Grenzen stoßen. Es gibt nichts, was ihr nicht dürft. Nur ihr entscheidet, wie euer Tag abläuft.

M2 *Ein Tagebucheintrag*

Arbeitsbogen Yes-Day

1 Bewertet den Yes-Day der anderen Gruppe.
  a) Welche Konsequenzen hätte der „Yes-Day" eurer Mitschüler/innen für andere Menschen?
  b) Beschreibt Konflikte, die in der Gesellschaft entstehen können, wenn jeder Mensch jeden Tag seinen persönlichen „Yes-Day" leben würde.
2 Was würde mit Menschen passieren, die auf Hilfe angewiesen sind, wenn jeder Mensch seinen persönlichen „Yes-Day" lebt? Kugellager
3 „Die Ergebnisse aus diesem Spiel lassen sich auch auf die reale Welt und unseren Alltag übertragen."
Diskutiert diese Meinung gemeinsam in der Klasse.

Kapitel 1

- Wie bildet sich eine Klassengemeinschaft?
- Wie kannst du das Schulleben aktiv mitgestalten?
- Wozu brauchen wir eine Schülervertretung?
- Wie können Konflikte gelöst werden?

Mitwirken in der Schule

Mitwirken in der Schule

Wie werden wir ein gutes Klassenteam?

Wir als Klassenteam

Wofür brauchen wir eine Klassengemeinschaft?

Unsere Gesellschaft besteht aus unterschiedlichen **Gruppen**, die wichtig für unser Leben sind. Sie geben uns Halt, aber auch Orientierung und Hilfe. Dabei wollen wir immer, dass es uns in der Gruppe gut geht.

Das gilt auch für die Klasse. Man spricht von einer **Klassengemeinschaft**. Eine gute Klassengemeinschaft ist daran zu erkennen, dass sich die Schülerinnen und Schüler gegenseitig respektieren, auch wenn sie nicht immer einer Meinung sind. Sie geben sich eigene Regeln und teilen damit zusammen die Verantwortung, um gut miteinander leben zu können. In einer guten Klassengemeinschaft lernst du besser, da du dich besser konzentrieren kannst und weißt, dass du jederzeit Hilfe bekommen kannst.

Streit kann es auch in einem guten **Klassenklima** geben. Wichtig ist, dass man versucht, zusammen eine **Lösung** zu finden. Wie in einer Sportmannschaft hat jeder seine **Rolle** und gemeinsam kann man etwas erreichen. Ein schlechtes Klassenklima führt zu Frust und Blockaden. Im schlimmsten Fall magst du gar nicht mehr zur Schule gehen.

Wie werden wir ein Team?

Manche Kinder kennst du vielleicht bereits aus der Grundschule und ihr seid nun zusammen auf die neue Schule gewechselt. Vielleicht kennst du aber auch noch niemanden aus der Klasse und musst erst einmal neue **Freundschaften** schließen. Um herauszufinden, wie sich die einzelnen Kinder in der Klasse fühlen, könnt ihr eine kleine Umfrage (siehe Methode auf Seite 130) starten. So findet ihr heraus, wer Unterstützung braucht, sich in der neuen Klasse wohlzufühlen.

In den ersten Tagen an der neuen Schule könnt ihr euch über Kennenlernspiele näher bekannt machen. Durch das gemeinsame Spielen stärkt ihr euer **Gruppengefühl** und lernt wie es ist, wenn ihr als **Team** zusammen etwas erreicht. Dabei solltest du darauf achten, wie sich die anderen Kinder verhalten und wer vielleicht Hilfe bei den Spielen braucht.

A Erläutere in eigenen Worten, was der Unterschied zwischen einer guten und einer schlechten Klassengemeinschaft ist.

B Entwickle Ideen, wie aus deiner neuen Klasse für die nächsten Jahre ein richtiges Team werden kann.

Ich stelle mich vor (M1)

1 a) Zeichne einen Gegenstand den du oft benutzt groß auf ein Blatt Papier. Das kann beispielsweise ein Fußball, ein Buch oder dein Haustier sein.
b) Schreibe in den Gegenstand so viele Informationen zu dir wie möglich. Hier kannst du dein Geburtsdatum, dein Lieblingstier, deine Hobbys und so weiter aufschreiben.
c) Stelle dich mit Hilfe deines Bildes in der Klasse vor.
d) Hängt gemeinsam als Klasse die gemalten Steckbriefe der Schülerinnen und Schüler auf.

Das ist mein Name (M2)

2 a) Schreibe die Anfangsbuchstaben deines Namens von oben nach unten auf einen Zettel. Bilde danach mit jedem Anfangsbuchstaben ein Wort, das etwas mit dir zu tun hat. Das kann ein Hobby sein, Gegenstände, die du oft nutzt oder die Namen deiner Geschwister.
b) Suche dir eine Mitschülerin oder einen Mitschüler und erzähle von dir, indem du deinen Namen vorstellst. Danach erzählt sie oder er von sich und du hörst zu. ⚙ Kugellager
c) Besprecht in der gesamten Klasse in einem Stuhlkreis alle Namen und erzählt, was ihr über die anderen gelernt habt.

Wir arbeiten zusammen

3 Alle Kinder zählen nacheinander von 1 bis 20. Dabei darf jede Zahl nur ein einziges Mal genannt werden – dabei dürft ihr euch nicht absprechen. Wird eine Zahl von mehr als einer Schülerin oder einem Schüler genannt, beginnt das Zählen wieder bei der Zahl 1.

Das gesamte Spiel dauert so lange, bis ihr es als Klasse geschafft habt, von der Zahl 1 bis zur Zahl 20 zu zählen. Lasst euch nicht entmutigen, wenn es nicht gleich beim ersten Versuch funktioniert. Solltet ihr es dann aber ohne Fehler geschafft haben, habt ihr eure erste Aufgabe als Klasse gemeistert!

M1 *Beispiel für eine eigene Vorstellung*

M2 *Das ist mein Name*

Mitwirken in der Schule

Warum sind Klassenregeln wichtig?

Unsere Klassenregeln

Unruhe in der Klasse

Wie jeden Montag betritt Frau Meier die Klasse 5a. Sie öffnet die Tür und um sie herum bricht Chaos aus. „Albiona hat meine Füllerkappe geklaut!", „Finn und Timur haben sich in der Pause geprügelt!", „Isabell hat die Vase kaputt gemacht!"… Die Schülerinnen und Schüler rufen alle durcheinander und wollen gleichzeitig mit Frau Meier sprechen. Sie steht noch immer in der Tür, umgeben von ihren Schülerinnen und Schülern. Sie sieht, dass die Tische und Stühle unordentlich im Klassenraum stehen. Überall liegt Dreck herum. Kennst du das auch aus deiner Klasse? Alle sind neu auf der Schule und müssen sich erst einmal zurechtfinden. Deshalb beschließt Frau Meier mit der Klasse zusammen, dass **Regeln** für alle gebraucht werden.

Wofür brauchen wir Regeln?

Überall im Leben gibt es Regeln. Auch in deiner Familie wird es bestimmte Regeln geben, an die du dich halten musst. Das gilt auch für die Schule. Regeln helfen uns dabei, dass wir alle gut miteinander leben können und sich niemand schlecht fühlt. Zudem geben Regeln uns allen einen Rahmen, in dem wir uns sicher bewegen können. So wissen wir, was wir dürfen und was nicht erlaubt ist.

Regeln helfen, **Verantwortung** zu übernehmen, aber gleichzeitig setzen sie auch **Grenzen**. Mit der Hilfe von Regeln kannst du besser lernen, da es so beispielsweise in der Klasse ruhiger ist. Aber nicht nur in der Klasse gibt es Regeln. Auch die Schule legt mit der Schulordnung fest, was du darfst und was nicht, also was deine Rechte und Pflichten sind.

Tipps für Klassenregeln

Klassenregeln müssen unbedingt von der ganzen Klasse erarbeitet werden. Formuliert die Regeln so, dass sie das von euch gewünschte Verhalten beschreiben und nicht wie ein Verbot klingen. Die Regeln sollten kurz sein, damit sie für alle verständlich sind. Gebt euch lieber weniger Regeln als zu viele. Bei der Suche nach Regeln sollte auch über mögliche Folgen nachgedacht werden, falls sich jemand nicht an die Regeln hält. Am Ende werden die Regeln in der Klasse sichtbar aufgehangen und von allen unterschrieben.

A Beschreibe die Situation in der Klasse 5a in eigenen Worten.
B Erläutere, warum wir Regeln in der Klasse und in der Schule benötigen.
C Notiere dir die Tipps für die Klassenregeln.

Chaos im Klassenzimmer - Wir entwickeln unsere Klassenregeln

M1 *Heute in der 5a*

1 Wähle eine Aufgabe aus:

I a) Suche dir zwei Konflikte aus M 1 aus und beschreibe sie näher.

II b) Erläutere die Konflikte aus M1 und schlage Lösungen vor.

III c) Entwickle mithilfe des Bildes (M1) allgemeine Klassenregeln für die Klasse.

2 a) Schreibe deine Wünsche zum Verhalten deiner Klassenkameradinnen und Klassenkameraden auf.

b) Sammelt und vergleicht eure Wünsche, um ein Gruppenergebnis zu erhalten.
Placemat

3 Entwickelt als Klasse gemeinsame Regeln für eure Klassengemeinschaft.

Konflikt
Problem oder Streit zwischen zwei oder mehreren Personen

M2 *Beispiel für ein Klassenregelplakat*

Unsere Klassenregeln

Wir gehen freundlich miteinander um.

Wir passen im Unterricht auf.

...

...

Eine Pro-Kontra-Diskussion führen

In einer Gesellschaft gibt es immer wieder Streitfragen. Dabei treffen unterschiedliche Meinungen aufeinander und es kommt zu einer Diskussion über das Thema. Ein eindeutiges Richtig oder Falsch gibt es dabei oftmals nicht. Dennoch muss man eine Lösung finden, mit der alle zufrieden sind.

Ein Beispiel für solch eine Streitfrage könnte sein: „Soll in der Schule die Nutzung des Handys verboten werden?" Die unterschiedlichen Argumente und Standpunkte dieser Frage können in einer sogenannten Pro-Kontra-Diskussion diskutiert werden. Mit folgenden Schritten könnt ihr eine solche Diskussion durchführen:

1. Schritt: Debatte vorbereiten

- Einigt euch mit eurer Lehrerin oder eurem Lehrer auf eine Diskussionsfrage, für die sich Argumente dafür (pro) und dagegen (kontra) formulieren lassen.
- Führt zunächst eine Abstimmung durch, um zu sehen, wer dafür oder dagegen ist.
- Formuliert Gesprächsregeln, die ihr während der Diskussion einhalten wollt, zum Beispiel: „Wir lassen einander ausreden."
- Bestimmt eine Person, die moderiert, also die Diskussion leitet. Sie oder er achtet auch auf die Einhaltung der Gesprächsregeln.
- Teilt eure Klasse in eine Pro-Gruppe und eine Kontra-Gruppe.
- Jede Gruppe sammelt nun Informationen für ihre Argumentation. Besprecht die Informationen und erarbeitet möglichst viele Begründungen für eure Argumente.
- Bei der Vorbereitung solltet ihr auch schon überlegen, was die Gegenseite sagen könnte, um passende Gegenargumente zu finden. Notiert euch auch diese Argumente und Gegenargumente.
- Jede Gruppe legt eine Gruppensprecherin oder einen Gruppensprecher fest, die oder der die Gruppe in der Diskussion vertritt.
- Bereitet eure Klasse so vor, dass sich die Pro- und die Kontra-Gruppe gegenübersitzen.

2. Schritt: Debatte führen

- Die Moderatorin oder der Moderator eröffnet die Diskussion mit einer Begrüßung. Sie oder er stellt eure Diskussionsfrage und die Gesprächsregeln vor.
- Beide Gruppensprecherinnen oder Gruppensprecher erklären zunächst den Standpunkt ihrer Gruppe.
- Die Diskussion beginnt. Abwechselnd stellen die Gruppensprecherinnen und Gruppensprecher ihre Argumente aus der Vorbereitung vor. Die Moderatorin oder der Moderator achtet darauf, dass die Gesprächsregeln eingehalten werden. Er oder sie erteilt gegebenenfalls das Wort.
- Tipp: Die Moderatorin oder der Moderator können durch Fragen oder Hinweise immer wieder die Diskussion voranbringen und so am Leben halten.

3. Schritt: Debatte auswerten

Beantwortet folgende Fragen:
- Wie ist die Diskussion verlaufen?
- Wurden die Gesprächsregeln eingehalten?
- Wurden alle Argumente genannt?
- Welche Gruppe war besonders überzeugend?
- Was kann beim nächsten Mal verbessert werden?

4. Schritt: Erneut abstimmen

Führt erneut eine Abstimmung zu der Streitfrage durch und vergleicht das Ergebnis mit der ersten Abstimmung.
- Hat sich die Meinung in der Klasse geändert?
- Warum? Warum nicht?

1 Führt eine Pro-Kontra-Diskussion zur Streitfrage auf der nächsten Seite durch.

Arbeitsbogen Pro-Gruppe und Kontra-Gruppe

Eine Pro-Kontra-Diskussion führen | Digital+
WES-117685-103

Streitfrage: „Soll in der Schule die Nutzung des Handys verboten werden?"

M1 *Unsere Gesprächsregeln*

1. Wir sprechen in freundlichem Ton miteinander.
2. Wir hören einander zu und lassen uns ausreden.
3. Wir achten die Meinungen und Gefühle der anderen Gesprächsteilnehmer.
4. Wenn wir etwas nicht verstanden haben, dann fragen wir freundlich nach.
5. Wir äußern unsere Meinung sachlich.
6. Wir bleiben beim Thema.
7. Wir behandeln uns gegenseitig mit Respekt.

M2 *Die Klasse 5b im Unterricht*

Frau Mutlu beobachtet, dass Sina immer wieder nach unten schaut und irgendetwas unter dem Tisch macht. Sie vermutet, dass sie nicht arbeitet, sondern ihr Handy benutzt.

Deshalb fragt sie: „Sina, was machst du da?". Sina erschreckt sich. „Nichts, wieso?" antwortet sie und versucht schnell das Handy verschwinden zu lassen. Frau Mutlu geht zu ihr und möchte das Handy einsammeln, damit sie nicht weiter damit spielt oder mit irgendwem schreibt.

Frau Mutlu erinnert sie sich an eine Situation vor einigen Wochen, als ihr die Eltern eines Mädchens aus der Klasse erzählt haben, dass heimlich Fotos aufgenommen wurden. Die Fotos wurden im Internet weiterverschickt. Die Schülerin wollte nicht mehr zur Schule kommen.

Deshalb fragt sich Frau Mutlu: Sollte das Handy in der Schule nicht besser ganz verboten werden?

M3 *Mögliche Argumente gegen ein Handyverbot in der Schule*

- Kinder lernen sich richtig im Internet zu verhalten und das Handy sinnvoll zu nutzen.
- In unserem Alltag ist das Handy nicht wegzudenken, es sollte also auch in der Schule genutzt werden dürfen.
- Kinder üben die Suche nach Informationen im Internet und lernen, die gefundenen Informationen zu hinterfragen.
- Viele nutzen das Handy trotzdem – aber dann heimlich.
- Der Unterricht wird durch die Handynutzung spannender.

M4 *Mögliche Argumente für ein Handyverbot in der Schule*

- Handys in der Schule führen zu mehr Mobbing. Zum Beispiel indem Fotos geschossen und im Internet verbreitet werden.
- Man chattet oder spielt lieber, als das Handy zum Lernen zu nutzen.
- Die Konzentration im Unterricht leidet.
- Man kommuniziert nur noch online miteinander.
- Das Handy lenkt im Unterricht ab, da immer wieder Benachrichtigungen auftauchen.

Mitwirken in der Schule

Wer soll die Interessen unserer Klasse vertreten?

Wählen in der Klasse

Klassensprecherin und Klassensprecher

Zu Beginn jedes Schuljahres darfst du die neue **Klassensprecherin** oder den neuen **Klassensprecher** wählen. Dadurch hast du die Möglichkeit, das Schulleben mitzugestalten. Vielleicht bewirbst du dich sogar selbst um dieses wichtige Amt und gewinnst die **Wahl**.

Die Klassensprecherin oder der Klassensprecher ist ein wichtiges **Bindeglied** zwischen der Klasse und den Lehrkräften. Sie oder er gibt Wünsche und Vorschläge an die Lehrerinnen und Lehrer oder die Schulleitung weiter. Wenn es Probleme gibt, spricht sie oder er sie im Namen der Klasse bei der Klassenleitung an. Sollte es in der Klasse zum Streit kommen oder Probleme mit Lehrkräften geben, kann sie oder er vermitteln und versuchen, eine Lösung für den Streit zu finden. In regelmäßigen **Versammlungen** mit anderen Klassensprecherinnen und Klassensprechern können Entscheidungen für die gesamte Schule getroffen werden.

Wie läuft eine Klassensprecherwahl ab?

Im ersten Schritt müssen Kandidatinnen und Kandidaten gefunden werden, die gerne Klassensprecherin oder Klassensprecher werden möchten. Du kannst dich auch selbst vorschlagen. Die Kandidatinnen und Kandidaten werden an der Tafel notiert. Danach wird abgefragt, ob die Genannten an der Wahl teilnehmen möchten. Falls ja, dürfen sie begründen, warum sie gerne Klassensprecherin oder Klassensprecher wären.

Dann kann die Wahl beginnen. Alle Schülerinnen und Schüler dürfen mitwählen. Das nennt man **allgemeine** Wahl. Jeder in der Klasse hat außerdem die **gleiche** Anzahl an Stimmen. Deine Wahl schreibst du auf einen Zettel, wobei du jeden der Kandidatinnen und Kandidaten **frei** wählen kannst. Es darf dich also niemand beeinflussen oder für dich bestimmen, wen du wählen sollst. Was du auf deinen Zettel schreibst ist nur für deine Augen bestimmt. Deine Wahl bleibt also **geheim**. Die Zettel werden eingesammelt und nach und nach laut vorgelesen. Hinter den vorgelesenen Namen kommt ein Strich und am Ende gewinnt die Kandidatin oder der Kandidat mit den meisten Stimmen.

A Beschreibe, welche Aufgaben eine Klassensprecherin oder ein Klassensprecher hat.
B Erläutere in eigenen Worten, wie die Klassensrecherwahl abläuft.

Wer sollte Klassensprecherin oder Klassensprecher werden?

M1 *Bewerberinnen und Bewerber*

A Gian ist ein guter Schüler. In allen Fächern bekommt er gute Noten. Er strengt sich gerne an. Am liebsten arbeitet er aber allein. Deshalb hat er noch keinen so guten Kontakt zu den anderen Schülerinnen und Schülern aus seiner Klasse. Er ist meist sehr ruhig.

B Sabine ist sehr fleißig und bekommt ganz gute Noten. Sie ist immer nett zu allen in der Schule, insbesondere zu den anderen Kindern in der Klasse, aber auch zu den Lehrerinnen und Lehrern. Sie hat den Ruf, dass sie der Lehrerliebling ist, da sie keine Regeln bricht und immer freundlich ist.

C Tom ist der Klassenclown. Die anderen Kinder finden ihn witzig, aber er kann viele Situationen noch nicht richtig einschätzen und macht unpassende Witze. So ist er in der Klasse zwar beliebt, allerdings finden die meisten Lehrkräfte es anstrengend, dass er im Unterricht so viel stört.

D Shefaa kommt in der Schule gut klar und findet sich auch in den neuen Fächern immer besser zurecht. Sie ist sehr hilfsbereit und hat immer ein offenes Ohr für die anderen Kinder der Klasse. Oft schlichtet sie auch Streit. Die anderen Kinder der Klasse mögen Shefaa und ihre freundliche Art.

1 Beschreibe die Stärken und Schwächen der einzelnen Schülerinnen und Schüler, die sich in M1 zur Wahl stellen.
2 Entwickelt Voraussetzungen für eine gute Klassensprecherin oder einen guten Klassensprecher. Stühletausch
3 Erläutere, ob die Beispiele aus M2 durch die Klassensprecherin oder den Klassensprecher zu lösen sind.

Link: Aufgaben einer Klassensprecherin oder eines Klassensprechers

M2 *Fallbeispiele*

- Probleme mit Lehrerinnen oder Lehrern
- Streit zwischen zwei Klassen
- Vortragen von Ideen der Klasse für ein besseres Freizeitangebot an der Schule
- Festlegung des Ziels einer Klassenfahrt
- Schaden in der Klasse und die Hausmeisterin oder der Hausmeister muss geholt werden
- Aufpasser, wenn keine Lehrkraft im Raum ist

…

Eine Mindmap erstellen

Eine Mindmap ist eine Landkarte deiner Gedanken. Hier kannst du alles, was dir zu einem Thema einfällt notieren und Gedanken durch Linien und Pfeile miteinander verbinden. So entsteht eine bildliche Darstellung zu einem bestimmten Thema.

Eine Mindmap hilft dir dabei, noch unbekannte Texte oder Themen besser zu verstehen und einzuordnen. Durch die Methode kannst du ganz einfach auch schwere Texte für dich strukturieren. Dabei verbindest du den Text mit deinen Gedanken. Am Ende erhältst du eine Übersicht, mit der du das Thema besser verstehen kannst.

1. Schritt: Mindmap beginnen
- Nimm ein weißes Blatt Papier, am besten mindestens in DIN-A4-Größe. Lege es im Querformat vor dich
- Schreibe das Thema der Mindmap in einen Kreis in die Mitte des Blattes (Mittelkreis).

2. Schritt: Unterthemen anlegen
- Zeichne vom Mittelkreis aus mehrere Linien. Dort notierst du dann deine Unterthemen.
- Achte darauf, dass du die Unterthemen übersichtlich um deinen Mittelkreis verteilst und genug Platz zwischen den einzelnen Unterthemen lässt.
- Du kannst auch unterschiedliche Farben für die Unterthemen nutzen.
- Verwende eindeutige Stichwörter und schreibe sauber und ordentlich.

3. Schritt: Mindmap weiter verzweigen
- Wenn dir etwas einfällt, das zu einem der Unterthemen passt, so ziehst du von diesem Unterthema wieder eine Linie. Am Ende dieser Linie schreibst du das neue Stichwort auf.
- Die bereits notierten Stichwörter und die Verbindungen zwischen den Stichwörtern werden dir immer wieder neue Ideen geben. So verzweigt sich deine Mindmap immer weiter.

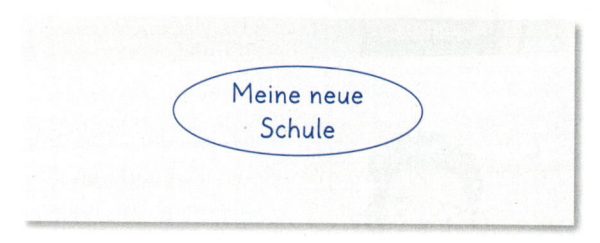

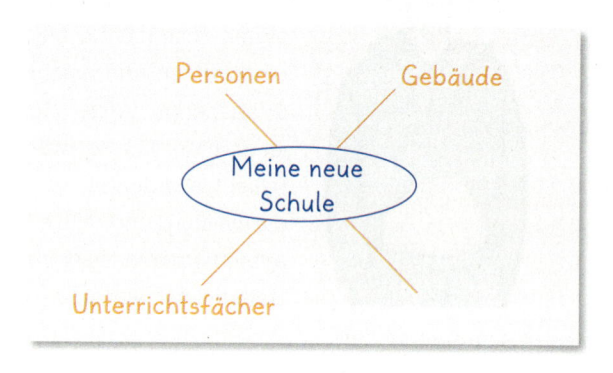

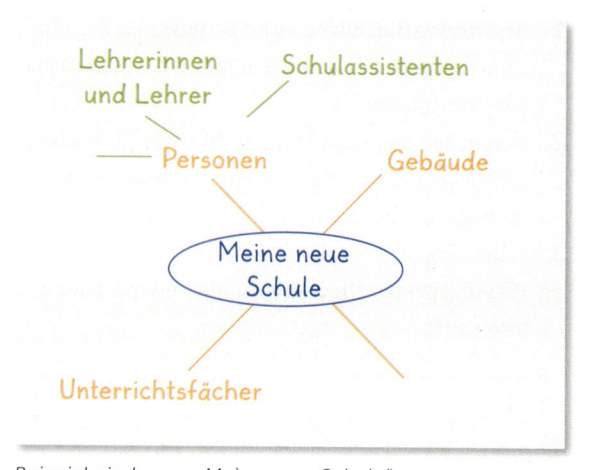

Beispielmindmap: „Meine neue Schule"

Eine Mindmap erstellen | Digital+
WES-117685-105

Eine Mindmap zum Thema „Wahlen in der Schule" erstellen

M1 *Was sind Wahlen?*

Bei einer Wahl bestimmt man eine oder mehrere Personen, die **stellvertretend** für dich oder deine Klasse **Entscheidungen** treffen dürfen. Du kannst deine Stimme der Person geben, die für dich die besten Ideen und Vorschläge hat. Alle Stimmen werden dann ausgezählt. Die Person mit den meisten Stimmen hat gewonnen.

M2 *Bedeutung von Wahlen*

Wahlen sind der Kern einer **Demokratie**. Sie geben dir in der Schule, aber auch später als Erwachsener die Möglichkeit, an der Politik teilzunehmen. So kannst du deine eigenen **Interessen** und **Wünsche** einbringen.
Auch bei Konflikten helfen Wahlen, eine Entscheidung zu treffen. Denn wenn die **Mehrheit** der Menschen einen bestimmten Wunsch hat, wird sich dies in der Wahl zeigen. Spielen viele Mitschülerinnen und Mitschüler gern Volleyball, wählen sie bei der Wahl zum Schülersprecher vielleicht eher die Person, die sich für ein neues Volleyballfeld auf dem Schulhof einsetzen will.

M3 *Die fünf Wahlgrundsätze*

Eine Wahl muss fünf Wahlgrundsätze erfüllen: allgemein, unmittelbar, frei, gleich und geheim.

- **Allgemein:** Alle dürfen mitwählen, zum Beispiel bei der Klassensprecherwahl. Es ist egal, wie gut eure Noten sind, ob jemand viele Freundinnen und Freunde hat oder neu in der Klasse ist.
- **Unmittelbar:** Du gibst deine Stimme „ohne Umwege" ab. Du musst also selbst zur Wahl gehen und deine Stimme persönlich abgeben. Niemand darf für dich entscheiden.
- **Frei:** Vor und während der Wahl darf kein Druck auf dich ausgeübt werden. Du entscheidest selbst, wem du deine Stimme gibst. Ebenso darfst du nicht zu einer Wahl gezwungen werden.
- **Gleich:** Jede Person hat die gleiche Anzahl an Stimmen. Jede Stimme ist gleich viel wert.
- **Geheim:** Du gibst deine Stimme ab, ohne dass dir jemand über die Schulter schaut. Du musst niemandem sagen, wen du wählen willst oder gewählt hast.

Arbeitsblatt: Texte M1 bis M3 zum Bearbeiten

1 Nutze die Methode „Eine Mindmap erstellen":
   a) Informiere dich in M1 bis in M3 über das Thema „Wahlen in der Schule".
   b) Erstelle nun eine Mindmap zum Thema „Wahlen in der Schule" und trage wichtige Begriffe ein.
   c) Vergleiche deine Mindmap mit einem Partner und ergänze fehlende Begriffe. Think-Pair-Share
   d) Was wisst ihr noch über Wahlen? Ergänzt eure Mindmap gemeinsam in der Klasse.

Was sind Wahlen?

Wahlen in der Schule

...

Vorlage für deine Mindmap zum Thema „Wahlen in der Schule"

Mitwirken in der Schule

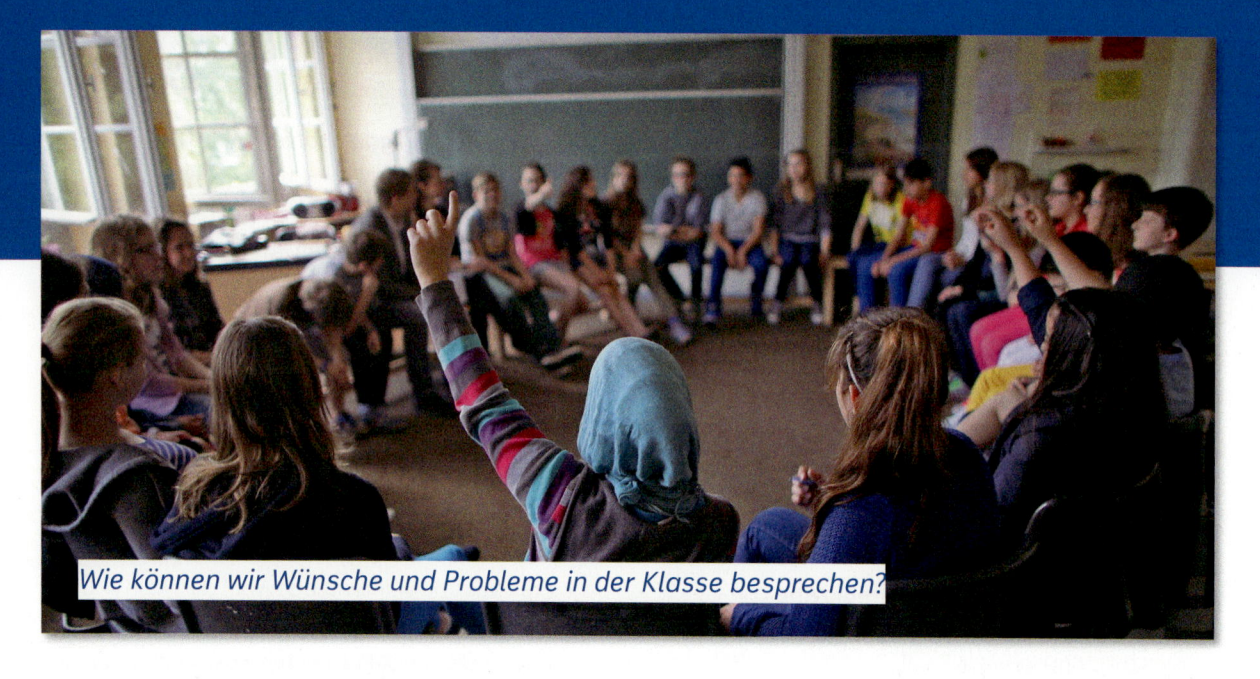

Wie können wir Wünsche und Probleme in der Klasse besprechen?

Der Klassenrat

Wofür benötigen wir einen Klassenrat?
Versammeln sich alle Schülerinnen und Schüler deiner Klasse um wichtige Themen zu besprechen, spricht man vom **Klassenrat**. Hier könnt ihr über selbstgewählte Themen beraten und den Schulalltag aktiv mitgestalten. Wichtig ist, dass die Themen die gesamte Klasse angehen und keine Konflikte zwischen Einzelpersonen ausgetragen werden.

Rollen im Klassenrat
Alle Kinder der Klasse sind Mitglieder des Klassenrates. Man nennt sie **Ratsmitglieder**. Die oder der **Vorsitzende** leitet den Klassenrat und nimmt diejenigen dran, die etwas sagen wollen. So kommt jeder zu Wort. Ein anderes Kind führt **Protokoll** und schreibt alles Wichtige mit. Die **Zeitwächter** und **Regelwächter** erinnern daran, wie viel Zeit für ein Thema bleibt und können bei Regelverstößen eingreifen. Die Lehrkräfte nehmen auch am Klassenrat teil. Sie sind aber normale Teilnehmende wie die Schülerinnen und Schüler.

Ablauf des Klassenrates
Der Klassenrat wird einmal pro Woche abgehalten. Am besten legt ihr dafür eine feste Stunde im Stundenplan fest. Als Klasse bildet ihr einen Stuhlkreis, so dass alle gesehen werden können. Zuerst besprecht ihr die Lösungen des letzten Klassenrates und ob diese zu einer Verbesserung geführt haben. Die Klassensprecherin oder der Klassensprecher kann auch von klassenübergreifenden Themen berichten.

Mit einer **Wandzeitung** könnt ihr im Schulalltag Lob, Probleme und Wünsche festhalten, die ihr im Klassenrat besprechen wollt. Das Lob sollte als erstes vorgelesen werden. Hier können bestimmte Schülerinnen und Schüler, aber auch die ganze Klasse, gelobt werden. Danach folgen die Probleme und Wünsche. Das Kind, das hier etwas geschrieben hat, darf das Thema näher erklären. An der Beratung und Lösung des Problems wirkt die gesamte Klasse mit. Jeder darf seine Meinung sagen. Wichtig ist, dass es um eine gemeinsame Lösung geht und nicht um eine Bestrafung.

A Entwickle ein Schaubild zum Ablauf des Klassenrates.

B Begründe, warum es wichtig ist, nicht nur Probleme, sondern auch Lob und Wünsche im Klassenrat zu besprechen.

Der Klassenrat | Digital+
WES-117685-106

Die Klasse entscheidet
M1 *Themenbeispiele für den Klassenrat*

- Wohin soll der Wandertag der Klasse gehen?
- Frau Seidel schaut oft traurig aus.
- Sidra fühlt sich in letzter Zeit von allen unfair behandelt.
- Finn und Timur streiten ständig, manchmal prügeln sie sich sogar.
- Das Fußballfeld an der Schule benötigt neue Tornetze, da die alten schon sehr kaputt sind.

1 a) Tauscht euch zu zweit über die Themenbeispiele für den Klassenrat aus.
   b) Begründet, welche Themen für den Klassenrat geeignet sind und welche nicht.
   c) Erklärt, wo Themen, die nicht für den Klassenrat geeignet sind, besprochen werden könnten.
   Think-Pair-Share

Woran muss ich mich im Klassenrat halten?
M2 *Regeln für den Klassenrat*

Regeln für unseren Klassenrat
- Es wird immer direkt mit einer Person gesprochen und nie über sie hinweg.
- Alles, was im Klassenrat besprochen wird, bleibt in der Klasse und wird nicht weitererzählt.
- ...

2 a) Erkläre die Regeln in eigenen Worten.
   b) Begründe, weswegen diese Regeln wichtig sind, damit der Klassenrat gut funktionieren kann.
   c) Entwickle weitere Regeln für euren Klassenrat.
3 Beurteilt, ob Regeln in einer Demokratie wichtig sind. Placemat

Mitwirken in der Schule

Wie können Konflikte friedlich gelöst werden?

Streit friedlich lösen

Streit ist etwas Normales

Du wirst es schon selbst erlebt haben, dass es Streit in deiner Familie oder in der Schule gegeben hat. Auch zwischen Freunden kann es vorkommen, dass man einmal **unterschiedliche Meinungen** hat. Streit ist etwas Normales zwischen Menschen.

Auch die Lösung des Streites sollte etwas normales sein. Findet man eine Lösung, fühlen sich alle schnell wieder wohl. Zur Lösung des Streits müssen aber alle Seiten beitragen. Manchmal braucht man dabei Unterstützung von jemandem, der nicht am Streit beteiligt ist. Hierfür gibt es an den Schulen dafür ausgebildete **Streitschlichterinnen** und **Streitschlichter**.

Was macht die Streitschlichtung?

Besonders wenn die Streitenden keine Lösung mehr finden, kann ein Außenstehender als Streitschlichterin oder Streitschlichter helfen. Streitschlichter sind **neutral**. Sie bewerten die Situation nicht, sondern **unterstützen** beide Seiten, um eine **gemeinsame Lösung** zu finden. Sie geben keine Lösung vor, sondern helfen, dass die Streitenden den jeweils anderen verstehen und die Handlungen des anderen nachvollziehen können.

Im Gespräch werden Brücken gebaut, damit eine gemeinsame Lösung gefunden wird, mit der alle leben können. Niemand soll als „Verlierer" herausgehen. Eine solche gemeinsame Lösung nennt man **Kompromiss**. Der Weg dahin ist oftmals schwierig.

Alles was beim Gespräch mit der Streitschlichterin oder dem Streitschlichter besprochen wird, ist **vertraulich**. Es bleibt also geheim und keiner der Beteiligten erzählt etwas weiter. Wichtig ist auch, dass das Gespräch **freiwillig** ist. Niemand kann dazu gezwungen werden.

Wenn es um Beleidigungen oder kleinere Auseinandersetzungen geht, können Streitschlichterinnen und Streitschlichter helfen. Sobald es aber zu schweren Konflikten, wie Prügeleien, Mobbing oder ähnlichem kommt, müssen Lehrerinnen und Lehrer miteinbezogen werden, da hier die Streitschlichterin oder der Streitschlichter allein nicht helfen kann.

A Tausche dich mit deiner Sitznachbarin oder deinem Sitznachbar aus, welche Konflikte du bereits selbst erlebt hast.

B Begründe, warum eine Streitschlichtung wichtig für das Zusammenleben in der Klasse ist.

Streit friedlich lösen | Digital+
WES-117685-107

Ablauf einer Streitschlichtung

M1 *In vier Schritten zur Streitschlichtung*

M2 *Jonas und Sinan streiten sich*

Vier Schritte einer Streitschlichtung

1. Sucht einen Raum, indem ihr in Ruhe sprechen könnt. Die Streitschlichterin oder der Streitschlichter erläutert euch die Regeln:
   - Hört euch gegenseitig zu.
   - Lasst den anderen aussprechen und ihre oder seine Sicht erklären.
   - Formuliert Ich-Botschaften (Ich war wütend, weil ...) und vermeidet Du-Botschaften (Du hast ...). Beleidigt euch nicht.
   - Euer Gespräch ist vertraulich. Erzählt niemandem weiter, was ihr besprochen habt.

2. Beide Streitenden erklären nacheinander in Ich-Botschaften den Vorfall. Die Streitschlichterin oder der Streitschlichter stellt Rückfragen. Zum Schluss fasst sie oder er noch einmal alles zusammen.

3. Findet gemeinsam mit der Streitschlichterin oder dem Streitschlichter Lösungsmöglichkeiten und einen Kompromiss.

4. Schreibt die Lösungen auf ein Blatt Papier und unterschreibt sie.

1 Bereitet zu dritt ein Schlichtungsgespräch vor:
a) Lest die vier Schritte einer Streitschlichtung (M1) und erklärt sie euch gegenseitig.
b) Betrachtet gemeinsam den Comic M2 und verteilt die Rollen:
Jonas, Sinan, Streichschlichterin/Streitschlichter.
c) Führt ein Schlichtungsgespräch für den Konflikt zwischen Jonas und Sinan durch. Folgt dabei den Schritten aus M1.
d) Präsentiert eure Ergebnisse in der Klasse und besprecht gemeinsam die Lösungsvorschläge.
Marktplatz

2 Führt eine Streitschlichtung für ein aktuelles Streitthema aus eurer Klasse oder aus eurem Freundeskreis durch. Die Schritte aus M1 helfen euch dabei.

Mitwirken in der Schule

Wie finde ich mich in meiner Schule zurecht?

Schule am Tetraeder in Bottrop

Meine Schule kennenlernen

Mich zurechtfinden

Die weiterführende Schule ist oftmals viel größer und unübersichtlicher als die kleine Grundschule. In der Grundschule hattest du meistens Unterricht in deinem **Klassenraum** und die Wege waren kurz. Nun bist du in einer neuen Schule. Dein Schultag ist länger und es sind neue **Fächer** dazugekommen. Die Fächer finden manchmal in unterschiedlichen Gebäuden statt. So wirst du für Musik oder Biologie nun in unterschiedliche **Fachräume** müssen. Das kann erst einmal ziemlich anstrengend sein.

In den ersten Tagen solltest du dich aufmerksam in deiner Schule umschauen. Dir können **Wegweiser** helfen, damit du den Weg findest. Ebenfalls solltet ihr als Klasse einmal das gesamte Schulgebäude erkunden, damit sich alle zurechtfinden können. Traue dich auch, ältere Schülerinnen und Schüler oder Lehrkräfte anzusprechen, wenn du Unterstützung brauchst. Sie kennen sich in der Schule aus und helfen dir gerne.

Die Schule als Lebensraum

Eine Schule besteht nicht nur aus Schülerinnen und Schülern und Lehrkräften. Damit eine Schule funktionieren kann, kommen viele Menschen zusammen. Sie übernehmen verschiedene Rollen. Jede Schule hat eine **Schulleitung**, die du vielleicht schon kennengelernt hast. **Hausmeisterinnen und Hausmeister** müssen dafür sorgen, dass die Technik funktioniert und reparieren Dinge, die kaputt gegangen sind. Die **Sozialpädagoginnen** und **Sozialpädagogen** helfen dir in allen Situationen in der Schule oder bei Problemen zuhause und geben dir Rat. An einer Ganztagsschule wird der normale Unterricht durch ein Angebot am Nachmittag ergänzt. So finden **Arbeitsgemeinschaften** für unterschiedliche Interessen statt. Hinzu kommt oft noch eine **Mensa** oder Cafeteria. So kannst du in der Schule auch Essen und Trinken.

Ein Grundriss hilft

Eine verkleinerte Zeichnung deiner Schule nennt man Grundriss. Damit kannst du dich in den ersten Tagen wie mit einer Karte zurechtfinden. Eine Orientierung gibt dir auch der **Fluchtwegeplan** deiner Schule.

A Erläutere in eigenen Worten, warum es wichtig ist, dass du dich in der Schule gut zurechtfinden kannst.

B Erkläre, warum die Schule nicht nur ein Gebäude zum Lernen ist.

Den Grundriss meiner Schule erstellen

M1 *Beispielgrundriss einer Schule*

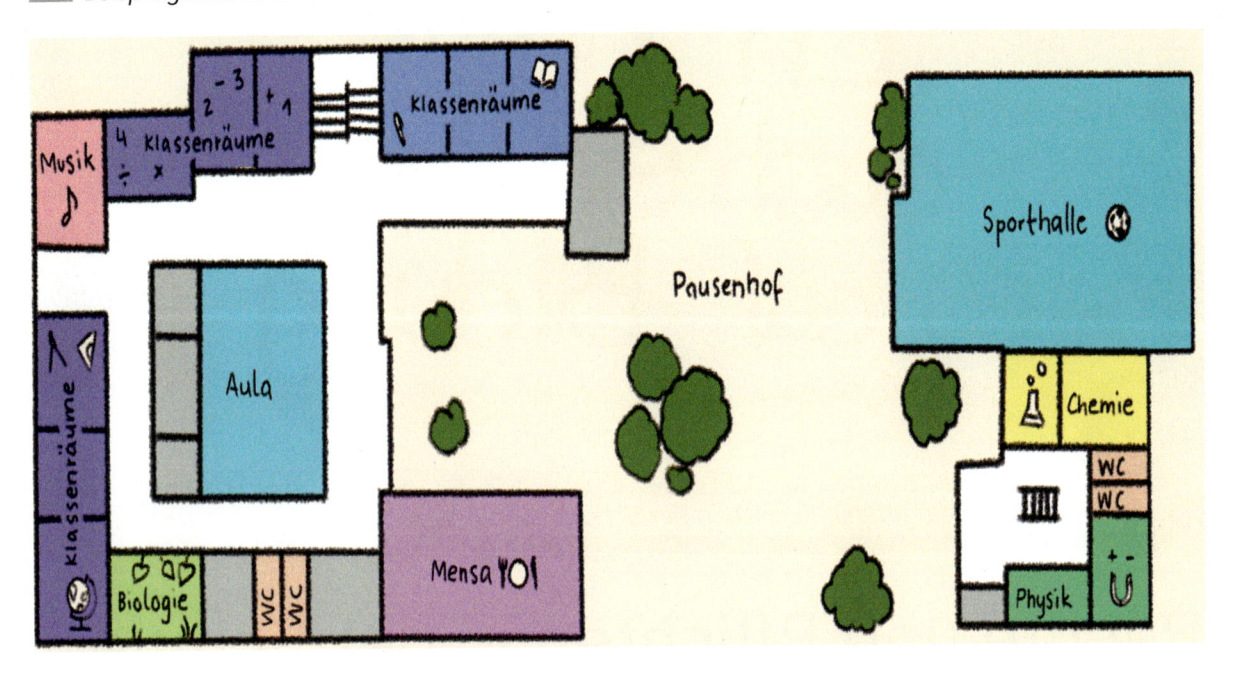

1 Zeichne einen Grundriss deiner Schule, indem du die folgenden Schritte durchführst:
   a) Erkunde deine Schule und schreibe dir auf, welche Räume es gibt. Mache außerdem eine grobe Zeichnung, wo sich die einzelnen Räume befinden.
   b) Zeichne nun den Grundriss auf einem Blatt Papier oder erstelle den Grundriss digital.
   c) Beschreibe mithilfe deines Grundrisses den Weg von eurem Klassenraum zu einem der Fachräume, zu den Toiletten, zum Lehrerzimmer, ….

Wir befragen die Schulleitung

M2 *Beispielfragen*

- Seit wann leiten Sie diese Schule?
- Welche Aufgaben haben Sie?
- Wie viele Lehrerinnen und Lehrer unterrichten an der Schule?
- Was finden Sie an dieser Schule am schönsten?
- Was würden Sie an der Schule gern verändern?
- Welche Tipps können Sie neuen Fünftklässlerinnen und Fünftklässlern geben?
- …

2 Führt als Klasse ein Interview mit der Schulleiterin oder dem Schulleiter durch. Arbeitet zunächst in Kleingruppen.
   a) Formuliert Fragen, die ihr der Schulleiterin oder dem Schulleiter stellen möchtet.
   Think-Pair-Share
   b) Ladet eure Schulleiterin oder euren Schulleiter in die Klasse ein und führt das Gespräch durch.
   c) Tauscht euch über die Ergebnisse der Befragung in der Klasse aus.

3 Überlege, wen du noch in der Schule interviewen könntest.

Mitwirken in der Schule

Unter welchen Bedingungen darf ich in der Schule lernen?

Rechte und Pflichten in der Schule

Was sind Rechte und Pflichten?
Vielleicht hast du den Spruch „Wer Rechte hat, hat auch Pflichten" schon einmal gehört. Aber was genau sind Rechte und was sind Pflichten? Freiheiten, die du einfordern kannst, bezeichnet man als **Recht**e. Du hast als Kind zum Beispiel das **Recht auf Bildung**. Man kann es dir also nicht verbieten, zur Schule zu gehen. Wenn du älter wirst, erhältst du immer mehr Rechte. Andere Rechte, zum Beispiel das **Recht auf eine Kindheit ohne Gewalt**, hast du schon von Geburt an.

Pflichten grenzen deine Rechte manchmal etwas ein. So hast du das Recht, als Schülerin oder Schüler deine Meinung frei zu äußern. Gleichzeitig hast du aber auch die Pflicht, dabei niemanden zu beleidigen. Somit schränkt die Pflicht das Recht ein. Das **Recht der freien Meinung** verlierst du dabei aber nicht.

Das Schulgesetz
Auch in der Schule hast du Rechte und Pflichten. Diese sind im **Schulgesetz von Nordrhein-Westfalen** festgeschrieben. Direkt zu Beginn des Schulgesetzes steht das Recht auf Bildung. Du hast außerdem das Recht, über die Inhalte des Unterrichts und von Klassenarbeiten informiert zu werden. Um deine Leistungen einschätzen zu können hast du das Recht, deine Noten zu erfahren.

Laut Schulgesetz hast du in der Schule auch Pflichten. So hast du etwa die Pflicht, regelmäßig am Unterricht teilzunehmen und pünktlich zu sein. Außerdem musst du bis zu deinem 18. Lebensjahr eine allgemein-bildende Schule oder die Berufsschule besuchen. Bis du 18 bist, bist du also **schulpflichtig.** Wenn du krank bist, müssen dich deine Eltern in der Schule abmelden und dir später eine Entschuldigung mitgeben. Hast du Unterricht verpasst, ist es deine Pflicht, den Stoff nachzuarbeiten. Außerdem musst du vorbereitet in die Schule kommen und aktiv im Unterricht mitarbeiten.

A Erkläre den Unterschied zwischen Rechten und Pflichten.

B Stelle die Rechte und Pflichten im Schulgesetz in einer Tabelle gegenüber.

Welche Rechte und Pflichten habe ich?

M1 *Auszüge aus dem Schulgesetz von Nordrhein-Westfalen*

Schülerinnen und Schüler müssen am Unterricht teilnehmen und pünktlich sein.

Versäumter Unterrichtsstoff muss nachgeholt werden.

Schülerinnen und Schüler werden bei der Gestaltung des Unterrichts beteiligt.

Schülerinnen und Schüler erfahren ihre Noten mindestens alle drei Monate.

Schülerinnen und Schüler nehmen aktiv am Unterricht teil.

Schülerinnen und Schüler dürfen frei ihre Meinung äußern.

Schülerinnen und Schüler bereiten den Unterricht vor, beispielsweise indem sie Hausaufgaben erledigen.

Für die Hausaufgaben hat man mindestens einen freien Nachmittag oder ein Wochenende zur Verfügung.

Schülerinnen und Schüler müssen sich an die Schulordnung halten.

Klassenarbeiten werden vorher angekündigt.

M2 *Leons Schultag*

1 a) Sortiere die Aussagen in M1 in Rechte und Pflichten.
b) Suche mit deiner Sitznachbarin oder deinem Sitznachbarn je zwei für euch wichtige Rechte und Pflichten aus. Begründet eure Auswahl.
c) Vergleicht eure Ergebnisse mit der gesamten Klasse. Think-Pair-Share

2 Erläutere mithilfe der Rechte und Pflichten aus M1, ob Leon und seine Lehrer im Fallbeispiel M2 angemessen handeln. Begründe deine Entscheidungen.

Leon schafft es morgens schwer aus dem Bett. Er kommt deshalb in der ersten Stunde oft zu spät in den Unterricht. Seine Lehrerinnen und Lehrer möchten seine Begründungen nicht mehr hören.

Leon muss den verpassten Unterrichtsstoff zuhause nacharbeiten und anschließend bei seinen Lehrerinnen und Lehrern abgeben.

Im Unterricht lehnt sich Leon gerne zurück und arbeitet nicht mit. Der Unterricht geht an ihm vorbei, da er lieber auf sein Handy schaut. Seine Hausaufgaben vergisst er regelmäßig.

Leon beteiligt sich aber gern, wenn es darum geht, seine Meinung zu einem Thema zu sagen. Es ist ihm wichtig, dass seine Meinung gehört wird.

Eines Tages kommt der Mathelehrer in die Klasse und möchte eine Klassenarbeit schreiben. Leon stellt fest, dass er von dieser Arbeit nichts wusste. Auch der Rest der Klasse ist überrascht, weil die Klassenarbeit nicht angekündigt war.

Mitwirken in der Schule

Wozu brauchen wir eine Schülervertretung?

Die Schülervertretung

Was macht die Schülervertretung?
In jeder Schule in Nordrhein-Westfalen muss es eine **Schülervertretung (SV)** geben. Sie vertritt die **Rechte** aller Schülerinnen und Schüler. Damit keine Entscheidungen ohne die Schülerinnen und Schüler getroffen werden, spricht die SV bei wichtigen Themen mit. Wie auch im Klassenrat haben alle die Möglichkeit, in der SV ihre **Meinungen** zu sagen und ihre Interessen zu zeigen. Sie wirken aktiv am **Schulleben** mit und gestalten es.

Wie ist die Schülervertretung aufgebaut?
Zu Beginn des Schuljahres wählt jede Klasse die Klassensprecherin oder den Klassensprecher. Diese bringen die Vorschläge und Wünsche der Klassen in die SV mit. Umgekehrt berichten sie der Klasse, was in der SV besprochen wurde. Auch wenn es neue Entscheidungen gibt oder Aktionen geplant sind, an denen die Klasse teilnehmen kann, berichtet die SV darüber.

Die Klassensprecherinnen und Klassensprecher aller Klassen bilden zusammen den **Schülerrat**. Dieser trifft sich regelmäßig, um aktuelle Wünsche, Ideen oder Probleme zu besprechen. Oft werden für die unterschiedlichen Themen kleine **Arbeitsgruppen** gebildet, die an den neuen Ideen oder Vorschlägen arbeiten. Soll etwa ein neuer Spielbereich auf dem Schulhof gebaut werden, wird dies erst in einer Arbeitsgruppe besprochen. Danach werden die Ideen dann im gesamten Schülerrat diskutiert.

Der Schülerrat wählt zudem eine **Schülersprecherin** oder einen **Schulsprecher.** Sie oder er ist dann Vorsitzender des Schülerrates ist und leitet diesen. Außerdem vertritt sie oder er die Schule bei Terminen außerhalb der Schule.

Zusammenarbeit mit anderen
Unterstützt wird die Schülervertretung durch **Verbindungslehrerinnen** und **Verbindungslehrer**, die bei der Organisation der SV helfen sollen. Sie können beraten und sind offen für Fragen. Bei manchen Themen treffen sich auch alle Schülerinnen und Schüler der Schule zur **Schülerversammlung**, zum Beispiel in der Aula.

A Begründe, weshalb es wichtig ist, dass es eine Schülervertretung an deiner Schule gibt.
B Erläutere in eigenen Worten, wie die Schülervertretung aufgebaut ist.

Was sollte eine Schülervertretung tun?

M1 *Mögliche Themen einer Schülervertretung*

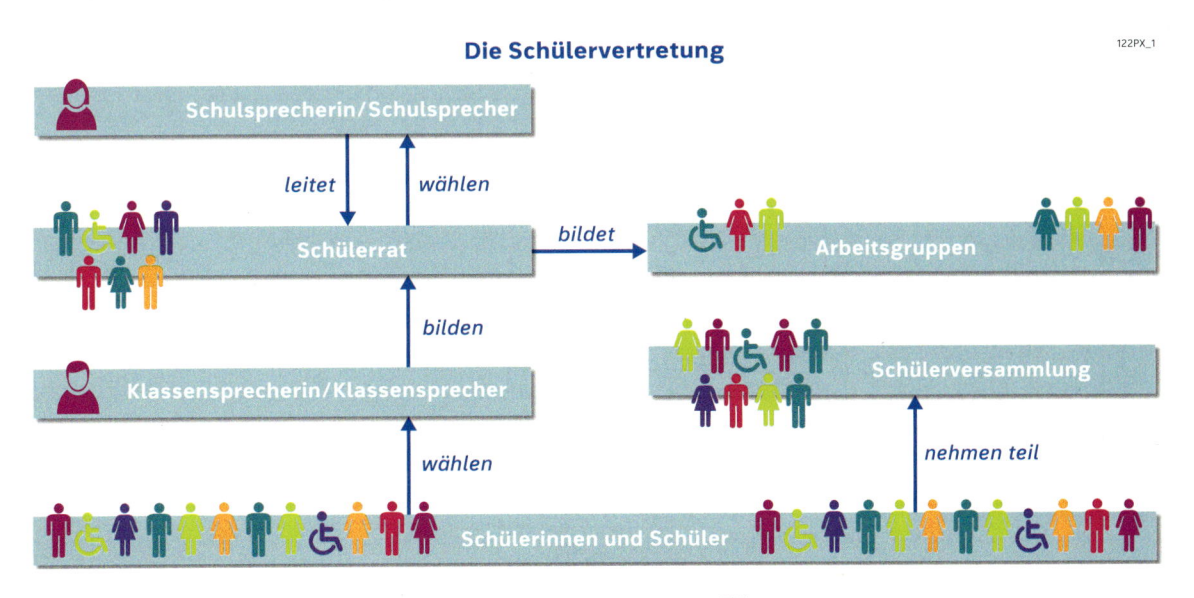

1. Lernpartnerschaft zwischen älteren und jüngeren Schülerinnen und Schülern organisieren
2. Pausenhof umgestalten
3. Infowand der Schülervertretung mit neuen Inhalten füllen
4. Eine Schülerzeitung organisieren und veröffentlichen
5. Die beliebteste Schülerin oder den beliebtesten Schüler wählen
6. Hausaufgabenhilfe in der Schule organisieren
7. Das Essen in der Schulmensa gesünder gestalten
8. Eine Schulfeier am Ende des Schuljahres organisieren
9. Die Schule bei einem Stadtfest repräsentieren
10. Eine Umfrage zur Zufriedenheit der Schülerinnen und Schüler an der Schule machen

1 Wähle eine Aufgabe aus:

I a) Suche dir fünf Themen aus, die du besonders wichtig findest. Begründe, warum du diese fünf Themen ausgewählt hast.

II b) Lege eine Tabelle an und unterteile die 10 Themen in „wichtig" und „unwichtig". Begründe, warum du die Themen so eingeteilt hast.

III c) Entwickle mit Hilfe der Liste aus M1 eine eigene Liste von Themen, die die Schülervertretung an deiner Schule bearbeiten sollte.

2 a) Schreibe einen Brief an die Schülervertretung mit deinen Ideen zur Verbesserung der Schule.

b) Ladet eure Schulsprecherin oder euren Schulsprecher ein und lasst euch die Arbeit der Schülervertretung vorstellen. Hierbei könnt ihr auch fragen, welche Themen an eurer Schule gerade aktuell sind.

Wie ist eine Schülervertretung aufgebaut?

M2 *Aufbau einer Schülervertretung*

Die Schülervertretung

Schulsprecherin/Schulsprecher — leitet / wählen — Schülerrat — bildet → Arbeitsgruppen

Klassensprecherin/Klassensprecher — bilden — Schülerrat

Schülerinnen und Schüler — wählen — Klassensprecherin/Klassensprecher

Schülerinnen und Schüler — nehmen teil — Schülerversammlung

3 Formuliere einen Fließtext zum Aufbau der Schülervertretung.

Mitwirken in der Schule

Wie kann unsere Schule zu mehr Nachhaltigkeit beitragen?

Nachhaltigkeit in der Schule

Was heißt „Nachhaltigkeit"?
Nachhaltigkeit ist ein Begriff, dem du sicherlich schon einmal begegnet bist. Vor allem, wenn es um unsere Natur und das Klima geht, wirst du immer wieder darauf stoßen. Doch was genau ist **Nachhaltigkeit**?

Wenn die Menschen in Politik, Gesellschaft und Wirtschaft so handeln, dass sie ihre **Bedürfnisse** erfüllen können, aber gleichzeitig nicht zu viele **Ressourcen** verschwenden, spricht man von Nachhaltigkeit. Denn auch kommende Generationen sollen die Möglichkeit haben, eine lebenswerte Zukunft auf der Erde zu haben.

Wie leben wir nachhaltig?
In unserem Alltag können wir viel tun, um nachhaltig zu leben. Nach dem Unterricht das Licht auszuschalten, um Strom zu sparen oder beim Einkaufen darauf zu achten, Lebensmittel aus der Region zu kaufen ist schon ein wichtiger Anfang. Diese kleinen Schritte helfen dabei, unsere Ressourcen zu schonen.

Ressourcen
Naturgüter oder Rohstoffe, mit denen etwas hergestellt werden kann. Aus der Ressource Holz wird zum Beispiel ein Bleistift oder Papier gemacht.

Was können wir als Schule für mehr Nachhaltigkeit tun?
Auch kleine Schritte machen unser Leben nachhaltiger. In der Schule könnt ihr das üben und leicht umsetzen. Beobachtet euer eigenes Verhalten und überlegt gemeinsam, wo ihr beispielsweise Strom sparen oder weniger Papier benutzen könnt. Auch größere **Projekte** könnt ihr mit der gesamten Schulgemeinschaft umsetzen. So gibt es die Möglichkeit, einen Schulwald zu pflanzen oder einen Schulgarten anzulegen, der Gemüse und Obst für alle wachsen lässt.

Eure Projekte müssen nicht in eurer Schule enden. Ihr könnt auch gemeinsam eure Stadt oder Gemeinde nachhaltiger gestalten. Wenn ihr euch in eurer Stadt umschaut, werdet ihr bestimmt Flächen finden, die sich begrünen lassen. Als Schule könnt ihr außerdem ein Nachhaltigkeitsprojekt im Stadtpark starten. Es gibt viele Ideen, man muss nur anfangen!

A Erkläre den Begriff „Nachhaltigkeit" in eigenen Worten.

B Überlege mit deiner Sitznachbarin oder deinem Sitznachbarn Möglichkeiten, wie ihr eure Schule oder Stadt nachhaltiger gestalten könnt.

Pflanzaktion einer Garten-AG

M1 *Anne-Frank-Realschule Bochum und ihre Aktion „Flowers for Future"*

M2 *Zeitungsartikel aus dem Stadtspiegel Bochum – April 2019*

Heute wurde der Startschuss für eine bessere Zukunft des Gerther Marktgarten gegeben. Alle Schülerinnen und Schüler der Garten-AG [...] der Anne-Frank-Realschule haben am heutigen
5 „Fridays for Future" ein Zeichen gesetzt für ihre Zukunft und begonnen, den Gerther Marktgarten zu bepflanzen und somit zu verschönern und unser Gerthe liebens- und lebenswerter zu machen. Auf Initiative des „Gerther Treff" [...] wurden die
10 ersten Flächen für die Bepflanzung vorbereitet und bestellt. Noch sieht alles unscheinbar aus, aber die Zukunft wird bei uns aufblühen. Gleichzeitig wurde der Marktgarten auch schon im Vorgriff auf den morgigen Frühjahrs-Stadtputz
15 vom „Wilden Müll" befreit und gereinigt. [...]

1 a) Untersuche den Zeitungsartikel M2 zur Aktion der Anne-Frank-Realschule mit der Fünf-Schritt-Lesemethode (Methode auf Seite 145).
b) Erkläre, weshalb die Schülerinnen und Schüler „Wir machen grün statt blau" auf ihr Plakat M1 geschrieben haben.
c) Bewerte, ob die Aktion der Anne-Frank-Realschule die Nachhaltigkeit stärkt.

Wir werden selbst aktiv

M3 *Kostenloser Wasserspender auf dem Schulhof*

2 Diskutiert, ob euch Verhalten in der Schule aufgefallen ist, das nicht nachhaltig war.
Marktplatz

3 Wähle eine Aufgabe aus:
I a) Stelle Überlegungen an, was ihr als Klasse verbessern könnt, um nachhaltiger zu werden.
II b) Überlegt, was ihr als Schule verbessern könnt, um nachhaltiger zu werden.
III c) Entwickle eigene Projekte, die ihr in der Schule und eurer Stadt durchführen könnt, um nachhaltiger zu leben.

Kompakt

Mitwirken in der Schule

Warum sind Klassenregeln wichtig?

Damit wir zusammenleben können, brauchen wir Regeln. Nur so kann sich jede und jeder wohl fühlen. Dies gilt auch für eure Klasse. Deswegen müsst ihr als Klasse gemeinsame Regeln festlegen.
Regeln helfen, Verantwortung zu übernehmen. Sie setzen aber auch Grenzen und sagen, was ihr dürft und was nicht.

Wie können wir Wünsche und Probleme in der Klasse besprechen?

Auch in der Schule kannst du Politik erleben, etwa im Klassenrat. Dort wird über selbstgewählte Themen der Klasse diskutiert. Alle Schülerinnen und Schüler der Klasse dürfen mitsprechen.
Du hast die Chance, eigene Ideen einzubringen und Probleme anzusprechen, die du in der Klasse beobachtet hast. Um Themen für den Klassenrat zu sammeln, könnt ihr eine Wandzeitung in der Klasse aufhängen und so Probleme und eure Wünsche für alle sichtbar machen.

Wozu brauchen wir die Schülervertretung?

In jeder Schule in Nordrhein-Westfalen muss es eine Schülervertretung (SV) geben. Sie vertritt die Meinungen und Wünsche der Schülerinnen und Schüler. In der SV kannst du dich aktiv ins Schulleben einbringen. An der SV nehmen die Klassensprecherinnen und Klassensprecher teil. Sie treffen sich regelmäßig, um aktuelle Themen zu besprechen.

Wie kann unsere Schule zu mehr Nachhaltigkeit beitragen?

Wir möchten auch in Zukunft einen lebenswerten Planeten bewohnen. Schon kleine Schritte sind wichtig. So hilft es, nach Verlassen des Klassenzimmers das Licht auszuschalten. Auch Nachhaltigkeitsprojekte in der Schule bewirken etwas.

Wichtige Begriffe
Klassenrat, Regeln, Klassensprecherin/Klassensprecher, Nachhaltigkeit, Pflichten, Rechte, Schülervertretung (SV), Schulgesetz, Verantwortung, Wahl, Wahlgrundsätze

Klassensprecherwahl
M1 *Achtung – Fehler!*

In der Klasse 5b steht heute die Klassensprecherwahl auf dem Programm. Zunächst sollen alle Schülerinnen und Schüler ihre Namen auf die Wahlzettel schreiben. Wer Samed wählt, erhält eine
5 1 als Mitarbeitsnote, weil er der Lieblingsschüler der Klassenleiterin Frau Berger ist. Die Stimmen der Mädchen zählen doppelt, weil sie besser entscheiden können.

1 Nenne die Fehler in M1 und erkläre, wie die Wahl richtig ablaufen muss.

Mitwirkung in der Schule
M2 *Falschaussagen zur Mitwirkung in der Schule*

> 1. Schülerinnen und Schüler können das Schulleben nicht mitgestalten.
>
> 2. Die Klassenregeln werden durch die Lehrerinnen oder Lehrer vorgegeben. Die Klasse hat kein Mitspracherecht.
>
> 3. Der Klassenrat hilft nicht, gemeinsame Entscheidungen in der Klasse zu treffen.
>
> 4. Eine Klasse muss kein Team sein. Bildet lieber kleine Grüppchen.
>
> 5. In der Schule hat man keine Möglichkeit, um nachhaltig zu leben, da die Schülerinnen und Schüler zu wenig Einfluss haben.

2 a) Berichtige die fünf falschen Aussagen zur Mitwirkung. Schreibe die verbesserte Aussage dafür richtig in dein Heft.

Schülervertretung
M3 *Aufbau der Schülervertretung*

Jedes Jahr wählen die Klassen eine _____ oder einen Klassensprecher. Sie oder er hat die Aufgabe, die Wünsche und Ideen der _____ in den _____ mitzunehmen. Dort treffen sich alle Klassensprecherinnen und Klassensprecher. Bei bestimmten Themen bilden sie _____, um Ideen und Vorschläge zu bearbeiten. Der Schülerrat wählt zudem die Schülersprecherin oder den _____. Alle Schülerinnen und Schüler haben die Möglichkeit an der _____(SV) teilzunehmen. Unterstützt wird die Schülervertretung von _____ oder Verbindungslehrern. Die _____ hat die Aufgabe die Interessen und Wünsche der Schülerinnen und Schüler durchzusetzen und so aktiv am Schulleben mitzuwirken.

3 a) Fülle die Lücken im Text mit folgenden Wörtern: Schülervertretung | Klassensprecherin | Arbeitsgruppen | Schülerrat | Schülerversammlung | Verbindungslehrerinnen | Schülersprecher | Klasse

b) Erkläre den Aufbau der Schülervertretung.

Ablauf einer Streitschlichtung
M4 *Wie wird ein Streit geschlichtet?*

> Gemeinsame Lösung für den Konflikt finden – Zwei Schülerinnen oder Schüler geraten in Streit – Suche nach Raum für das Gespräch – Jeder erzählt Streit aus seiner Sicht – Streitschlichter erklärt Regeln – Lösung wird aufgeschrieben und unterschrieben

4 a) Bringe die einzelnen Schritte der Streitschlichtung in die richtige Reihenfolge.
b) Überlege dir einen Streit. Formuliere einen Dialog zwischen den beiden Streitenden und der Streitschlichterin oder dem Streitschlichter.

Lösungen: Lerncheck

Mitwirken in der Gemeinde

Kapitel 2

- *Welche Aufgaben erfüllt eine Gemeinde?*
- *Wie werden Entscheidungen in der Gemeinde getroffen?*
- *Welche Möglichkeiten der Mitwirkung hast du in deiner Gemeinde?*

Mitwirken in der Gemeinde

Wie können Menschen in einer Gemeinschaft leben und handeln?

Wir leben nicht allein

Wir leben in einer Gemeinschaft

Wir Menschen leben normalerweise nicht allein, sondern mit vielen anderen Menschen zusammen in einer **Gemeinschaft**. Auch deine Familie ist eine solche Gemeinschaft. Sie ist für die meisten Menschen die erste Gemeinschaft, in der sie leben. Früher warst du sicherlich mit vielen anderen Kindern zusammen im **Kindergarten**. Auch in den Gemeinschaften **Schule** oder **Sportverein** triffst du andere Menschen. Mit einigen schließt du Freundschaft, weil ihr euch gut versteht oder gemeinsame Hobbys habt. Mit anderen verbindet dich weniger, aber du lernst, mit ihnen auszukommen und sie zu achten.

Zusammenleben braucht Regeln

Wo Menschen zusammenleben, werden **Regeln** gebraucht. Du hast viele schon kennengelernt und vermutlich eingehalten, ohne groß darüber nachzudenken. Zu Hause sind es zum Beispiel deine Eltern, die Regeln für die Familie setzen.
Auch in der **Öffentlichkeit** bestimmen festgeschriebene Regeln unser Zusammenleben. In der Schule gibt es **Schulregeln** und im Straßenverkehr müssen **Verkehrsregeln** eingehalten werden.

Wenn man diese Regeln bricht, erfolgen meistens **Konsequenzen** in irgendeiner Art. Das weißt du sicherlich aus Erfahrung.

Neben den festgeschriebenen Regeln gibt es auch **gesellschaftliche Erwartungen**. Diese Erwartungen nennt man auch **Normen**. Wir sollten sie anerkennen und einhalten. Beispielsweise sollten wir demjenigen, der zu einem spricht, zuhören und ihn nicht beim Reden unterbrechen. Auch sollten wir beim Gähnen oder Niesen den Mund beziehungsweise die Nase bedecken oder beim Essen nicht schmatzen. Halten wir uns nicht an solche Normen, können wir unsere Mitmenschen schnell verärgern. Aus diesem Grund sollten wir uns an die gesellschaftlichen Erwartungen halten und nicht tun, was uns gerade passt, ohne über mögliche Folgen nachzudenken.

A Erkläre den Unterschied zwischen Regeln und Normen.
B Nenne Gemeinschaften, denen du angehörst und berichte über Regeln, die dort gelten.
C Nimm Stellung: „In einer Gemeinschaft von Menschen muss es Regeln und Normen geben."

Müssen wir Regeln und Normen in der Gemeinschaft befolgen?

M1 *Situationen aus Bens letzter Woche*

1 a) Beschreibe, was Ben in der letzten Woche gemacht hat.
   b) Erkläre, warum an Ben in den unterschiedlichen Situationen „herumgenörgelt" wurde.

Führen Regeln auch zu Ärger?

M2 *Zu viele Unfälle: Zeiten im Skatepark für Rollerfahrer begrenzt, Westdeutsche Zeitung, April 2019**

Im nicht mal ein Jahr alten Skatepark in Eller soll eigentlich der Spaß im Vordergrund stehen. Doch der verging vielen Skatern zuletzt öfter. Der Grund: ihnen kamen Rollerfahrer in die Quere. Laut Stadtsportbund, der den Park im Auftrag der Stadt betreibt, kam es sogar häufig zu Unfällen [...] Deshalb hat der Stadtsportbund nun die Konsequenzen gezogen und schränkt die Zeiten für Scooter-Fahrer ein. [...] Diese Entscheidung führt nun zu Meinungsverschiedenheiten. Die Skater kritisieren, dass Scooter-Fahrer oft noch sehr jung und unüberlegt im Park unterwegs seien. Zu gefährlich sei das und der Skatepark eine Sportstätte und kein Spielplatz. [...] Ganz anders sehen das zweifelsohne die Scooter-Fahrer: [...] Rollerfahren sei genauso ein Sport wie Skaten.

*Text verändert

2 Wähle eine Aufgabe aus:
   a) Gib die Aussagen des Zeitungsartikels wieder.
   b) Erkläre, wie es zu dem Konflikt im Skatepark kam.
   c) Nimm Stellung zu der Maßnahme des Stadtsportbundes.

Mitwirken in der Gemeinde

Welche Aufgaben hat eine Gemeinde?

Wir leben in Gemeinden

Deine Heimatgemeinde hat Aufgaben

Wenn Menschen an einem Ort in einer Gemeinschaft leben, spricht man von einer **Gemeinde**. Das kann ein Dorf, eine Stadt oder der Zusammenschluss von mehreren Dörfern sein. Oft wird auch von **Kommunen** gesprochen. Damit das Leben der Menschen in einer Gemeinde funktionieren kann, muss die Gemeinde **Pflichtaufgaben** für ihre Bürgerinnen und Bürger erledigen. Viele dieser Pflichtaufgaben nimmst du in Anspruch ohne zu wissen, dass deine Heimatgemeinde sie anbieten muss. So kümmert sich die Gemeinde etwa um den Bau und die Ausstattung von Schulen und Kindergärten, die Versorgung mit Strom und Wasser, die Abfallbeseitigung oder den Straßenbau. Diese Aufgaben müssen erfüllt werden. Die Gemeinde entscheidet aber, wie sie die Aufgaben ausführt. Sie bestimmt zum Beispiel, wie die Schule aussehen soll.

Freiwillige Aufgaben deiner Gemeinde

Um das Zusammenleben angenehm zu gestalten, führt eine Gemeinde auch **freiwillige Aufgaben** aus. Manche hast du sicher schon genutzt: den Abenteuerspielplatz, das Frei- oder Hallenbad, die Skaterbahn, das Jugendzentrum oder die Bücherei. Auch richten Gemeinden Konzerte, Feste, Weihnachtsmärkte oder Wochenmärkte aus. Diese Bereiche verbessern das Zusammenleben und steigern die Lebensqualität.

Weisungsaufgaben

Gemeinden führen auch Arbeiten aus, die vom Staat vorgeschrieben werden. Wenn du einen Kinderreisepass benötigst, werden ihn deine Eltern im Rathaus beantragen. Und wenn du später einen Personalausweis brauchst, musst du ihn dort selbst beantragen. Für die Ausstellung dieser Dokumente gibt es genaue Anweisungen, die überall in Deutschland gelten.

Politik in der Gemeinde

Besonders bei freiwilligen Aufgaben entscheiden die Gemeinden nach ihren Bedürfnissen. Das ist wichtig, denn in der Gemeinde leben Menschen mit unterschiedlichen **Interessen** zusammen. Das kann zu Auseinandersetzungen führen, etwa wenn ein Radweg gebaut, ein Spielplatz neugestaltet oder die Sportanlage erneuert werden muss. Für eine Radfahrerin ist der Radweg am wichtigsten. Die Kinder hätten aber lieber eine neue Sportanlage. Nun muss eine Entscheidung oder ein **Kompromisse** getroffen werden. Das bringt uns zur Politik: Politik ist Handeln für die Gemeinschaft.

A Zähle in einer Tabelle die Pflichtaufgaben und die freiwilligen Aufgaben einer Gemeinde auf.
B Erkläre den Unterschied zwischen Pflichtaufgaben und staatlichen Auftragsangelegenheiten.
C Erläutere den Begriff Politik.

Was leistet die Gemeinde alles?

M1 *Leistungen der Gemeinde*

A *Skaterpark* B *Müllabfuhr* C *Öffentliches Schwimmbad* D *Klassenraum*

1. **a)** Beschreibe die dargestellten Leistungen der Gemeinden.
   b) Erkläre, welche dargestellten Leistungen Pflichtaufgaben und welche freiwillige Aufgaben sind.
   c) Erstelle eine Mindmap zu den Leistungen in deiner Heimatgemeinde. Stühletausch
2. Begründe, warum Gemeinden freiwillige Leistungen umsetzen, obwohl sie dazu nicht verpflichtet sind.

Was passiert, wenn eine Wasserrohrleitung bricht?

M2 *Rohrbruch am Allee-Center in Hamm – Westfälischer Anzeiger, Dezember 2021*

Hamm. Nach einem Wasserrohrbruch liefen die Straßen zwischen Allee-Center und City-Galerie am Mittwochmorgen teilweise voll Wasser.
Weite Teile des Stadtgebiets waren eine Zeitlang ohne fließendes Wasser, auch Krankenhäuser saßen auf dem Trockenen. Erst um die Mittagszeit konnte Entwarnung gegeben werden […] Die Wasserversorgung ist wieder hergestellt. Alle verfügbaren Kräfte der Energie- und Wasserversorgung waren im Einsatz. […] Nach Angaben der Stadtwerke […] sei […] eine mögliche Trübung des Wassers […] nicht gesundheitsschädlich. […] Nach flächendeckenden Spülungen, die die Stadtwerke aktuell durchführen, soll heute noch mit klarem Wasser zu rechnen sein.

3. Wähle eine Aufgabe aus:
   I a) Beschreibe die Auswirkungen des Rohrbruchs.
   II b) Erläutere die Auswirkungen des Rohrbruchs.
   III c) Erläutere die Situation in Hamm und beurteile, ob hier eine Pflichtaufgabe der Kommune vorliegt.

Mitwirken in der Gemeinde

Wer trifft die Entscheidungen in der Gemeinde?

Gemeinderatssitzung in Paderborn

Entscheidungen in der Gemeinde

Der Gemeinde- oder Stadtrat

Bei Entscheidungen in der Gemeinde können nicht alle Bürgerinnen und Bürger einzeln um ihre Meinung gefragt werden. Deshalb werden Personen gewählt, die die Gemeinde vertreten sollen. Als sogenannter **Gemeinde-** oder **Stadtrat** treffen sie die Entscheidungen für alle. Sie entscheiden etwa über den Bau eines Mehrgenerationenhauses, die Renovierung des Kindergartens oder die Anschaffung von E-Stadtbussen.

Die Wahl

Wir leben in einer **Demokratie**, also einer Herrschaftsform, in der das Volk entscheidet. Die Bürgerinnen und Bürger der Gemeinde entscheiden, wer sie im Gemeinde- oder Stadtrat vertreten soll. Wie auch bei Wahlen in der Schule gelten hier die fünf Wahlgrundsätze. Die Wahlen finden **frei**, **geheim**, **gleich**, **allgemein** und **unmittelbar** statt. Die gewählten Personen nennt man **Ratsfrauen** und **Ratsherren**. Sie sind **ehrenamtlich** tätig und bekommen eine kleine finanzielle Entschädigung für ihre Mitarbeit im Rat. Sie arbeiten aber weiter in ihrem normalen Beruf.

Bürgermeisterin oder Bürgermeister

Das Oberhaupt der Gemeinde oder Stadt ist die **Bürgermeisterin** oder der **Bürgermeister**. In größeren Städten sagt man auch Oberbürgermeisterin oder Oberbürgermeister. Sie oder er wird alle fünf Jahre von den Bürgerinnen und Bürgern der Gemeinde gewählt. Sie oder er arbeitet **hauptamtlich**, erhält also ein Gehalt und darf keinen anderen Beruf ausüben.

Kommunale Verwaltung

Die **Kommunalverwaltung** ist eine Organisation mit vielen Angestellten. Sie kümmern sich um die Angelegenheiten der Bürgerinnen und Bürger. Sie stellen etwa Geburtsurkunden oder Pässe aus oder schließen Ehen.

Film: Einfach erklärt: Politik in der Gemeinde

A Nenne Aufgaben des Gemeinde- oder Stadtrats.
B Beschreibe, wie in der Demokratie gewählt wird.
C Diskutiert, ob es sinnvoll ist, dass ein Bürgermeister hauptamtlich arbeitet.

Was ist die Kommunalwahl in Nordrhein-Westfalen?

M1 *Einfach wählen gehen, Landeszentrale für politische Bildung Nordrhein-Westfalen**

Die Kommunalwahl ist die Wahl für eine Stadt, eine Gemeinde oder einen Kreis. Eine Stadt, Gemeinde oder Kreis nennt man auch Kommune. Deshalb heißt es Kommunalwahl.
5 Bei der Kommunalwahl wählt man Politiker und Politikerinnen für die Stadt, Gemeinde oder den Kreis. So bestimmen die Menschen in ihrer Stadt, ihrer Gemeinde oder ihrem Kreis mit.
Die Kommunalwahlen sind alle 5 Jahre.

*Text verändert

M2 *Infos zur Wahl – Landeszentrale für politische Bildung Nordrhein-Westfalen*

Kommunal-Wahl in Nordrhein-Westfalen

Einfach wählen gehen! Ihre Stimme zählt!

1. Beschreibe M2.
2. Erkläre, warum die Wahl „Kommunalwahl" genannt wird. Lerntempoduett
3. a) Nenne, wie oft Kommunalwahlen in NRW stattfinden.
   b) Erkläre, warum jede Stimme zählt.

Wer wird bei Kommunalwahlen in NRW gewählt?

M3 *Wen kann ich bei der Kommunalwahl wählen?, Landeszentrale für politische Bildung Nordrhein-Westfalen**

Alle Wähler können diese 2 Personen wählen:
1. Ein Mitglied für einen Rat in Ihrem Ort.
2. Einen Bürgermeister.
In allen Städten gibt es mehrere Bürgermeister. Der
5 Chef ist der hauptamtliche Bürgermeister. Hauptamtlich heißt: Er bekommt einen Lohn. Die anderen Bürgermeister arbeiten ehrenamtlich. Das heißt: Sie bekommen keinen Lohn. [...] [In manchen Städten] [...] heißt der Chef Oberbürgermeister. Bei der Kommu-
10 nalwahl wählt man nur einen Bürgermeister.

*Text verändert

M4 *Warum werden Personen bei Kommunalwahlen gewählt?, Landeszentrale für politische Bildung Nordrhein-Westfalen**

Nicht jeder kennt sich überall aus. Man kann auch nicht alles wissen.
Deshalb wählen wir Personen, die sich auskennen. In den Städten und Gemeinden heißen diese Personen
5 Ratsmitglieder. [...]
Die Ratsmitglieder vertreten alle Menschen in einer Stadt oder Gemeinde. Sie entscheiden wichtige Fragen.
Alle Ratsmitglieder zusammen sind die Volksvertre-
10 tung im Stadt- oder Gemeinderat.

*Text verändert

4. Wähle eine Aufgabe aus:
   I a) Zähle auf, wer oder was bei Kommunalwahlen in NRW gewählt wird.
   II b) Erkläre, warum wir bei Kommunalwahlen alle fünf Jahre Politikerinnen und Politiker wählen.
   III c) Nimm Stellung zu der Frage: Ist es sinnvoll, dass die gewählten Ratsmitglieder alle Menschen einer Stadt oder einer Gemeinde vertreten sollen?

Entscheidungen in der Gemeinde

Wer darf bei der Kommunalwahl in Nordrhein-Westfalen wählen?

M5 *Einfach wählen gehen, Landeszentrale für politische Bildung, NRW*

M6 *Karikatur von Gerhard Mester*

Wenn Sie bei der Kommunalwahl wählen wollen, dann müssen Sie auf diese 5 Regeln achten:

1. Sie sind 16 Jahre alt oder älter.
2. Sie wohnen […] in NRW.
3. Sie sind Deutsche oder Deutscher. Das heißt: Sie haben einen deutschen Personalausweis. Oder: Sie sind EU-Bürger. Das heißt: Sie haben einen Ausweis aus einem anderen Land […] der Europäischen Union.
4. Ein Gericht hat Ihnen nicht verboten zu wählen.
5. Sie sind im Wählerverzeichnis. Sie bekommen eine Wahlbenachrichtigung per Post.

5 Gib die Regeln zur Kommunalwahl in Nordrhein-Westfalen in eigenen Worten wieder.

6 **a)** Beschreibe, was du in der Abbildung in M6 siehst.
   b) Nimm Stellung zu den Aussagen der Jugendlichen. Was würdest du ihnen antworten?
   c) Begründe, ob du an Kommunalwahlen teilnehmen willst, sobald du 16 Jahre alt bist.

Europäische Union (Abkürzung EU): Ein Zusammenschluss von 27 europäischen Staaten. Sie arbeiten in vielen Bereichen zusammen und wollen Frieden, Wohlstand und die Demokratie für ganz Europa sichern.
Karikatur: Eine Zeichnung, die etwas auf lustige oder übertriebene Weise zeigt, um zum Nachdenken anzuregen.

Wie funktioniert die Gemeinde?

M7 *Die Gemeinde im Überblick*

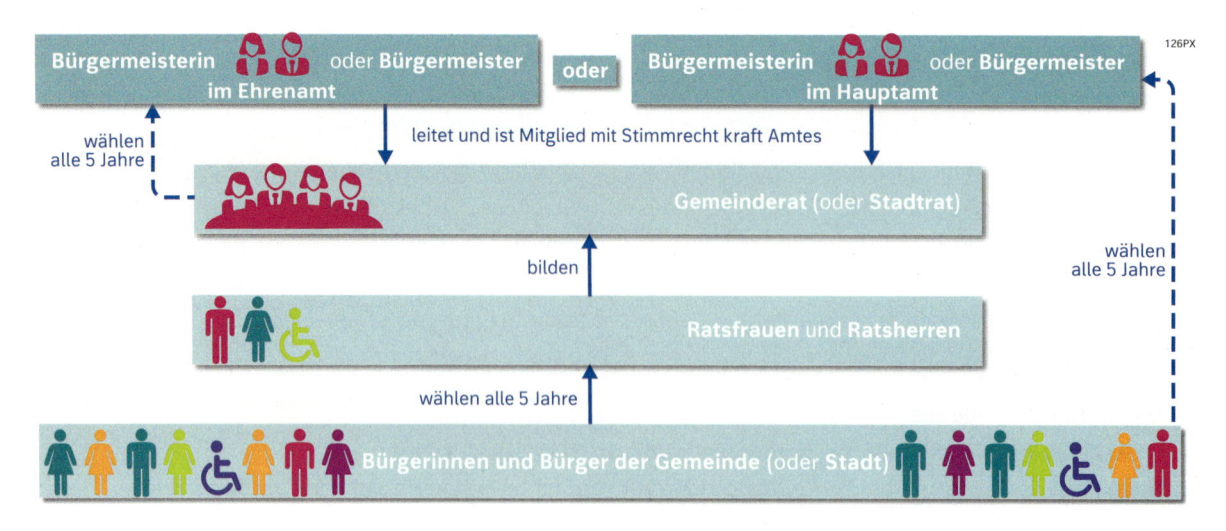

7 Erklärt euch, wie Politik in der Gemeinde funktioniert. *Partnervortrag*

Was ist bei Entscheidungen in der Gemeinde wichtig?

M8 *Aus einer Regionalzeitung aus der Eifel, Juni 2021*

Orenhofen: Der Gemeinderat Orenhofen hat sich einstimmig dafür ausgesprochen, im Neubaugebiet „Auf Baul" einen neuen Spielplatz einzurichten. Rund 16 000 Euro stellt die Gemeinde dafür zur Verfügung. Es wären auch teurere Varianten zu haben gewesen. Auf Anraten von Ortsbürgermeister Wolfgang Horn (SPD) entschied man sich aber bewusst für die günstigste Ausstattung. „Wir müssen im Rahmen unserer finanziellen Möglichkeiten bleiben", begründete der Dorfchef die Entscheidung, bei der man auch an die millionenschwere Sanierung der Grundschule gedacht hat, die die Gemeinde vor der Brust hat. Wenn die ersten Geräte stehen, könnten ja immer noch weitere dazugekauft werden. Wann die Anlage aufgestellt wird, steht noch nicht fest.

Vor der Bestellung will Ortsbürgermeister Horn klären, ob Bürger bei der Installation mithelfen und sich an den Materialkosten beteiligen wollen. Dies wurde vorher so verabredet.

Ortsbürgermeister
Wird vom Gemeinde- oder Stadtrat gewählt und vertritt ehrenamtlich die Anliegen eines Bezirks.

---

8 a) Arbeite die Gründe des Gemeinderates heraus, für die Einrichtung des Spielplatzes nur 16 000 Euro zur Verfügung zu stellen.
b) Führt eine Diskussion, ob die Entscheidung sinnvoll war.

Welche Aufgaben haben Bürgermeisterinnen und Bürgermeister?

M9 *Aufgaben einer Bürgermeisterin oder eines Bürgermeisters*

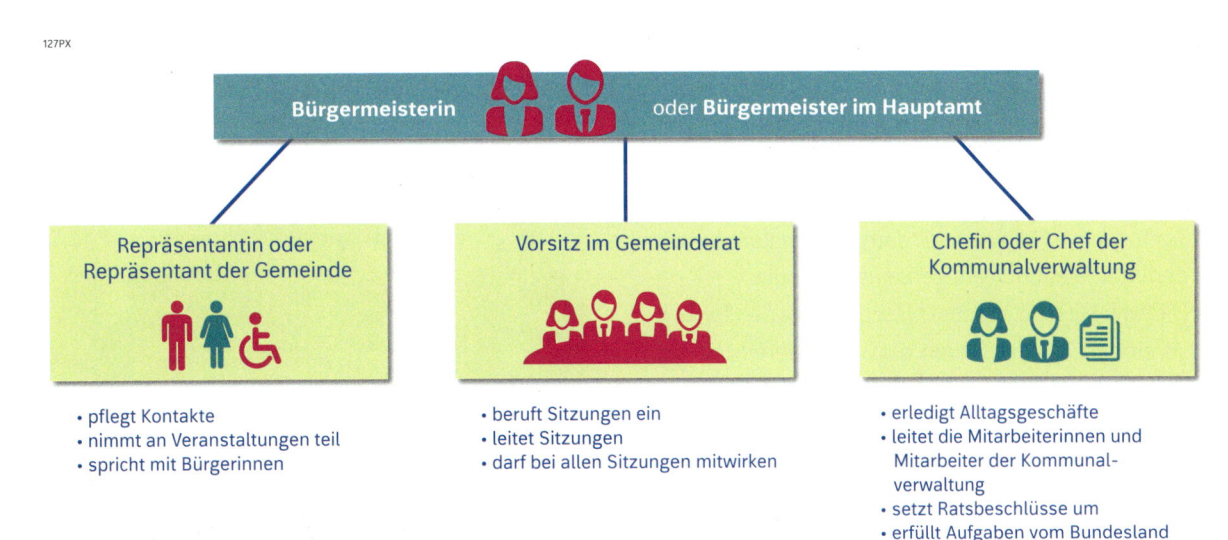

Bürgermeisterin oder Bürgermeister im Hauptamt

Repräsentantin oder Repräsentant der Gemeinde	Vorsitz im Gemeinderat	Chefin oder Chef der Kommunalverwaltung
• pflegt Kontakte • nimmt an Veranstaltungen teil • spricht mit Bürgerinnen	• beruft Sitzungen ein • leitet Sitzungen • darf bei allen Sitzungen mitwirken	• erledigt Alltagsgeschäfte • leitet die Mitarbeiterinnen und Mitarbeiter der Kommunalverwaltung • setzt Ratsbeschlüsse um • erfüllt Aufgaben vom Bundesland

9 Wähle eine Aufgabe aus:
a) Recherchiere den Namen der Bürgermeisterin oder des Bürgermeisters deiner Kommune.
b) Nenne die Aufgaben einer Bürgermeisterin oder eines Bürgermeisters.
c) Begründe, ob du selbst gern Ratsmitglied oder Bürgermeisterin/Bürgermeister wärst.

Das Rathaus erkunden

Vielleicht hast du dich schon einmal gefragt, was alles im Rathaus deiner Kommune passiert. Vielleicht warst du sogar schon einmal in deinem Rathaus, weil deine Eltern dort etwas erledigen mussten und du sie begleitet hast, oder du warst bei einer Trauung von Verwandten im Standesamt dabei. Aber um genau herauszufinden, was im Rathaus passiert und wer dort welche Aufgaben hat, sollt ihr im Rahmen dieser Unterrichtseinheit euer örtliches Rathaus erkunden.

1. Schritt: Erkundung vorbereiten
- Sprecht mit eurer Lehrerin oder eurem Lehrer zwei mögliche Termine für eine Erkundung ab.
- Bestimmt zwei Mitschülerinnen/Mitschüler aus der Klasse, die mit dem Rathaus Kontakt aufnehmen und euch an einem der vorgesehenen Termine für eine Führung anmelden. Besprecht, wo ihr euch treffen werdet.
- Teilt euch in Gruppen auf und erarbeitet Fragen für die Führung. Vergleicht eure Fragen in der Klasse und erstellt einen gemeinsamen Fragenkatalog, den ihr für die gesamte Klasse kopiert.

2. Schritt: Die Erkundung durchführen
- Bringt zu der Erkundung euren Fragenkatalog und Schreibzeug, wie Papier und Bleistift, mit.
- Trefft euch 10 Minuten vor dem Besuchstermin vor dem Rathaus und geht gemeinsam hinein.
- Die zwei Mitschülerinnen/Mitschüler, die den Termin vereinbart haben, führen euch zum vereinbarten Treffpunkt.
- Beachtet allgemeine Verhaltensregeln wie:
  → Pünktlichkeit,
  → Begrüßung der Person, die euch führt,
  → höflicher Umgang miteinander,
  → nicht Dazwischenreden.
- Notiert euch alle Antworten zu euren Fragen.
- Wenn ihr während der Führung Fotos machen wollt, müsst ihr um Erlaubnis fragen. Von außen dürft ihr das Rathaus aber ohne Erlaubnis fotografieren.

3. Schritt Erkundung auswerten
- War der Besuch des Rathauses für euch sinnvoll?
- Was hat euch besonders gefallen, was nicht?
- Was würdet ihr beim nächsten Besuch ändern?
- Welche Fragen wurden nicht beantwortet?

4. Schritt: Ergebnisse präsentieren
- Erstellt in Kleingruppen verschiedene Präsentationen für eure Ergebnisse, etwa als digitale Präsentation (Methode auf S. 180), Plakat (Methode auf S. 111) oder als kleines Erklärvideo.

> **Mögliche Fragen könnten sein:**
> - Wie lauten die Öffnungszeiten?
> - Wann wurde das Rathaus erbaut?
> - Welche Ämter gibt es im Rathaus? Wo befinden sie sich und welche Aufgaben haben sie?
> - Welche Anliegen kann man online erledigen und wozu muss man persönlich erscheinen?

Rathaus der Stadt Münster am Prinzipalmarkt

Das Rathaus erkunden | Digital+
WES-117685-204

Ergänzung: Die Homepage eines Rathauses erkunden

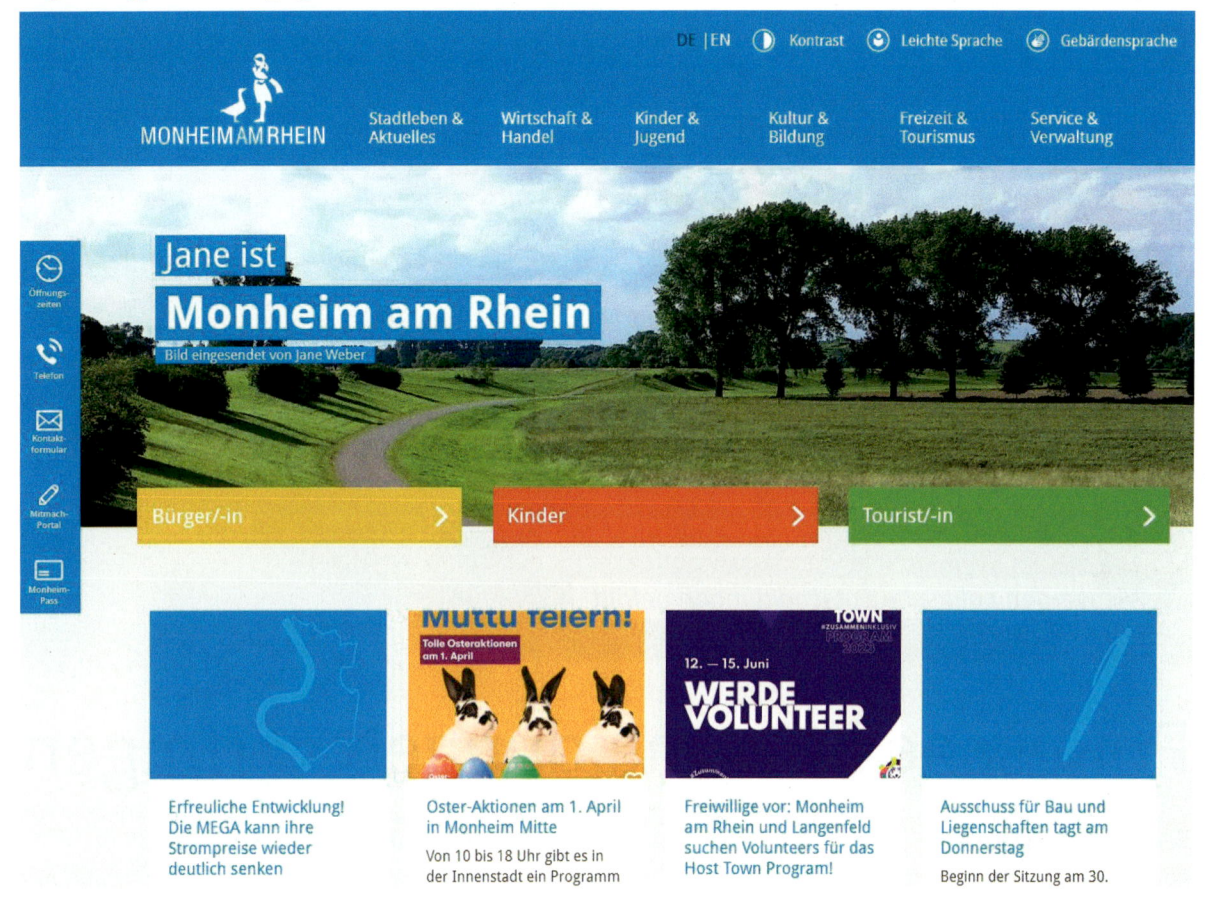

Die Homepage des Rathauses Monheim am Rhein

Die meisten Städte oder Gemeinden haben heute auch eine Homepage, auf der sie alle wichtigen Informationen bereitstellen. Darüber hinaus bieten sie oft auch einen Online-Service an, mit dem Bürgerinnen und Bürger bestimmte Angelegenheiten online erledigen können. Für eure Rathauserkundung ist es sinnvoll, die Homepage vorher aufzurufen. Hier könnt ihr im Vorfeld wichtige Informationen bekommen. Aber auch nach eurer Rathauserkundung kann es sinnvoll sein, die Homepage anzusehen, um eure Ergebnisse auszuwerten. Wenn ihr nur eine Online-Erkundung eures Rathauses plant, müsst ihr geordnet vorgehen. Deswegen solltet ihr auch hier bestimmte Fragen festlegen, denen ihr auf der Homepage nachgeht.

Arbeitsbogen „Die Homepage eines Rathauses erkunden"

Mögliche Fragen könnten sein:
- Wie übersichtlich ist die Homepage?
- Wie sind die Öffnungszeiten?
- Wie kann man die Mitarbeiterinnen und Mitarbeiter erreichen (Telefon, E-Mail, Fax, …)?
- Wie schnell kann ich mich auf der Homepage zurechtfinden?
- Sind die Informationen aktuell?
- Welche aktuellen Nachrichten gibt es für meine Kommune?
- Gibt es Themen, die für Kinder unseres Alters besonders wichtig sind?
- Mit welchen Themen macht meine Kommune Reklame?
- Was fehlt auf der Homepage, was mich besonders interessiert?

Methode

Mitwirken in der Gemeinde

Wie werden politische Entscheidungen gefällt?

Politische Entscheidungen verfolgen

Problemstellung
Politische Entscheidungen laufen immer nach einem ähnlichen Muster ab. Ganz am Anfang des Prozesses steht ein **Problem**, das gelöst werden soll. Um diese Entscheidungen beser zu verstehen, kannst du folgenden Fragen nachgehen:
– Was ist das Problem?
– Welcher Konflikt liegt vor?
– Was soll geändert werden?

Auseinandersetzung
Wenn du selbst politische Probleme lösen willst, musst du dich in die verschiedenen **Rollen der Beteiligten** hineindenken. Dafür benötigst du Verständnis für alle Seiten. An einem politischen Prozess in einer Kommune können zum Beispiel folgende Bereiche beteiligt sein: **Parteien**, **Bürgerinnen** und **Bürger**, natürlich auch **Kinder**, **Medien** oder der **Gemeinderat**. Mit Kleingruppen für diese Bereiche könnt ihr dann gemeinsam als Klasse folgenden Fragen nachgehen:

– Welche Argumente haben die Parteien?
– Welche unterschiedlichen Meinungen und Argumente gibt es bei den Bürgerinnen und Bürgern?
– Wurde das Thema in den Medien aufgegriffen?
– Welche Lösungen sind denkbar?

Entscheidung
Der Gemeinderat nimmt sich dem Problem an und diskutiert die **Argumente** in seiner Sitzung. Am Ende trifft er eine Entscheidung, die oft ein **Kompromiss** ist. Er muss auch darauf achten, dass die **Maßnahmen**, die eingeleitet werden, für die Gemeinde nicht zu teuer sind. Sind die Maßnahmen abgeschlossen, überprüft er, ob das Problem zur Zufriedenheit aller gelöst wurde.

A Stelle dar, was am Anfang einer politischen Entscheidung steht.

B Beschreibe den Weg von der Auseinandersetzung mit einem politischen Problem bis zur Entscheidung.

Ärger in der Schillerstraße

M1 *Probleme in der Schillerstraße*

In einem Wohnviertel mit Realschule und Kita, kommt es auf der Schillerstraße immer wieder zu Verkehrsunfällen. Oft werden gefährliche Situationen von Beinahe-Unfällen beobachtet, wenn Autofahrer zu schnell an der Schule vorbeifahren.

Früher war die Straße sehr ruhig und wurde fast ausschließlich von den dort wohnenden Menschen benutzt. Doch seit der Eröffnung eines Supermarkts und eines Baumarktes in der Nähe, wird die Straße oft als Abkürzung benutzt.

M2 *Die Schillerstraße*

1 a) Beschreibe die Situation in der Schillerstraße.
b) Erkläre das Problem, welches in der Schillerstraße besteht.

Wie kann das Problem gelöst werden?

M3 *Unterschiedliche Interessen treffen aufeinander*

Bürgerinnen und Bürger des Wohnviertels fordern, dass die Straße verkehrsberuhigt umgebaut wird. Sie begründen das mit den vielen „Rasern", dem Motorenlärm und den Autoabgasen, die die Luft verunreinigen. Auch die Schülerinnen und Schüler der Stadt sind aktiv. Mit Briefen an die Gemeinde und die Lokalzeitung weisen sie auf den schlechten, unsicheren Schulweg und einen Unfall mit einer Schulkameradin hin. Die Schülerinnen und Schüler wünschen sich einen breiten Fahrradweg. Darüber hinaus soll die Straße so umgebaut werden, dass die motorisierten Verkehrsteilnehmer viel langsamer fahren müssen. Eine andere Gruppe der Anwohner wünscht sich nur Zebrastreifen vor der Kita und der Realschule und eine Tempo-30-Zone. Viele Autofahrer können den Unmut der Anwohner nicht verstehen. Für sie ist das eine normale, öffentliche Straße.

M4 *Der Gemeinderat entscheidet*

Der Gemeinderat hat sich bei einer Ortsbesichtigung über das Problem informiert. Alle Beteiligten konnten ihre Argumente vortragen, sodass jetzt im Gemeinderat eine Lösung gesucht wird. Folgende Argumente werden genannt: Es reichen Zebrastreifen, ein verkehrsberuhigter Umbau ist zu teuer, Radarkontrollen können helfen, die Sicherheit der Kinder ist am wichtigsten oder die Einnahmen der Märkte gehen zurück, weil dann woanders eingekauft wird. Nach langen Diskussionen entscheidet sich der Gemeinderat für einen verkehrsberuhigten Umbau der Schillerstraße. Nach Abschluss der Arbeiten zeigen sich Schülerinnen, Schüler, Anwohnerinnen und Anwohner sehr zufrieden. Aber durch den Umbau sind jetzt andere Straßen stark belastet. Dort sind die Anwohnerinnen und Anwohner über die neue Verkehrssituation sehr aufgebracht.

2 a) Erarbeitet in Kleingruppen die Argumente der unterschiedlichen Beteiligten und ergänzt sie mit euren eigenen Argumenten. Bienenkorb
b) Spielt eine Gemeindesitzung mit den unterschiedlichen Argumenten durch (Methode auf S. 106).
c) Begründe, warum es zu neuen Problemen durch die Verkehrsberuhigung der Schillerstraße kommt.

Mitwirken in der Gemeinde

JUGEND & FREIZEIT / WUPPERTALER JUGENDRAT

Das sind wir!

Können Kinder und Jugendliche Politik in der Gemeinde mitgestalten?

Kinder- und Jugendbeteiligung

Mitmachen, mitgestalten, mitbestimmen
Du kennst schon Möglichkeiten der **Mitbestimmung** und **Mitgestaltung** für deine Klasse und Schule. Auch in Städten und Gemeinden gibt es Möglichkeiten für Kinder und Jugendliche, Jugendthemen mitzugestalten und mitzubestimmen. Das ist in der **Verfassung von Nordrhein-Westfalen**, dem wichtigsten Gesetz des Landes, ausdrücklich geregelt. Allerdings gilt: Wenn du etwas bewegen willst, musst du mitmachen!

Unterschiedliche Beteiligungsformen
Nordrhein-Westfalen bietet viele Möglichkeiten der **Kinder- und Jugendbeteiligung** an. Das kann das **Kinder- und Jugendparlament** oder der **Kinder- und Jugendrat** sein. Wie bei den **Kommunalwahlen** werden bei dem Jugendparlament und dem Jugendrat jugendliche Vertreterinnen und Vertreter einer Kommune gewählt. Sie setzen sich im **Wahlzeitraum** für die Interessen und Wünsche der Kinder ein und wirken in der **Kommunalpolitik** mit. Wahlzeitraum, Anzahl der gewählten Mitglieder und Wahlalter sind von Kommune zu Kommune unterschiedlich. In offenen Beteiligungsformen, wie dem **Jugendforum** kann jedes Kind und jeder Jugendlicher Meinungen, Anregungen und Forderungen zu kommunalen Jugendthemen einbringen.

A Nenne die verschiedenen Beteiligungsformen.
B Erkläre den Unterschied zwischen einer offenen Beteiligungsform und einer Beteiligungsform mit gewählten Personen.
C Stelle dar, warum es so wichtig ist, dass Kinder und Jugendliche Jugendthemen mitgestalten dürfen.

Kinder- und Jugendbeteiligung | Digital+
WES-117685-206

Was macht der Wuppertaler Jugendrat?

M1 *Projekte des Jugendrates*

A

Legorampe für Rollstuhlfahrer

B

Corona-Aktion

1 Wähle eine Aufgabe aus:
- **a)** Beschreibe die Projekte auf den Abbildungen.
- **b)** Recherchiere, ob es in deiner Kommune eine Form der Jugendbeteiligung gibt. Berichte.
- **c)** Entwickle ein eigenes Projekt für deine Kommune. Stelle es deiner Klasse vor.

Welche Interessen verfolgt der Wuppertaler Jugendrat?

M2 *Wen vertritt der Wuppertaler Jugendrat?*

Wir vertreten [...] die Interessen, Vorschläge und Anregungen von Kindern und Jugendlichen. Gewählt von 14-21-jährigen Jugendlichen, die in Wuppertal leben, bringt der Jugendrat Vorschläge [...] zur Ver-
5 besserung der Situation von Kindern und Jugendlichen an [...]. So haben Kinder und Jugendliche die Möglichkeit, sich aktiv am Geschehen in der Stadt zu beteiligen, sich in Politik einzumischen.

M3 *Wie bringen wir uns ein?*

In allen 10 Bezirksvertretungen der Stadt Wuppertal hat der Jugendrat zu Beginn jeder Sitzung einen eigenen Tagesordnungspunkt. Hier kann er über seine Arbeit berichten und eigene Anträge einbringen. Da-
5 rüber hinaus kann er sich zu allen weiteren Tagesordnungspunkten äußern und Stellung beziehen.

M4 *Welche Themen interessieren Jugendliche?*

Wuppertaler Jugendliche sind interessiert am Geschehen in ihrer Stadt und der Jugendrat ist ein politisches Instrument, um:
- Anregungen zu geben, wie sich die Situation von
5 Kindern und Jugendlichen verbessern lässt.
- Vorschläge und Maßnahmen zu erarbeiten, damit Wuppertal sich zu einer kinder- und jugendfreundlicheren Stadt entwickeln kann. [...]
- Interessen von Kindern und Jugendlichen vor Ort
10 zu vertreten. Der Jugendrat mischt sich, sozusagen als Sprachrohr, ins politische Geschehen ein. [...]
- Projekte, Veranstaltungen etc. mit und für Kinder und Jugendliche zu initiieren.
15 • Bedarfsgerechte Angebote für Kinder und Jugendliche zu unterstützen und zu planen [...]

2 Fasse zusammen, wen der Wuppertaler Jugendrat vertritt. Stühletausch
3 a) Gestalte eine Mindmap zu den Interessen der Wuppertaler Jugendlichen.
   b) Diskutiert über die Interessen der Wuppertaler Jugendlichen.
4 Kannst du dir vorstellen, dich für deine Kommune politisch einzubringen? Begründe.

Mitwirken in der Gemeinde

Was bedeutet nachhaltige Entwicklung in Gemeinden?

Das Haldenereignis Emscherblick, kurz: Tetraeder Bottrop

Nachhaltigkeit in der Gemeinde

Frühere Bedeutung von Nachhaltigkeit
Der Begriff **Nachhaltigkeit** stammt aus der Forstwirtschaft. Schon vor über 300 Jahren erkannte der Hauptmann Carl von Carlowitz, dass nicht mehr Bäume gefällt werden dürfen, als wachsen können. Er legte den Grundstein für die heutige deutsche **Forstwirtschaft** und den nachhaltigen Umgang mit dem Rohstoff Holz.

Heutige Bedeutung von Nachhaltigkeit
Heute verstehen wir unter Nachhaltigkeit mehr. Wir müssen der nachfolgenden **Generation** eine gesunde Welt übergeben. Denn auch sie benötigt natürliche **Ressourcen** wie Wasser, Luft, Holz oder Erdöl. Nachhaltigkeit bedeutet auch, ein menschenwürdiges Leben zu schaffen. Das heißt, dass Menschen etwa eine hochwertige **Bildung** bekommen und bezahlbaren **Wohnraum** haben. Damit das gelingt, hat die Weltbevölkerung **17 Ziele für nachhaltige Entwicklung** aufgestellt, die bis 2030 erreicht werden sollen.

Link: Was sind die 17 Ziele für nachhaltige Entwicklung?

Nachhaltigkeit in Kommunen in NRW
Die Kommunen spielen eine starke Rolle bei der Umsetzung der Nachhaltigkeitsziele. Kommunen haben in der Politik den direktesten **Einfluss** auf die Lebensbedingungen der Bürgerinnen und Bürger. Durch das Mitwirken der Kommunen und die **Beteiligung** der Bürgerinnen und Bürger kann ein lebenswertes Umfeld für junge und alte Menschen geschaffen werden.

Viele Kommunen in NRW beteiligen sich deshalb daran, die Nachhaltigkeitsziele zu erreichen. Im Projekt **Global Nachhaltige Kommune NRW** entwickeln sie eigene Leitlinien und Ziele, um nachhaltiger zu werden und eine faire und gute Zukunft für alle zu schaffen.

A Recherchiere zum Tetraeder in Bottrop und präsentiere deine Ergebnisse in der Klasse.
B Vergleiche den ursprünglichen Begriff der Nachhaltigkeit mit der heutigen Bedeutung.
C Begründe, warum Kommunen bei der Umsetzung der globalen Ziele eine starke Rolle spielen.

Wie können Bürgerinnen und Bürger ihre Kommune nachhaltiger entwickeln?

M1 *Baesweiler Sport- und Bürgerpark, Bundesministerium des Inneren, für Bau und Heimat, 2018**

Die wachsende Mittelstadt Baesweiler [nördlich von Aachen] plant ihre grüne Seite auszubauen und das Thema Sport und Bewegung in der Stadt weiterzuentwickeln. Ein abgeschottetes und nicht mehr
5 zeitgemäßes Vereins- und Schulsportgelände am Rande eines Wohngebietes soll zu einem integrierten Sport- und Bürgerpark entwickelt werden. [...]

Ein [...] Anstoß für die Entwicklung des Vorhabens
10 kam von den Bewohnern. Das [...] Areal soll [...] freundlicher und durch neue Wegegestaltungen barrierefrei werden. Es werden Räume [...] für den ruhigen als auch für den aktiven Aufenthalt geboten. Neue Sport- und Bewegungsangebote zielen auf die
15 generationsübergreifende Nachfrage und auf den Schulsport ab.

* Text verändert

M2 *Veränderungen im Baesweiler Bürgerpark*

A

B

1 a) Gib wieder, welche Veränderungen in Baesweiler für die Bürgerinnen und Bürger vorgenommen werden.
   b) Ordne die Fotos den baulichen Veränderungen zu: altes Vereinsgelände, neuer Sport- und Bürgerpark.

Ist die Jugend von Baesweiler an der Planung beteiligt?

M3 *Sport und Bürgerpark Baesweiler, Ina Brammertz, Baesweiler Jugend.de, April 2022*

Dem ein oder anderen unter Euch ist vielleicht schon aufgefallen, dass [...] der Bau des zweiten Bauabschnitts des Sport- und Bürgerparks begonnen [hat]. Bis zu den Sommerferien soll [...] die Skateranlage fertig gestellt werden. Diese wurde unter anderem gemeinsam mit einigen von Euch geplant. Angrenzend entstehen zwei neue Kleinsportfelder [...]. Die Spielfelder mit unterschiedlichen Belägen [...] sind für
5 Basketball, Volleyball, Fußball etc. geeignet und bieten Euch viel Platz zum Auspowern. Darüber hinaus werden ein Hindernisparcours und verschiedene Fitnesspunkte entstehen. [...]
Neben den vielen Plätzen zum Sport treiben, wird es [...] auch Tische und Bänke geben, die [...] zum Picknicken einladen, eine Bouleflâche, sowie eine angrenzende Wiese, auf der selbst mitgebrachte Spiele wie Wikinger Schach oder Krocket gespielt werden können. Mit dem zweiten Bauabschnitt [...] wird das Sport-
10 und Freizeitangebot in Baesweiler für alle Altersklassen nochmal deutlich erweitert.

2 a) Nenne, was im zweiten Bauabschnitt im Bürger- und Sportpark gebaut wird.
   b) Begründe, ob das Ziel einer generationsübergreifenden Anlage gelungen ist.
   c) Überprüfe, ob die Umbauten in Baesweiler nachhaltig sind.
3 Entwickle eine nachhaltige Freizeitanlage für deine Heimatgemeinde und stelle sie deiner Klasse vor.

Mitwirken in der Gemeinde

Was heißt das, sich für die Gemeinschaft zu engagieren?

Einsatz für die Gemeinschaft

Ehrenamtlich arbeiten

Mitgestalten und Mitentscheiden in der Gemeinde heißt nicht nur wählen gehen oder im Jugendrat aktiv werden. Es bedeutet auch, sich für die Bürgerinnen und Bürger in der Kommune freiwillig und unbezahlt einzusetzen. Diese Form der Arbeit für das **Gemeinwohl** wird **Ehrenamt** genannt. Man spricht von **ehrenamtlichem** oder **bürgerschaftlichem Engagement**.

Ehrenamt ist Vielfältig

Etwa 29 Millionen Menschen sind in Deutschland ehrenamtlich engagiert. Ihre **Tätigkeiten** sind äußerst vielseitig. **Helfende Hände** werden immer und fast überall gebraucht.
Das kann beispielsweise die Übungsleiterin oder der Übungsleiter im Sportverein sein oder die Hilfe in einem Tierheim. Andere helfen im Seniorenheim und lesen dort ein Buch vor oder helfen bei Lebensmittelausgaben für bedürftige Menschen. Wieder andere arbeiten im Natur-, im Brand- oder im Katastrophenschutz. Die Bereiche, in denen sich Bürgerinnen und Bürger engagieren, sind somit sehr vielfältig.

Gründe für ehrenamtliche Tätigkeiten

Es gibt viele unterschiedliche Gründe für das Engagement von Menschen in Ehrenämtern. Viele Menschen möchten gesellschaftlich etwas mitgestalten oder eigene **Erfahrungen** und Kenntnisse weitergeben. Anderen macht es einfach Freude, Menschen zu helfen oder mit Menschen verschiedener Alters- und Bevölkerungsgruppen zusammenzuarbeiten.

Anerkennung und Würdigung

Das ehrenamtliche Engagement von Menschen verdient **Anerkennung** und **Würdigung**. Deshalb wurde die **Ehrenamtskarte** geschaffen. Sie ist landesweit gültig. Mit der Ehrenamtskarte können ehrenamtlich Aktive zum Beispiel ermäßigte Eintritte in Schwimmbäder oder Museen in Anspruch nehmen. Auch wird Ehrenamt oft mit Auszeichnungen und Preisen anerkannt.

A Erkläre den Begriff Ehrenamt.
B Nenne Gründe für ehrenamtliches Engagement.
C Begründe, ob und wo du dich ehrenamtlich engagieren würdest.

Welche Beispiele für ehrenamtliche Tätigkeiten gibt es?

M1 *Menschen engagieren sich zum Wohl der Gemeinschaft*

1 a) Beschreibe die dargestellten Tätigkeiten.
   b) Erstelle zu jedem Bild eine passende Bildunterschrift. Stühletausch
   c) Nenne aus deiner Erfahrung oder aus deiner Umgebung Beispiele für ehrenamtliche Arbeit.

Warum sollte ich mich ehrenamtlich engagieren?

M2 *Gute Gründe für das Ehrenamt, Deutscher Landwirtschaftsverlag, 2021**

Bei einer ehrenamtlichen Tätigkeit kann man etwas zu einer Sache beitragen, die einem selbst wichtig ist. Egal ob es um Menschen, Tier oder die Umwelt geht. Nebenbei macht Helfen Spaß und glücklich. [...]. Außerdem stärkt ehrenamtliche Arbeit das Selbstbewusstsein. Dabei lassen sich oft Kontakte knüpfen oder sogar Freunde finden. Auch für die Demokratie ist Ehrenamt wichtig. Wer seine eigenen Interessen und die der Gesellschaft [...]
5 mitgestalten will, kann sich ehrenamtlich einbringen. Nur wer selbst aktiv wird, kann etwas bewegen. Für seine Hilfe und sein Engagement bekommt man viel zurück: vor allem Dankbarkeit, [...] Respekt und Wertschätzung.

* Text verändert

2 Wähle eine Aufgabe aus:
   I a) Nenne Gründe, sich ehrenamtlich zu engagieren.
   II b) Erkläre, warum ehrenamtliches Engagement auch für die ehrenamtlich tätige Person wichtig ist.
   III c) Erläutere die Bedeutung von ehrenamtlicher Tätigkeit für die ehrenamtliche Person.

Einsatz für die Gemeinschaft

Welche Chancen kann das Ehrenamt für mich haben?

M3 *Talent entdecken, 25 Jahre Lupe Freiwilligenzentrum Leverkusen, 2021*

„Hallo liebes Lupe-Team, vor knapp 15 Jahren habe ich mit meiner Klasse bei euch am freiwilligen Praktikum teilgenommen. Ich war damals gerade 16 Jahre alt und entschied mich, eine Familie mit Drillingen zu unterstützen. Damals merkte ich schnell: Das ist genau das, was ich werden will. Heute bin ich genau in diesem Beruf tätig. Ich arbeite in einem Kindergarten in Teilzeit und bin jetzt selbst Mutter. Ich wollte einfach mal „Danke" sagen, dass ihr uns damals diese Möglichkeit und auch Chance gegeben habt." Jennifer K.

M4 *Kinder- und Jugendfeuerwehr in NRW – die Aktiven von morgen, Homepage der Unfallkasse NRW*

Fast 20.000 Kinder und Jugendliche gehören in Nordrhein-Westfalen zur Jugendfeuerwehr. Über 1000 Gruppen der Freiwilligen Feuerwehren bieten für Kinder und Jugendliche im Alter zwischen zehn
5 und 18 Jahren sinnvolle Freizeitbeschäftigung. […] Neben den Übungen, Lehrgängen und sportlichen Aktivitäten sind auch Gemeinschaftserlebnisse […] Bestandteil der Jugendfeuerwehr. […] In den Jugendfeuerwehren erleben Kinder Gemeinschaften, die sich
10 heute kaum noch im Alltag finden: Zeltlager, Schwimmen im Badesee, […] Bootfahren und Lagerfeuer.

3 a) Arbeite heraus, welche Bedeutung das ehrenamtliche Praktikum für Jennifer K. hatte. Stühletausch
b) Charakterisiere die Arbeit der Kinder- und Jugendfeuerwehr.
c) Diskutiert darüber, ob in eurer Schule alle Schülerinnen und Schüler 20 Stunden ehrenamtliche Tätigkeiten in jedem Schuljahr ableisten sollten.

Zu unbequem?

M5 *Karikatur von Burkhard Mohr*

4 a) Beschreibe, was du auf dem Bild siehst.
b) Lege Gründe dar, warum Menschen sich für oder gegen ein Ehrenamt entscheiden.
c) Immer wieder wird darüber diskutiert, junge Menschen zu einer einjährigen Arbeit für die Gemeinschaft zu verpflichten. Erstelle eine Tabelle mit Pro- und Kontraargumenten.

Passivität (Wort im Bild)
Nichtstun, Untätigkeit

Was ist die Ehrenamtskarte Nordrhein-Westfalen?

M6 *Dankbarkeit und Würdigung ehrenamtlicher Tätigkeiten, Homepage Landesregierung Nordrhein-Westfalen**

www.ehrenamt-lohnt-sich.net

Bürgerschaftliches Engagement verdient Anerkennung. Deshalb hat die nordrhein-westfälische Landesregierung zusammen mit Kreisen, Städten und Gemeinden des Landes eine landesweit gültige Ehrenamtskarte eingeführt. [...]

Mit der Ehrenamtskarte möchten die Landesregierung und die teilnehmenden Kreise und Kommunen ihre Wertschätzung gegenüber den Menschen ausdrücken, die sich in überdurchschnittlichem zeitlichem Umfang ehrenamtlich für das Gemeinwohl engagieren. [...] Auch die Kommunen gewähren Vergünstigungen für zahlreiche öffentliche Angebote. [...]

Dazu gehören z. B. reduzierte Eintrittspreise für Museen, Schwimmbäder und andere öffentliche Freizeiteinrichtungen.

* Text verändert

M7 *Würdigung von Ehrenamtlichen am Tag des Ehrenamtes in Leverkusen, aus: Engagiert in NRW, Mai 2022*

Oberbürgermeister der Stadt Leverkusen, Uwe Richrath, würdigte die Ehrenamtlichen in einer Rede und bedankte sich für den Einsatz: »Es ist für diese Gesellschaft wichtig, dass sich die Bürgerinnen und Bürger füreinander verantwortlich fühlen, dass sie nicht wegsehen, wenn es anderen schlecht geht.

Ich stelle immer wieder fest, wie reich unsere Stadt an aktiven Menschen ist, die sich ehrenamtlich und mit voller Kraft einem Anliegen widmen. Manche von Ihnen tun das jahrelang, sogar jahrzehntelang«. Daher verlieh Oberbürgermeister Richrath im Rahmen der Feierlichkeiten auch die ersten Jubiläums-Ehrenamtskarten NRW. [...]

Tag des Ehrenamtes: Monika Berger-Mohr, Waltraud Liesenklas und Uwe Richrath (Oberbürgermeister) (von links nach rechts)

5 Wähle eine Aufgabe aus:
  I a) Beschreibe, wie das Land Nordrhein-Westfalen und die teilnehmenden Kommunen sich bei Ehrenamtlichen bedanken.
  II b) Erläutere Möglichkeiten, die mit einer Ehrenamtskarte verbunden sind.
  III c) Beurteile die Einführung von Ehrenamts- und Jubiläums-Ehrenkarten in Nordrhein-Westfalen.

Jubiläums-Ehrenamtskarten NRW
Diese Karte wird in NRW für mindestens 25 Jahre andauerndes ehrenamtliches Engagement verliehen.

Mitwirken in der Gemeinde

Wie können Menschen in einer Gemeinschaft leben und handeln?

Menschen leben in Gemeinschaften, etwa in der Gemeinde oder Kommune. Gemeinden haben Pflichtaufgaben und freiwillige Aufgaben. Pflichtaufgaben sind etwa der Bau von Schulen oder die Versorgung mit Strom und Wasser. Freiwillige Aufgaben, wie der Bau eines Schwimmbades übernehmen Gemeinden, um das Zusammenleben angenehm zu gestalten.

Wer trifft die Entscheidungen in der Gemeinde?

Du lebst in einer Demokratie, also einer Herrschaft, in der das Volk entscheidet. Alle fünf Jahre wählen die wahlberechtigten Bürgerinnen und Bürger den Gemeinde- oder Stadtrat. Diese Personen treffen in den nächsten fünf Jahren die Entscheidungen für die Kommune.

Auch wählen die wahlberechtigten Bürgerinnen und Bürger alle fünf Jahre die Bürgermeisterin oder den Bürgermeister der Kommune. Sie oder er leitet die Ratssitzungen und ist das Oberhaupt der Kommune.

Können Kinder und Jugendliche Politik in der Gemeinde mitgestalten?

Es gibt viele Möglichkeiten der Mitwirkung für Kinder und Jugendliche. So kannst du dich etwa in den Kinder- und Jugendrat wählen lassen. Dort kannst du deine Vorstellungen und Wünsche einbringen. Außerdem kann jedes Kind und jeder Jugendliche Meinungen, Anregungen und Forderungen in das kommunale Jugendforum einbringen.

Was heißt das, sich für die Gemeinschaft zu engagieren?

In der Gemeinde mitwirken heißt auch, sich in einem Ehrenamt freiwillig und unbezahlt einzusetzen. So kann man die Gesellschaft mitgestalten und eigene Erfahrungen weitergeben. Ehrenamtliches Engagement wird belohnt. Man stärkt die eigenen Fähigkeiten, lernt Neues und knüpft soziale Beziehungen.

Wichtige Begriffe
Bürgermeisterin/Bürgermeister, Demokratie, Ehrenamt, Gemeinderat, Stadtrat, Gemeinde, Kommune, Jugendparlament, Jugendrat, Kommunalwahl, Nachhaltigkeit, Rathaus, Ratsfrau/Ratsherr, Wahl

Mitwirken in der Gemeinde – Kompakt und Lerncheck | Digital+

Entscheidungen in der Gemeinde

M1 *Sind alle diese Sätze richtig?*

A) Bei der Kommunalwahl dürfen alle Bürgerinnen und Bürger wählen, die älter als 12 sind.
B) Ratsfrauen und Ratsherren arbeiten ehrenamtlich.
C) Die Oberbürgermeisterin oder der Oberbürgermeister bekommt einen Lohn.
D) Jede Kommune muss ein Hallenbad für die Bürgerinnen und Bürger bauen.
E) Pflichtschulen und Kindergärten müssen die Bürgerinnen und Bürger selbst bauen.
F) Jede Kommune entscheidet selbst, welche Aufgaben sie für die Bürgerinnen und Bürger erledigt.
G) Bürgerinnen und Bürger, die ein Ehrenamt haben, erhalten dafür Geld.

1 a) Nenne die Fehler und berichtige die falschen Aussagen in deinem Heft.
b) Begründe deine Entscheidung für falsche und richtige Aussagen.

Wer ist hier zuständig?

M2 *Aufgaben in der Gemeinde*

2 a) Nenne die dargestellten Pflichtaufgaben einer Gemeinde.
b) Erkläre, warum eine Gemeinde auch freiwillige Aufgaben ausführt.

Mitwirken in der Kommune

M3 *Alle können mitwirken!*

3 a) Finde zu jedem Foto eine Bildunterschrift.
b) Erläutere, warum Mitwirkung wichtig ist.

Wie ist unsere Gemeinde aufgebaut?

M4 *Ein Schaubild*

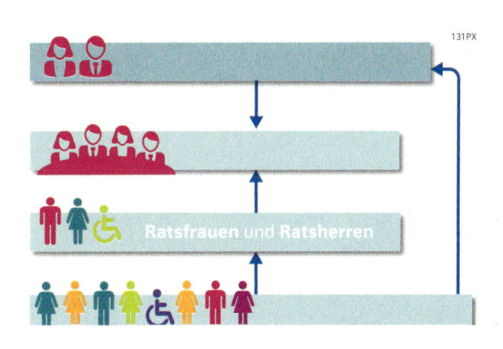

4 a) Übertrage die Grafik in dein Heft. Beschrifte sie mithilfe folgender Begriffe:

leitet | Bürgerinnen und Bürger | wählen
Gemeinderat | Bürgermeisterin/Bürgermeister
bilden | wählen

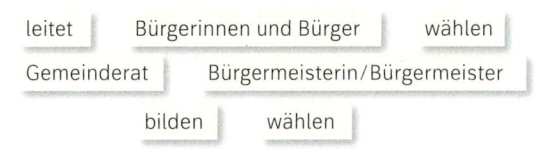

b) Erläutere die Aufgaben des Gemeinderates.

Lösungen: Lerncheck

Grundlagen des Wirtschaftens

Kapitel 3

- *Wozu brauchen wir Geld?*
- *Was sind Bedürfnisse?*
- *Darf ich alles kaufen, was ich will?*

Ein Gedankenexperiment durchführen – das Inselspiel

Jeden Tag hast du bestimmte **Bedürfnisse**, die du gerne erfüllen möchtest. Beispielsweise hast du Hunger und Durst. Ebenso möchtest du gern etwas mit deinen Freunden oder deiner Familie erleben. Und auch die neusten Markenturnschuhe hättest du gern. Doch nicht alle Bedürfnisse lassen sich immer und jeder Zeit erfüllen, so dass man diese in eine Reihenfolge bringen muss.

Besonders spürbar wird dies, wenn man folgendes Gedankenspiel als Gruppe durchführt. Dabei landet ihr auf einer verlassenen Insel, stellt dort gemeinsame Regeln auf und versucht zusammen zu überleben. Das Gedankenspiel hat drei Schritte:

1. Schritt: Spiel vorbereiten
- Bildet kleine Gruppen mit maximal 5 Personen.
- Wählt eine Schülerin oder einen Schüler aus, der gerne vorlesen möchte. Während die anderen die Augen schließen und genau zuhören, liest sie oder er für alle die kleine Einleitung in M1 vor.
- Konzentriert euch auf das Vorgelesene und lasst euch auf die Geschichte ein. Stellt euch die Insel und die Situation bildlich vor.

2. Schritt: Spiel durchführen
- Ihr seid nun auf der Insel „angekommen". Entscheidet als Gruppe, welche Aufgaben als erstes erfüllt werden müssen, damit die Gruppe überleben kann. Hierbei dürft ihr eure eigenen Ideen nutzen und eurer Fantasie freien Lauf lassen. Es gibt kein Richtig oder Falsch. Begründet aber eure Auswahl und Aufteilung der Aufgaben für die Gruppe.
- Präsentiert eure Ideen der Klasse und sammelt die Ideen der anderen Gruppen.
- Entwickelt in eurer Gruppe eine Rangliste von besonders wichtig bis nicht so wichtig für die Ideen, um auf der Insel zu überleben.

3. Schritt: Spiel auswerten
Kommt zurück von der Insel in die Schule und wertet das Experiment mithilfe der Aufgaben unten auf S. 69 aus.

Ein Gedankenexperiment durchführen - das Inselspiel | Digital+
WES-117685-301

M1 *Gestrandet auf einer Insel*

Die Klasse ist gemeinsam auf Klassenfahrt und macht eine Schiffstour. Ihr seid bei gutem Wetter aus dem Hafen ausgefahren, doch während der Fahrt kommt plötzlich ein Unwetter auf. Das Schiff lässt sich bei dem starken Wind und den hohen Wellen nicht mehr steuern.

Nach Stunden im schweren Unwetter wird es irgendwann wieder ruhiger um euch. Nach und nach kommt ihr aus eurem beschädigten und undichten Schiff heraus und seht, dass ihr auf einer verlassenen Insel gestrandet seid. Ihr schaut auf einen weißen Strand, in kurzer Entfernung ist ein Wald aus Palmen zu erkennen. Am Strand laufen Krebse umher und im Wasser erkennt ihr Fische.

Nach einem kurzen Rundgang müsst ihr erkennen, dass die Insel vollkommen unbewohnt ist und ihr euch selber helfen müsst, bis man euch finden wird. Zurzeit ist das Wetter noch gut, aber wer weiß wie lange dies noch so bleiben wird. Als Gruppe müsst ihr euch darauf vorbereiten, dass ihr einige Tage auf der Insel verbringen müsst – denn die Akkus eurer Handys sind inzwischen leer.....

Zusatzmaterial zum Inselspiel

Methode

1 Erklärt euer Vorgehen und wie ihr die Ideen für das gemeinsame Überleben entwickelt habt.
2 Bewerte eure Rangliste der Ideen.
3 „Das Inselspiel lässt sich auf das echte Leben übertragen, da auch hier Wünsche in wichtig und unwichtig geordnet werden müssen." Nimm Stellung zu dieser Aussage.

Grundlagen des Wirtschaftens

Was brauchen wir, um zu überleben?

Grundbedürfnisse des Menschen

Was ist ein Bedürfnis?
Den Begriff Bedürfnis hast du vielleicht schon einmal gehört. Du erlebst ihn jeden Tag hautnah. Wenn du Hunger hast, möchtest du essen. Du hast also das Bedürfnis nach Nahrung und dein Körper zeigt dir dies, indem dein Magen knurrt. Womit du deinen Hunger stillst ist nicht so wichtig. Du hast aber das Bedürfnis, den Hunger loszuwerden. Auch Kleidung zum Anziehen oder gemeinsame Zeit mit Freunden wünschst du dir. Diese Wünsche nennt man **Bedürfnisse**.

Arten von Bedürfnissen
Nicht alle Bedürfnisse sind zum Überleben gleich wichtig. Um Bedürfnisse besser zu ordnen, wurde die sogenannte **Bedürfnispyramide** entwickelt. Damit lassen sich Bedürfnisse nach fünf unterschiedlichen Kategorien einteilen. Auf dieser Doppelseite lernst du die **Grundbedürfnisse** kennen. Das sind die ersten drei Stufen der Pyramide. Nur wenn die in der Pyramide unten dargestellten Bedürfnisse erfüllt sind, lässt sich die nächste Stufe erreichen. Viele dieser Bedürfnisse sind **materielle Bedürfnisse**, also Dinge.

Auf unterster Stufe gibt es die **Existenzbedürfnisse**, die du zum Überleben brauchst. Hierzu gehört deine Nahrung oder dass du Wasser zum Trinken hast. Aber auch Schlaf gehört zu diesen Bedürfnissen. Ein warmes Zuhause, indem du vor Wind und Wetter Schutz suchen kannst, zählt ebenfalls dazu. Erst wenn diese Bedürfnisse erfüllt sind, kommt die nächste Stufe.

Bei den **Sicherheitsbedürfnissen** geht es um deine körperliche Sicherheit, also dass du vor Schaden von außen geschützt bist. Ebenso gehört dazu, dass du ein sicheres Umfeld hast, indem du dich wohl fühlst, und keine Gewalt herrscht.

Darauf bauen die **sozialen Bedürfnisse** auf. Das sind etwa Freundschaften, Geborgenheit oder, dass sich der Mensch zugehörig fühlt. Diese Bedürfnisse sind **immaterielle Bedürfnisse**. Sie sind keine Dinge, aber du kannst sie fühlen.

A Erkläre, warum die Bedürfnisse aufeinander aufbauen und nur nacheinander erfüllt werden.

Grundbedürfnisse des Menschen | Digital+
WES-117685-302

Existenzbedürfnisse, Sicherheitsbedürfnisse und Soziale Bedürfnisse

M1 *Die Bedürfnispyramide – Teil 1*

Soziale Bedürfnisse
z. B. Liebe und Zuneigung, soziale Kontakte (Freundschaften, ...), ...

Sicherheitsbedürfnisse
z. B. keine Gewalt, ein Dach über dem Kopf, ...

Existenzbedürfnisse
z. B. Nahrung, Wasser, Schlaf, ...

Vergrößerte Ansicht des Schaubildes M1

1 a) Nenne eigene Beispiele zu den einzelnen Bereichen der Bedürfnispyramide.
b) Erkläre in eigenen Worten die Bedürfnisse aus der Pyramide. Partnerabfrage

---

Die Grundbedürfnisse des Menschen

M2 *Beispiele*

2 a) Sortiere die Beispiele aus den Sprechblasen in M2 mit Hilfe einer Tabelle in die Bedürfnisse ein:

| Existenzbedürfnisse | Soziale Bedürfnisse | Sicherheitsbedürfnisse |

b) Begründe deine Zuordnung.

71

Grundlagen des Wirtschaftens

Wie kann ich mich selbst verwirklichen?

Sind Bedürfnisse nur Dinge?

Neue Bedürfnisse

Du kennst bereits die Grundbedürfnisse des Menschen. So willst du deinen Hunger stillen oder ein sicheres Zuhause haben. Ebenso ist es dir wichtig, dass du Freunde hast. Wenn diese Bedürfnisse erfüllt sind, kommen neue Bedürfnisse auf. Diese nennen sich
- **Ich-Bedürfnisse** und
- **Selbstverwirklichung**.

Bei diesen Bedürfnissen geht es nicht um materielle Dinge, die du anfassen kannst. Es sind zum Beispiel Gefühle, die du erreichen willst. Es handelt sich hierbei also meist um **immaterielle Bedürfnisse**.

Ich-Bedürfnisse

Zu den Ich-Bedürfnissen gehört es, dass du dich mit dir selbst wohl fühlst und du selbst sein kannst. Dir geht es gut, wenn du deine eigene Freiheit ausleben kannst. Ebenso wünschst du dir **Anerkennung** und **Wertschätzung** von anderen. Du möchtest, dass die anderen dich mögen, so wie du bist.

Selbstverwirklichung

Selbstverwirklichung ist die letzte Stufe der Bedürfnispyramide. Das heißt, dass du deine Ziele erreichen und so leben möchtest, wie du es willst. Du willst allen zeigen, was du gut kannst und das tun, was dir Freude bereitet.

Das kann ein Hobby sein, das du ausleben möchtest. Vielleicht möchtest du später auch einen bestimmten Beruf haben. Ebenso kannst du Selbstverwirklichung aber auch in materiellen Dingen finden. Vielleicht willst du später etwa ein schnelles Auto fahren. Diese Wünsche und Ziele sind für jeden Menschen anders. Selbstverwirklichung kannst du jedoch nur erreichen, wenn die vier unteren Stufen der Bedürfnispyramide vorher vollständig erfüllt sind.

A Erläutere die Bedürfnisse „Ich-Bedürfnisse" und „Selbstverwirklichung". Finde Beispiele.

B Begründe, weswegen jede Stufe der Pyramide auf den vorherigen Stufen aufbaut.

Sind Bedürfnisse nur Dinge? | Digital+
WES-117685-303

Fallbeispiele auswerten

M1 *Lisa hofft, dass die anderen sie cool finden*

Lisa ist Schülerin in der 6. Klasse einer Realschule. In ihrer Clique ist sie dafür bekannt, dass sie regelmäßig ein neues Smartphone hat. Auch die coolsten Apps hat sie: Ist etwas neu und angesagt, dann findet es sich auf Lisas Smartphone. Sie möchte immer auf dem aktuellen Stand sein.
Sowohl das Gerät als auch die Spieleapps zeigt sie gerne in ihrem Freundeskreis herum. Sie hofft, dass sie so Anerkennung von ihrer Clique bekommt und die anderen sie cool finden.

M2 *Ahmed will Mediendesigner werden*

Ahmed ist 12 Jahre alt und vor zwei Wochen in die Stadt gezogen. Seine Mutter ist Anwältin und hat einen neuen Job gefunden. Deswegen musste die Familie umziehen. Ahmed sucht nun Anschluss in seiner neuen Klasse. Er ist still und findet nur schwer Kontakt zu anderen Kindern. Aber Ahmed ist ein sehr guter Zeichner. Die anderen Schülerinnen und Schüler werden auf seine Zeichnungen aufmerksam und bewundern diese. Sein Talent kann er dann richtig ausleben, als es darum geht, dass die Klasse für ein Sportfest an der Schule ein Logo braucht. Ahmed kann sich vorstellen, später einmal als Mediendesigner zu arbeiten.

M3 *Die Bedürfnispyramide – Teil 2*

129PX_2

Selbstverwirklichung
z. B. Ziele erreichen,
ein Hobby ausüben,
ein schnelles Auto fahren, …

Ich-Bedürfnisse
z. B. persönliche Freiheit,
Anerkennung,
Wertschätzung, …

▫ Vergrößerte Ansicht des Schaubildes M2   ▫ Schaubild: Bedürfnispyramide mit allen fünf Stufen

1 a) Vergleiche die beiden Fallbeispiele M1 und M2 miteinander.
b) Ordne die beiden Fallbeispiele begründet in die Bedürfnispyramide in M3 ein und finde weitere Beispiele für die Pyramide.

Grundlagen des Wirtschaftens

Wie ist unser Geld entstanden?

Zwei Kinder holen 1963 beim Braumeister Bier in Krügen ab und bezahlen „nach Kerben" mit dem Kerbholz.

Die Entstehung des Geldes

Schulden

Bevor unser heutiges Geld erfunden wurde, funktionierte Kaufen durch Schulden. **Schulden** sind das Versprechen, dass man in Zukunft etwas zurückgibt. 5000 Jahre vor Christus, im heutigen Irak, begann das erste schriftliche Festhalten von Schulden auf Schuldtafeln. Wenn ein **Schuldner** seine Schuld beglichen hatte, dann wurde die Schuldtafel zerbrochen. Nun war man schuldenfrei. Aus England kommen die **Kerbhölzer**, die auch in Deutschland genutzt wurden. In das Kerbholz wurden Kerben geritzt, je nachdem, was gekauft wurde. Der Schuldner und der **Gläubiger** bekamen je einen Teil des Holzes. Legte man sie zusammen sah man, dass sie zusammengehören.

Tauschen

Neben dem Handel durch Schulden entwickelte sich der **Tauschhandel**. So konnte ein Fischer seinen gefangenen Fisch mit einem Bauern gegen Weizen tauschen. Sie verhandelten, bis beide zufrieden waren und tauschten dann die Waren. Nicht immer funktionierte dieser Tausch gerecht. So wurden irgendwann Preise festgelegt, die in Form von Muscheln bezahlt wurden. Diese Zahlungsmittel nannte man **Naturalgeld**.

Geld erleichtert den Tausch

Das Naturalgeld wurde im Laufe der Zeit durch wertvolle Metalle wie Silber oder Gold ersetzt. Das **Metallgeld** war erfunden. In China wurden sogar schon Scheine auf Papier gedruckt. So entwickelte sich das **Münzgeld** und das uns heute bekannte Geld. Wenn alle darauf vertrauen können, dass sie für ihr Geld bestimmte Waren bekommen, funktioniert Geld als Tauschmittel. Auch du vertraust darauf, dass du für 10 Euro auch Waren im Wert von zehn Euro bekommen wirst.

Link: Spiel zum Thema Tauschhandel

A Erstelle eine Mindmap zum Thema „Entstehung des Geldes".

B Recherchiere frühe Zahlungsmitteln wie Kerbhölzer, Naturalgeld oder Metallgeld.

Schuldner
Person, die sich bei einer anderen Person (dem Gläubiger) etwas leiht

Gläubiger
Person, die einer anderen Person (dem Schuldner) etwas leiht

Die Entstehung des Geldes | Digital+
WES-117685-304

Wie sahen frühere Zahlungsmittel aus?

M1 *Zahlungsmittel im Wandel der Zeit*

A

B

C

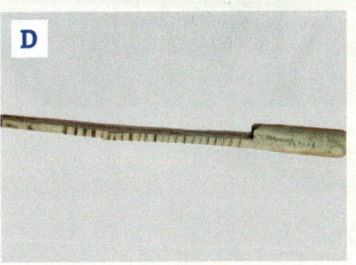

D

1 a) Schaue dir die vier Bilder oben an. Ordne sie begründet den folgenden Begriffen zu:

| Kerbholz | Naturalgeld | Schuldtafel mit Keilschrift | römische Geldmünzen |

b) Erläutere anhand der Bilder, wie es im Laufe der Zeit zum Handel mit Geld gekommen ist.

Mit einer Büroklammer ins eigene Haus getauscht

M2 *Die Geschichte von Kyle MacDonald, aus einem Online-Magazin, 2006**

Der Kanadier Kyle MacDonald hat eine Büroklammer so lange gegen wertvollere Dinge getauscht, bis er ein Haus hatte. Vor einem Jahr begann Kyle MacDonald das Experiment: Würde er es schaffen, eine rote Gummi-Büroklammer in ein Haus zu verwandeln? [...] Einzige Bedingung: Er wollte immer nur gegen etwas grösseres
5 tauschen. So wurde aus der Büroklammer ein alter Keramik-Knopf. Dafür bekam er einen Kugelschreiber in Fischform. Diesen bot er wiederum an und bekam dafür einen Camping-Kocher, dann einen Stromerzeuger, ein Bierfass und später ein [...] Schneemobil [...], daraus wurde eine Reise nach Kanada. Beim letzten Tausch konnte der Kanadier für eine Rolle in einem Hollywood-Film [...] schliesslich das ersehnte Haus eintauschen, in das er zusammen mit seiner Verlobten einzog. Mit 14
10 Tauschaktionen hat Kyle MacDonald aus seiner roten Büroklammer ein eigenes Haus ertauscht.   ** Text verändert*

2 Fasse die Geschichte von Kyle MacDonald in eigenen Worten zusammen.

3 Suche einen für dich überflüssigen Gegenstand aus deinem Etui aus und versuche nur durch Tauschen etwas für dich Wertvolles zu bekommen. Tausche mit deinen Mitschülerinnen und Mitschülern, aber natürlich kannst du dein Glück auch in der gesamten Schule versuchen.

Grundlagen des Wirtschaftens

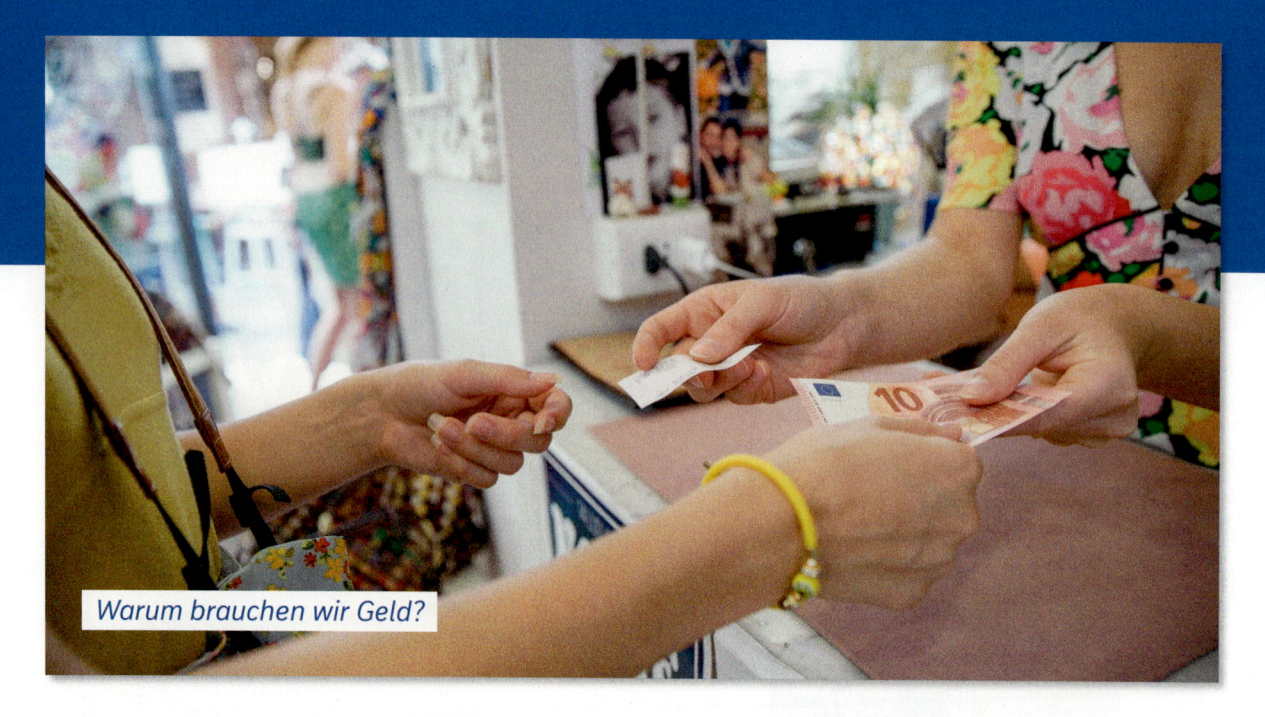

Warum brauchen wir Geld?

Die Funktionen des Geldes

Geld als Wertmesser und Tauschmittel

Mia bekommt fünf Euro Taschengeld in der Woche. Sie hat lange gespart und auf einiges verzichtet. Jetzt will sie sich ihren Wunsch erfüllen und ein Paar Inliner kaufen. Für sie ist es selbstverständlich, dass sie den Einkauf mit **Geld** bezahlt und nicht ihr Smartphone gegen die Inliner tauscht. Denn das Sportgeschäft kann mit dem Handy wenig anfangen und dann ist da noch die Frage, ob beide Dinge den gleichen **Wert** haben. Im Gegensatz zu dem Handy hat ein Geldschein, egal wie alt und schmutzig er ist, immer den gleichen Wert. Zehn Euro sind zehn Euro. Fachleute sagen deshalb: Geld ist ein **Wertaufbewahrungsmittel**.

Geld ist aber auch ein **Wertmesser**. Es hilft uns zu erkennen, wie wertvoll ein Gut oder eine Dienstleistung ist. Geld ist auch ein **Tauschmittel**, denn wir tauschen Geld gegen Güter und Dienstleistungen. Das nennen wir kaufen.
Manchmal kann Geld auch weniger wert werden. Dann sprechen wir von **Geldentwertung** oder **Inflation**. Inflation bemerkst du, wenn beispielsweise der Eintritt ins Kino teurer wird oder die Kugel Eis mehr kostet.

Mit Geld vergleichen und rechnen

Mithilfe des Geldes werden Güter und Dienstleistungen **vergleichbar**. Mia kann die Angebote bei Inlinern vergleichen. Darüber hinaus ist Geld auch eine **Recheneinheit**. Wenn Mia sich noch ein Paar Knieschoner kaufen will, kann sie die Beträge addieren und ausrechnen, ob ihr Erspartes reicht.

Bezahlen nicht nur mit Bargeld

Neben dem Bargeld, also den Scheinen und Münzen, gibt es noch andere Möglichkeiten, um zu bezahlen:
- die **Girokarte**
- das **mobile Payment** mit Smartphone oder Uhr
- die **Online-Überweisung**

Bei diesen Arten der Bezahlungen wird das Geld von dem Konto des Käufers abgebucht und dem Konto des Verkäufers gut geschrieben.

Film: Einfach erklärt: Geld

A Nenne Vorteile von Geld.
B Erkläre, warum Geld ein Wertmesser ist.
C Erläutere, wie man mit Geld Vergleichbarkeit herstellt.

Die Funktionen des Geldes | Digital+

WES-117685-305

Wie wird heute bezahlt?

M1 *Bezahlung mit Karte und Pin, mobile Bezahlung mit der Uhr, Online-Überweisung, Barzahlung*

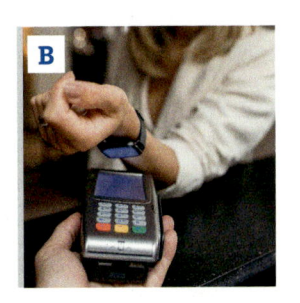

A **B** **C** **D**

1 Wähle eine Aufgabe aus:
- **a)** Beschreibe die dargestellten Bezahlformen.
- **b)** Erkläre, wie das Bezahlen ohne Bargeld funktioniert.
- **c)** Nimm Stellung: „Bargeldloses Bezahlen ist bequem, kann aber auch schnell unübersichtlich werden."

Welche Funktionen hat Geld?

M2 *Drei wichtige Funktionen von Geld*

1. Geld als Zahlungsmittel
Mit Geld kannst du Güter und Dienstleistungen bezahlen. In Deutschland muss jedes Geschäft den Euro annehmen. Du kannst also in Deutschland überall mit dem Euro bezahlen. In einem Land, in dem es den Euro nicht gibt, müssen Geschäfte den Euro auch nicht annehmen. Sie können es aber machen.

2. Geld als Recheneinheit
Mit Geld kannst du den Wert von Gütern vergleichen. Stell dir vor, du willst Schokolade gegen Kaugummi tauschen. Dann musst du klären, wie viel von deiner Schokolade du für den Kaugummi abgeben musst. Mit Geld ist das einfacher. So kostet zum Beispiel eine Tafel Schokolade 1,49 Euro und ein Packung Kaugummi 1,89 Euro.

3. Geld als Wertaufbewahrungsmittel
Wertaufbewahrungsmittel hört sich sehr kompliziert an. Du kennst sicher den Begriff „Sparen". Du kannst Geld sparen und es verfällt nicht. Es wird also nicht schlecht wie zum Beispiel Lebensmittel. Allerdings werden Güter und Dienstleistungen auch teurer. Dann kannst du ein paar Monate später für gesparte 10 Euro nicht mehr so viel kaufen wie vorher.

2 a) Beschreibe die Funktionen von Geld in eigenen Worten.
b) Erläutere anhand von Beispielen aus deinem Alltag die Funktionen von Geld. Think-Pair-Share

Ein Schaubild auswerten

Schaubilder, auch Diagramme oder Grafiken genannt, begegnen uns sehr oft im Alltag. Wir finden sie im Internet, Fernsehen oder Zeitungen. Schaubilder geben uns anschauliche Informationen. Häufige Arten von Schaubildern sind das Säulen- oder Balkendiagramm:

Säulendiagramm   Balkendiagramm

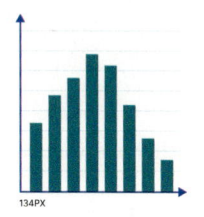

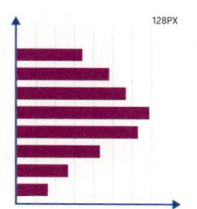

1. Schritt: Thema und Quelle erfassen
- Welche Art von Schaubild liegt vor?
- Wie lautet das Thema des Schaubildes? Du findest es oft als Überschrift des Schaubildes.
- Wer hat das Schaubild erstellt? Angaben zur Quelle findest du meistens ganz unten.
- Aus welchem Jahr oder Zeitraum sind die Zahlen?

Zu Schaubild M1:
- In diesem Schaubild geht es um die …
- Die Grafik wurde im Jahr … von … veröffentlicht.

2. Schritt: Schaubild beschreiben
- Was stellen die Balken oder Säulen dar?
- Welche Messgrößen werden benutzt:
  – Prozentwerte (Anteile von Hundert)
  – absolute Zahlen (15 Personen, 1000 Stück, …)
  – Grad, Kilo, Euro, …
- Was fällt dir besonders auf?
- Gibt es besonders hohe Werte? Das erkennst du an großen Säulen oder Balken.
- Gibt es besonders kleine Werte? Das wird durch kleine Säulen oder Balken deutlich.
- Sind die Werte gleichmäßig verteilt? Das ist durch gleich hohe Säulen und Balken erkennbar.
- Beachte den Maßstab, denn damit können Schaubilder gestreckt oder gestaucht werden.

Zu Schaubild M1:
- Die Säulen zeigen die Verkaufszahlen …
- Auf der Hochachse werden die Verkaufszahlen von Smartphones in absoluten Zahlen in Millionen Stück dargestellt.
- Auf der Rechtsachse stehen die Jahreszahlen von … bis …
- Die Verkaufszahlen von Smartphones steigen bis zum …
- Die meisten Smartphones wurden im Jahr … mit … Stück verkauft.
- Die Verkaufszahlen steigen seit …gleichmäßig an und fallen seit … wieder gleichmäßig ab.

3. Schritt: Schaubild interpretieren
- Ziehe Schlussfolgerungen.
- Was sagt das Schaubild aus?
- Gibt es Gründe für bestimmte Entwicklungen?
- Lassen sich hohe oder niedrige Werte erklären?
- Sind durch das Schaubild Fragen entstanden? Notiere diese und diskutiert eure Fragen gemeinsam in der Klasse.

Zu Schaubild M1:
- Von 2009 bis 2015 ist der Verkauf von Smartphones um mehr als das Fünffache gestiegen.
- Im Jahr 2009 war das Smartphone noch nicht lange auf dem Markt.
- Das Bedürfnis nach Smartphones nahm zu.
- Die Preise sind im Laufe der Zeit gefallen. Immer mehr Menschen können sich nun ein Smartphone leisten.
- Seit 2015 geht die Nachfrage zurück. Viele Menschen in Deutschland besitzen schon ein Smartphone.
- Themen wie Nachhaltigkeit und ein stärkeres Bewusstsein für die Umwelt werden immer wichtiger. Vielleicht werden Smartphones jetzt länger benutzt, bevor man ein neues kauft.

Ein Schaubild auswerten | Digital+
WES-117685-306

M1 *Verkauf von Smartphones in Deutschland in den Jahren 2009–2023 (in Millionen Stück)*

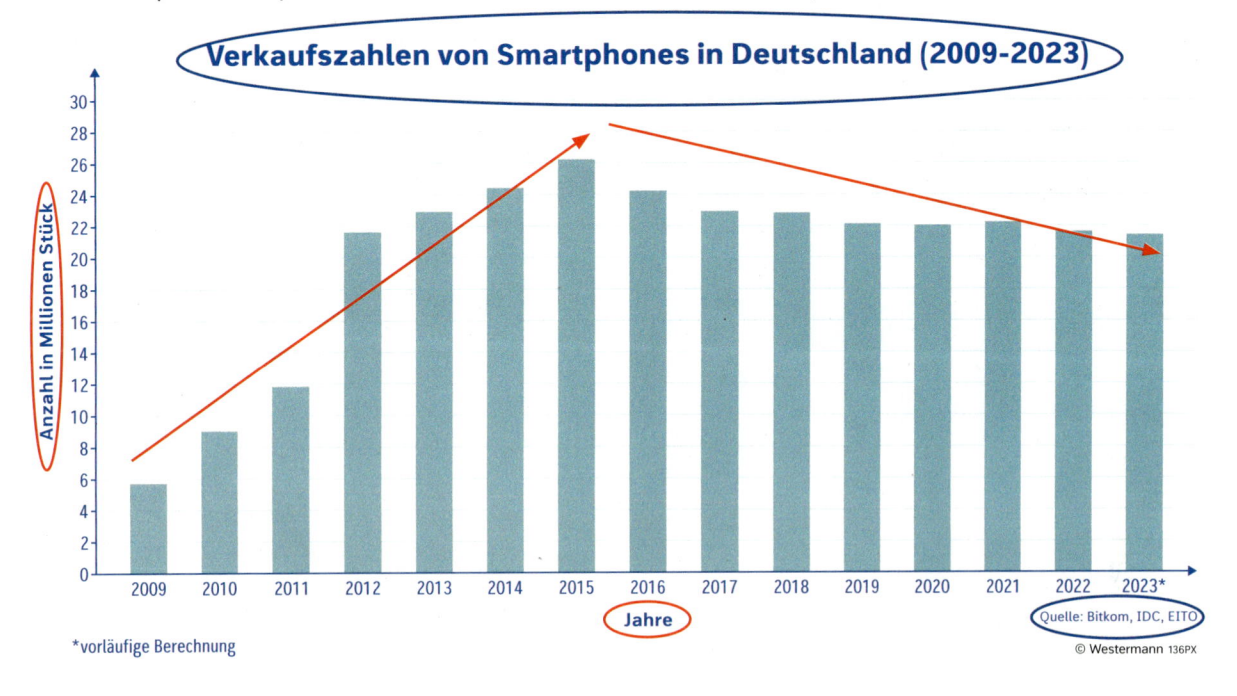

Verkaufszahlen von Smartphones in Deutschland (2009-2023)

Anzahl in Millionen Stück

Jahr	Stück (Mio.)
2009	5,8
2010	9,0
2011	11,8
2012	21,7
2013	23,0
2014	24,5
2015	26,3
2016	24,4
2017	23,0
2018	23,0
2019	22,2
2020	22,1
2021	22,4
2022	21,9
2023*	21,6

*vorläufige Berechnung

Quelle: Bitkom, IDC, EITO
© Westermann 136PX

Musterlösung zum Schaubild M1

M2 *Einnahmequellen von Kindern und Jugendlichen*

Einnahmequellen von Kindern und Jugendlichen
Einnahmen der 6- bis 19-Jährigen in Deutschland im Jahr 2021
Einnahmen insgesamt 19,7 Milliarden Euro, davon:

- 8,9 Mrd. € — zur Verfügung stehendes regelmäßiges Einkommen
- 4,2 — regelmäßiges Taschengeld
- 3,2 — Jobs, Nebentätigkeiten
- 1,5 — Geldgeschenke (Zeugnis, Urlaub, Weihnachten, Geburtstag)
- 1,3 — zusätzliches Geld von den Eltern
- 0,6 — Sonstiges

Befragung von 1461 Kindern und Jugendlichen im Alter von 6 bis 19 Jahren
Quelle: iconkids & youth © Globus 014899

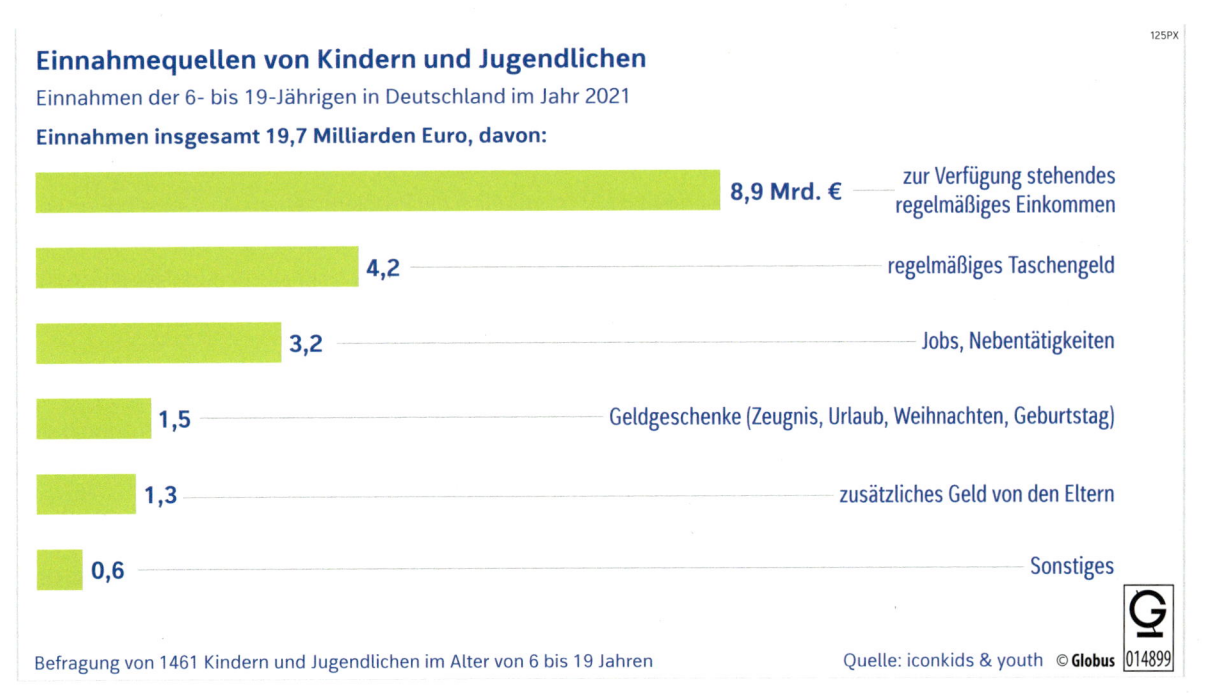

1 Werte das Schaubild M2 mithilfe der drei Schritte aus.

Methode

Grundlagen des Wirtschaftens

Wünsche über Wünsche, aber können wir alles haben?

Was können wir uns leisten?

Vom Bedürfnis zum Bedarf

Die Anzahl unserer **Bedürfnisse** ist fast unbegrenzt. Dabei werden wir bei unseren Bedürfnissen von unterschiedlichen Seiten beeinflusst. Das geschieht beispielsweise durch die Werbung oder durch Freundinnen und Freunde.

Unsere Bedürfnisse sind nichts anderes als das Empfinden eines Mangels, verbunden mit dem Wunsch, diesen Mangel zu beseitigen.

Knappheit

Doch anders als im Schlaraffenland gibt es nicht alles im Überfluss. Denn die meisten Sachen, die wir zur Bedürfnisbefriedigung benötigen, die sogenannten **Güter**, sind **knapp**. Auch das Geld, das wir brauchen, um die Bedürfnisse zu befriedigen, ist knapp. Will jemand etwas kaufen, um ein Bedürfnis zu befriedigen, dann sprechen wir von einem **Bedarf**.

Wirtschaften

Wenn jemand ein neues Smartphone, eine neue Spielkonsole und ein neues E-Bike kaufen möchte, wird es vermutlich ein Problem geben: Das vorhandene Geld wird nicht ausreichen. Das ist ein Grundproblem des Wirtschaftens. Da wir nicht alle Bedürfnisse gleichzeitig erfüllen können, müssen wir wirtschaften.

Wirtschaften bedeutet, mit begrenzten Mitteln Bedürfnisse zu erfüllen. Für Wirtschaft wird auch das Fachwort **Ökonomie** benutzt, was übersetzt „haushalten" bedeutet.

A Beschreibe deine Gedanken beim Betrachten des Bildes.

B Erkläre den Unterschied zwischen Bedürfnis und Bedarf.

C Erläutere, was unter Knappheit verstanden wird.

Was können wir uns leisten? | Digital+
WES-117685-307

Vom Bedürfnis zum Bedarf

M1 *Alisha: Ihre Bedürfnisse, ihr Bedarf und ihr wirtschaftliches Handeln*

1 Alishas Blick in den Kleiderschrank zeigt – sie braucht neue Klamotten.

2 Alisha hätte gerne eine Jeans und drei Shirts.

3 Ein Blick in die Geldbörse führt zur Entscheidung: Alisha kann nur die Jeans und ein Shirt kaufen.

4 In einem Modehaus findet Alisha, was sie sucht und kauft ein.

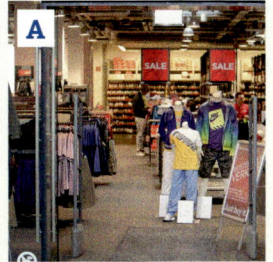

1 Wähle eine Aufgabe aus:
  a) Ordne jedem Bild eine Sprechblase zu.
  b) Benenne die jeweils zusammengehörenden Bilder und Sprechblasen begründet mit den Begriffen: Mangel, Bedürfnis, Bedarf, Kauf.
  c) Begründe mithilfe der Begriffe, warum Alisha wirtschaftet: Mangel, Bedürfnis, Knappheit, Kauf.

Das ökonomische (wirtschaftliche) Prinzip

M2 *Minimal- und Maximalprinzip*

Baschar und Faris planen ihre Geburtstagsfeiern. Beide gehen beim Einkauf unterschiedlich vor. Die Handlungsregeln von Baschar und von Faris sind sogenannte **ökonomische Prinzipien**.

Das Maximalprinzip
Baschar hat 25 Euro im Portemonnaie. Er möchte mit seinem Geld so viele Getränke und Knabbereien wie möglich einkaufen. Das nennt man **Maximalprinzip**.

Das Minimalprinzip
Faris möchte die Getränke und Knabbereien günstig einkaufen. Er will so wenig Geld ausgeben, wie möglich. Das nennt man **Minimalprinzip**.

2 a) Erkläre den Unterschied zwischen den Handlungsregeln von Baschar und Faris. Think-Pair-Share
  b) Diskutiert, ob sich beide Regeln gleichzeitig anwenden lassen.

Grundlagen des Wirtschaftens

Wie erlerne ich den Umgang mit Geld?

Taschengeld – Mein eigenes Geld

Regeln für Taschengeld

Taschengeld für Kinder ist wichtig. Darüber sind sich Expertinnen und Experten einig. Für Taschengeld gibt es jedoch keine gesetzlichen Regelungen. Es ist allein die Entscheidung der Eltern, ob und in welcher Höhe sie es geben. Am besten ist es, wenn die Kinder das Geld in regelmäßigen Abständen bekommen. Das sollte unaufgefordert passieren und nicht an gutes Benehmen gekoppelt sein.

Umgang mit Taschengeld

Kinder dürfen im Rahmen der **gesetzlichen Bestimmungen** frei über das Taschengeld verfügen. Du kannst mit dem Geld also alles kaufen, was für dich gesetzlich erlaubt ist. In diesem Rahmen entscheidest du, wofür du es ausgibst, wie lange es reichen muss oder ob du das Geld sparst. Expertinnen und Experten raten, Kindern ab Klasse fünf das Geld monatlich zu geben. So lernen die Kinder sich einzuteilen, nicht alles auf einmal auszugeben und mit Geld umzugehen.

Digitales Taschengeld

Immer mehr Kinder erhalten ihr Taschengeld digital auf ein **Taschengeldkonto**. Zu dem Konto gibt es auch eine **Debitkarte**. Mit dieser Karte können sie in Geschäften bezahlen. Das Geld wird direkt vom Konto abgebucht. Das bringt einen großen Vorteil: man kann fast überall bargeldlos mit der Plastikkarte zahlen.

Digitales Bezahlen birgt aber auch die Gefahr, dass der Überblick verloren geht. Untersuchungen belegen, dass Geld mit Karte schneller ausgegeben wird. Allerdings ist das Taschengeldkonto ein **Guthabenkonto**. Das bedeutet, es kann nicht mehr ausgegeben werden, als Guthaben auf dem Konto vorhanden ist.

A Beschreibe, wie Taschengeld gezahlt werden soll.
B Erläutere, warum mit Taschengeld der Umgang mit Geld gelernt werden kann.
C Begründe, welche Vorteile und Nachteile Taschengeldkonten mit Debitkarte haben.

Taschengeld – Mein eigenes Geld | Digital+
WES-117685-308

Warum gibt es Gelderziehung?

M1 *Taschengeld und Gelderziehung, Deutsches Jugendinstitut, 2014**

Historisch betrachtet gab es in Deutschland nicht immer Taschengeld. Taschengeld [...] hat sich in Deutschland erst ab Mitte der 1960er Jahre [...] durchgesetzt. In dieser Zeit gewann die Erziehung
5 zur Selbstständigkeit an Bedeutung, sodass mit dem Taschengeld der eigenständige Umgang mit Geld erlernt werden soll. [...]. Die Zahlung von Taschengeld wird inzwischen als bedeutsamer Faktor der Gelderziehung verstanden. Kinder er-
10 lernen mit dem Taschengeld z. B. das Verständnis von Geld und den Wert des Geldes, die Verwaltung und Planung der vorhandenen Geldmenge sowie Sparverhalten und erste selbstständige Konsumentscheidungen.

*Text verändert

1 a) Arbeite die wesentlichen Aussagen des Textes heraus.
 b) Warum gibt es Gelderziehung? Diskutiere mit einem Partner. Lerntempoduett

Was kaufe ich mir am liebsten?

M2 *Beliebte Ausgaben des Taschengelds bei Kindern (10–13 Jahre) im Jahr 2018, Kinder-Medien-Studie*

So viele Kinder zwischen 10 und 13 Jahren geben ihr Taschengeld vor allem aus für:
(Anteil in Prozent)

- Süßes, Kekse, Kaugummi: 70%
- Zeitschriften, Comics: 60%
- Getränke: 49%
- Eis: 46%
- Fast Food: 46%
- Salzige Knabbersachen: 34%

Quelle: Kinder Medien Studie 2018

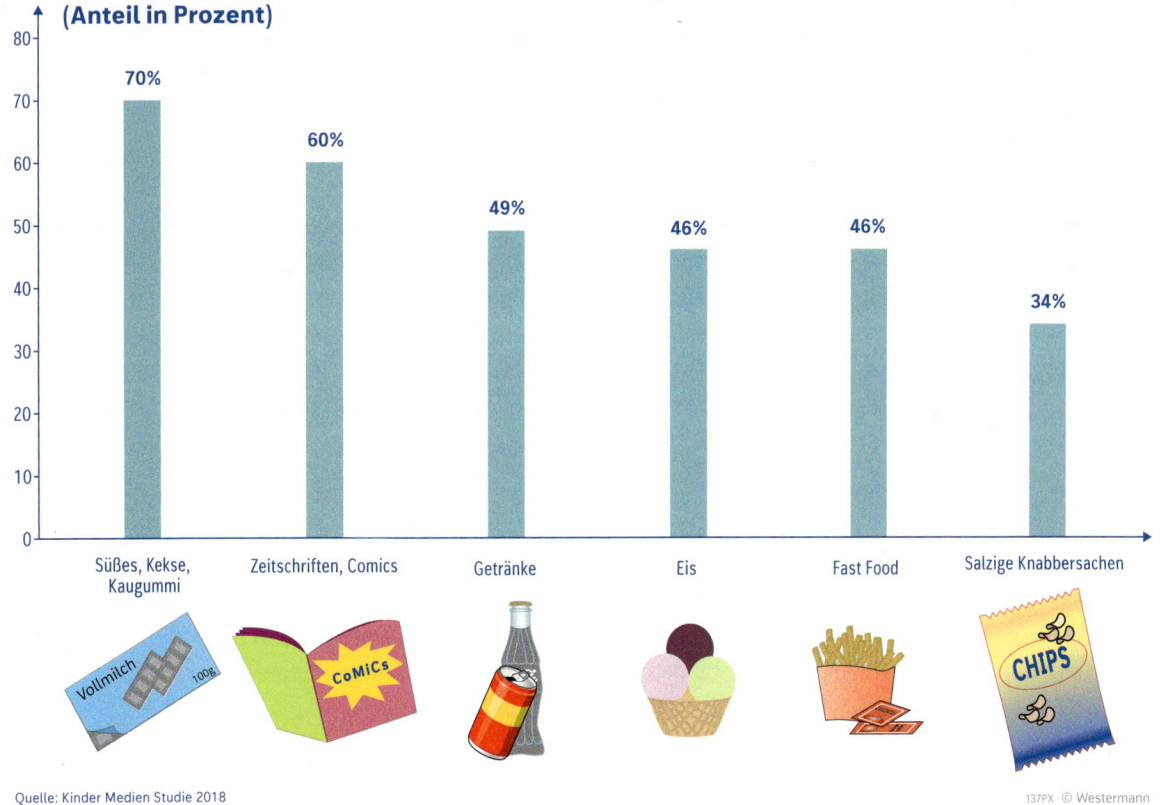

2 a) Werte das Schaubild aus (siehe Methode auf Seite 78). Stühletausch
 b) Was kaufst du am liebsten von deinem Taschengeld? Vergleiche deine Käufe mit dem Schaubild.

Grundlagen des Wirtschaftens

Darf ich selbst entscheiden, was ich einkaufe?

Regeln für meinen Einkauf

Der Kaufvertrag

Sicherlich hast du schon oft selbst etwas eingekauft. Doch was das rechtlich bedeutet, darüber hast du dir vermutlich keine Gedanken gemacht. Stell dir vor, du hast den Wunsch oder **Willen**, dir neue Schuhe zu kaufen. Du gehst also gemeinsam mit deinen Eltern in ein Schuhgeschäft. Dort bedient euch ein Verkäufer. Dieser hat den Willen, Schuhe zu verkaufen. Wenn du gefunden hast, was dir gefällt, werdet ihr die Schuhe bezahlen und der Verkäufer wird euch die Schuhe übergeben. Zwischen euch kommt ein **Vertrag** zustande.

Verträge sind Vereinbarungen zwischen zwei oder mehreren Personen. Bei jedem Vertrag gelten bestimmte **Regeln**. In deinem Fall ist ein **Kaufvertrag** zwischen dir und dem Verkäufer zustande gekommen. Die Regeln in diesem Vertrag sind: du versprichst, die Schuhe zu bezahlen. Der Verkäufer verspricht, dir die Schuhe nach der Bezahlung zu übergeben.

Geschäftsfähigkeit von Kindern

Um Kinder und Jugendliche davor zu schützen, zu viel Geld auszugeben oder etwas Gefährliches zu kaufen, gibt es für sie beim Einkauf bestimmte Regeln.

Bis zum siebten Geburtstag darf ein Kind ohne Eltern oder Erziehungsberechtigte keine Geschäfte machen. Kinder unter sieben Jahren sind **geschäftsunfähig**. Ein noch nicht siebenjähriges Kind darf streng genommen nicht einmal im Schwimmbad allein ein Eis kaufen.

Zwischen sieben und siebzehn Jahren bist du **beschränkt geschäftsfähig**. Du kannst kleinere Geschäfte allein tätigen, ohne deine Eltern fragen zu müssen. Du darfst jedoch nur so viel kaufen, wie es dein eigenes Geld zulässt. Weil Kinder meist Taschengeld bekommen, nennt man solche Geschäfte **Taschengeldgeschäfte**. Wenn du etwas kaufen möchtest, das mehr kostet, brauchst du die Zustimmung deiner Eltern oder Erziehungsberechtigten.

Erst mit der Volljährigkeit, also mit dem 18. Lebensjahr, werden Menschen **voll geschäftsfähig**. Jetzt dürfen alle Geschäfte allein und ohne Zustimmung der Eltern ausgeführt werden.

A Gib wieder, wie ein Kaufvertrag entsteht.
B Nenne die drei Formen der Geschäftsfähigkeit.
C Ist eine altersgemäße Regelung der Geschäftsfähigkeit in Ordnung? Begründe deine Meinung.

Was darf ich mit meinem Taschengeld kaufen?

M1 *Der Taschengeldparagraf**

Durch den Taschengeldparagrafen sollen Einkäufe im Alltag für alle leichter gestaltet werden. Ein [...] Vertrag von Kindern unter 18 Jahren gilt von Anfang an als gültig, wenn [...] die Ware mit dem Geld bezahlt werden kann, das ihnen von den Eltern zur freien Verfügung (= Taschengeld) überlassen wurde. Auch Geldgeschenke und Erspartes gehören indirekt zum Taschengeld. Kauft ein Kind unter 18 Jahren vom Taschengeld aber einen Gegenstand,
5 von dem er weiß, dass die Eltern nicht einverstanden sind (zum Beispiel eine Softair-Waffe), so ist dieser Kauf nicht gültig. Verträge [...], die das Taschengeld eines Monats deutlich überschreiten und nicht von „Sonderzahlungen" wie etwa Geldgeschenken bestritten werden, benötigen immer die Zustimmung der Eltern.

*Text verändert

M2 *Die Geschäftsfähigkeit*

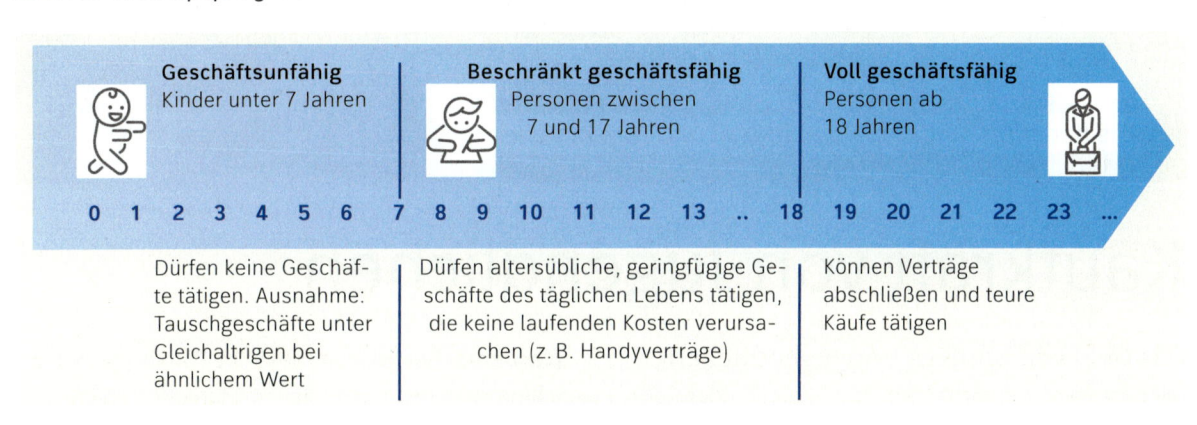

Geschäftsunfähig	Beschränkt geschäftsfähig	Voll geschäftsfähig
Kinder unter 7 Jahren	Personen zwischen 7 und 17 Jahren	Personen ab 18 Jahren
0 1 2 3 4 5 6	7 8 9 10 11 12 13 .. 18	19 20 21 22 23 ...
Dürfen keine Geschäfte tätigen. Ausnahme: Tauschgeschäfte unter Gleichaltrigen bei ähnlichem Wert	Dürfen altersübliche, geringfügige Geschäfte des täglichen Lebens tätigen, die keine laufenden Kosten verursachen (z. B. Handyverträge)	Können Verträge abschließen und teure Käufe tätigen

1 Erkläre die wichtigsten Aussagen des Taschengeldparagrafen (M1).

2 Wähle eine Aufgabe aus:
  a) Du bist beschränkt geschäftsfähig. Erkläre, was das für dich bedeutet.
  b) Erläutere die verschiedenen Arten der Geschäftsfähigkeit.
  c) Beurteile, warum der Staat Minderjährige in ihrem Kaufverhalten einschränkt.

Ist das erlaubt?

M3 *Fallbeispiele*

A Der 12-jährige Enrico wünscht sich schon lange ein eigenes Handy. Er schließt nun ohne Wissen seiner Eltern einen Handyvertrag ab.

Ist der Vertrag gültig?

B Die 6-jährige Leonie kauft sich im Einkaufszentrum eine Sofortbildkamera für 39 €. Ihre Eltern möchten das nicht.

Muss das Geschäft die Kamera zurücknehmen?

3 Entscheide begründet über die beiden Fälle.

Grundlagen des Wirtschaftens

Was bedeutet Kaufkraft von Kindern und Jugendlichen?

Kaufkraft von Jugendlichen

Das Geld von Kindern und Jugendlichen
Mit insgesamt 7,5 Milliarden Euro haben Kinder und Jugendliche in Deutschland heute so viel Geld zur Verfügung wie noch nie. Dieses Geld ist etwa **Taschengeld**, regelmäßiger **Verdienst** (zum Beispiel in der Ausbildung) oder unregelmäßige **Nebenjobs** wie Zeitungen austragen oder Babysitten. Auch **Geldgeschenke**, beispielsweise zum Geburtstag oder für gute Noten, sind häufig.

Werben um die Kaufkraft
Kindern und Jugendlichen stehen heute große Mengen an Geld zur Verfügung. Damit können sie sich viele Waren kaufen. Sich eine bestimmte Menge an Waren oder Dienstleistungen kaufen zu können, wird **Kaufkraft** genannt.

Unternehmen haben erkannt, dass Kinder und Jugendliche mit ihrer Kaufkraft eine wichtige **Zielgruppe** für sie sind. Mit auf sie ausgerichtete **Werbung** versuchen sie diese Gruppe zu erreichen und sie zu beeinflussen, damit sie ihre Produkte kaufen.

Werbemacher wissen, dass für Kinder von 10–12 Jahren (sogenannte Pre-Teens) Klamotten und Styling wichtig sind. Auch Computer und Smartphone rücken in den Vordergrund. Serienstars und andere berühmte Persönlichkeiten werden **Vorbilder** und im Style kopiert. Auch das Internet macht sich die Werbebranche zunutze. Jugendliche sind mit ihren Smartphones fast ständig online. Sie folgen Influencerinnen und Influencern und kaufen, was diese bewerben. Trotz Influencerwerbung und anderen Einflüssen verschleudern Jugendliche ihr Geld aber nicht blind. Viele achten beim Einkauf auf Preise und sparen regelmäßig Geld.

A Nenne die Einnahmequellen von Kindern und Jugendlichen.
B Beschreibe, wie die Werbebranche um die Kaufkraft von „Pre-Teens" und Jugendlichen wirbt.
C Diskutiert darüber, ob Serienstars oder Influencer eure Kaufentscheidungen beeinflussen.

Influencerin/Influencer aus dem Englischen: (to) influence bedeutet beeinflussen

Wie viel Geld geben Kinder und Jugendliche wofür aus?

M1 *Durchschnittliche Ausgaben von Kindern und Jugendlichen bis zum 19. Lebensjahr (in Millionen Euro), Jugend von heute: Junge Zielgruppen im Fokus, 2021*

Konsumfreudige Jugend — Ausgaben der 6- bis 19-Jährigen in Deutschland im Jahr 2021
Ausgaben insgesamt 14,8 Milliarden Euro, davon:

- 3,1 Mrd. € — Kleidung, Mode
- 2,1 — Süßigkeiten, Eis, Knabbereien und Fastfood
- 1,4 — Hobbys
- 1,4 — Fahrrad, Mofa, Moped
- 1,8 — Kosten für Handy (Gebühren, Apps, ..), Computer und Internet
- 1,0 — Körper-/Haarpflege
- 0,9 — Getränke
- 0,7 — Zeitschriften/Bücher
- 0,4 — Spielzeug, Sammelartikel
- 0,3 — Sport, Sportartikel, Fitnessstudio
- 0,3 — Schulsachen, Nachhilfe
- 1,4 — Sonstiges

Befragung von 1461 Kindern und Jugendlichen im Alter von 6 bis 19 Jahren
Quelle: iconkids & youth © Globus 014899

1 Wähle eine Aufgabe aus:
- **a)** Nenne Dinge, die Kinder und Jugendliche am häufigsten und Dinge, die sie eher selten kaufen.
- **b)** Werte das Schaubild aus (siehe Methode auf S. 78) und vergleiche es mit deinen eigenen Ausgaben.
- **c)** Wofür geben Jugendliche ihr Geld aus? Führt eine Umfrage in eurer Schule durch (Methode S. 130) und präsentiert das Ergebnis in einem eigenen Schaubild. *Bienenkorb*

Wie wirbt der Onlinehandel um Kinder und Jugendliche?

M2 *Beeinflussung von Kindern und Jugendlichen beim Onlineshopping, Postbank Digital-Studie, 2022**

Die Corona-Krise hat Spuren hinterlassen – auch im Einkaufsverhalten Jugendlicher. Mehr als ein Drittel der 16- bis 18-Jährigen sagen, dass sie seitdem mehr online bestellen. Im Schnitt geben sie 77 Euro aus. Kleidung, Schminke, Ernährung: Insbesondere weibliche Teenager lassen sich beim Kauf im Netz von YouTubern und Co. beeinflussen. Fast die Hälfte von ihnen hat ein Produkt schon einmal nach Empfehlung eines Influencers oder einer Influencerin bestellt. Von den Jungen sind es ein Drittel. Insgesamt kaufen neun von zehn Teenagern im Internet ein. Nachhaltigkeit beim Online-Einkauf spielt bei den Teenagern eine große Rolle: Besonders wichtig ist es Jugendlichen, dass Kleidung und Schuhe umweltfreundlich hergestellt werden oder der Versand umweltfreundlich ist.

*Text verändert

2 Wähle eine Aufgabe aus:
- **a)** Nenne Gründe, warum Jugendliche mehr im Internet einkaufen.
- **b)** Fasse die wesentlichen Aussagen des Textes zusammen. *Stühletausch*
- **c)** Beurteile den Einfluss von Influencern auf Kaufentscheidungen.

Grundlagen des Wirtschaftens

Kompakt

Was brauchen wir, um zu überleben?

Der Mensch hat verschiedene Grundbedürfnisse, wie etwa das Bedürfnis nach Nahrung, ein Dach über dem Kopf oder Erlebnisse mit Freunden. Diese Bedürfnisse bauen aufeinander auf. Nicht alle Bedürfnisse sind aber zum Überleben gleich wichtig. Erst wenn die wichtigsten Bedürfnisse erfüllt sind, die unser Überleben sichern, können wir weitere Bedürfnisse befriedigen.

Wie kann ich mich selbst verwirklichen?

Wenn unsere Grundbedürfnisse erfüllt sind, kommen neue Bedürfnisse auf. Du wünschst dir Anerkennung und Wertschätzung von anderen. Außerdem möchtest du deine Ziele erreichen und so leben, wie du es willst. Bei Bedürfnissen geht es also nicht nur um materielle Dinge, die du anfassen kannst. Es können auch Gefühle sein, die du erreichen willst.

Warum brauchen wir Geld?

Geld ist ein Zahlungsmittel. Damit werden Güter oder Dienstleistungen bezahlt. Darüber hinaus ist Geld eine Recheneinheit, denn so kann der Wert verschiedener Güter verglichen werden. Es ist auch ein Wertaufbewahrungsmittel. Ein 20-Euro-Schein behält seinen Wert, auch wenn er schmutzg ist. Wird Geld gespart, dann behält es in der Regel ebenfalls seinen Wert.

Wie erlerne ich den Umgang mit Geld?

Im Rahmen der gesetzlichen Bestimmungen dürfen Kinder frei über ihr Taschengeld verfügen. Du kannst damit also alles kaufen, was für dich gesetzlich erlaubt ist. So lernst du, dein Geld einzuteilen, nicht alles auf einmal auszugeben und mit Geld umzugehen.

Darf ich entscheiden, was ich kaufe?

Um Kinder und Jugendliche vor finanziellen Schäden zu schützen, hat der Staat gesetzliche Regelungen für sie getroffen. Kinder unter sieben Jahren sind geschäftsunfähig. Zwischen sieben und siebzehn Jahren sind sie beschränkt geschäftsfähig. Das bedeutet, dass sie bestimmte Käufe tätigen dürfen. Erst mit dem 18. Lebensjahr werden Menschen voll geschäftsfähig.

Was bedeutet Kaufkraft von Kindern und Jugendlichen?

Durch Taschengeld, Geldgeschenke, kleine Jobs und Erspartes haben Jugendliche eine große Kaufkraft. Mit unterschiedlichen Strategien versuchen Unternehmen daher, diese Gruppe zu erreichen.

Wichtige Begriffe
Bedürfnisse, Güter, Bedarf, Knappheit, Mangel, Kauf, Ökonomie, Maximalprinzip, Minimalprinzip, Taschengeld, Kaufvertrag, Geschäftsfähigkeit, Kaufkraft, Influencer

Grundbegriffe

M1 *Schüttelrätsel*

A) DE**G**L
B) R**B**DEAF
C) KOONMIÖE
D) PAP**K**N
E) TA**W**FSTICHR
F) F**K**UAVTREGRA
G) A**T**SADUHNCEHL
H) EUBRH**V**RRCAE
I) AE**M**GNL
J) TAFRUAKF**K**
K) HAC**S**TEGNDLE
L) **Z**HAULTTNIGSMEL

1 a) Bringe die Buchstaben der gesuchten Begriffe in die richtige Reihenfolge.
Tipp: Der fett gedruckte Buchstabe ist der Anfangsbuchstabe.
b) Verfasse einen Erklärtext, in dem du mindestens fünf der Begriffe (A-L) verwendest.

Kluges Wirtschaften – aber wie?

M2 *Strategien des Wirtschaftens*

1 Ich kaufe günstig ein und vergleiche Angebote.
2 Wenn ich etwas kaufen will, spare ich vorher Geld.
3 Ich überlege, was ich wirklich brauche.
4 Ich sortiere meine Wünsche in einer Reihenfolge: Was ist wichtig, was unwichtig?

2 Hast du eine oder mehrere der Strategien selbst schon benutzt? Beschreibe die Situationen.

Geschäftsfähig oder nicht?

M3 *Was gehört zusammen?*

Kinder unter 7 Jahren — **A** — Liuda, 6 Jahre alt

Personen zwischen 7 und 17 Jahren — **B** — Joris, 15 Jahre alt

Personen ab 18 Jahren — **C** — Lana, 25 Jahre alt

Ich bin ...
1 beschränkt geschäftsfähig
2 geschäftsunfähig
3 unbeschränkt geschäftsfähig

Ich darf ...
a ... Verträge schließen und teure Anschaffungen tätigen
b ... altersübliche, kleine Geschäfte im Alltag tätigen und über mein Taschengeld, Geldgeschenke und Erspartes frei verfügen
c ... keine Geschäfte des täglichen Lebens ausführen und nur Tauschgeschäfte mit meinen Freunden tätigen

3 a) Ordne Ziffern, kleine Buchstaben und große Buchstaben passend zu.
b) Verfasse eine Sprachnachricht, in der du einer Freundin die gesetzlichen Regelungen aus M3 erklärst.

Lösungen: Lerncheck

Lerncheck

Grundlagen des Wirtschaftens – Kompakt und Lerncheck | Digital+
WES-117685-311

Zusammenleben in einer vielfältigen Gesellschaft

Kapitel 4

- Welche Bedeutung hat die Familie für uns?
- Was ist eine Familie?
- Wie hat sich unser Zusammenleben verändert?
- Wie könnte unser Zusammenleben in der Zukunft aussehen?

Zusammenleben in einer vielfältigen Gesellschaft

Wie leben Familien in einer vielfältigen Gesellschaft?

Familien sind vielfältig

Was ist eine Familie?
In Deutschland spricht man von einer **Familie**, wenn Eltern mit ihren Kindern gemeinsam in einem **Haushalt** leben. Zu einer Familie gehören noch Oma, Opa, Verwandte und engere Freunde. Die Familie bildet dabei eine **soziale Gruppe**, bei der Kinder und Eltern emotional, also durch Gefühle, sozial und auch wirtschaftlich miteinander verbunden sind.

Aufgaben einer Familie
Kinder brauchen ein sicheres Zuhause. Dort werden sie mit Essen und Trinken versorgt, haben ein Bett zum Schlafen und können Spielen. Die Familie ist ein **Schutzraum**, der Liebe, Vertrauen und Geborgenheit bieten sollte. Kinder haben ein Recht darauf, dass ihnen kein Schaden zugefügt wird und ihre Eltern oder Erziehungsberechtigte sich gut um sie kümmern. Die Familie sollte auch ein Ort sein, um Stärken und Vorlieben zu entwickeln. Bei Problemen und Schwierigkeiten kann die Familie das Kind unterstützen und trösten.

Formen des Zusammenlebens
Es gibt viele unterschiedliche Familienformen. In den meisten Familien in Deutschland leben **Eltern mit einem Kind** oder zwei Kindern zusammen. Wenn Großeltern in der Familie mitleben, spricht man von einer **Mehrgenerationenfamilie**. Anders als noch vor einigen Jahren gibt es heute nur noch wenige Großfamilien, also Familien mit drei und mehr Kindern. Wenn sich Eltern trennen, leben die Kinder bei einem Elternteil, welcher dann **alleinerziehend** ist. Die Kinder leben dann in der Regel nach fest vereinbarten Zeiten bei der Mutter und beim Vater.

Wenn die getrennten Eltern wieder eine neue Partnerin oder einen neuen Partner finden, entstehen neue Formen des Zusammenlebens, oft auch mit neuen Geschwistern (Stiefbruder, Stiefschwester). Man nennt diese neu entstandenen Familien auch **Patchworkfamilien**. In manchen Familien gibt es auch mehr als nur zwei Eltern.

Egal wie verschieden die Familienformen sind, eins ist gleich wichtig: Es geht um Geborgenheit, Zuneigung und dass man füreinander da ist.

A Notiere in einer Mindmap, was dir spontan zum Thema „Familie" einfällt (Methode S. 26).
B Beschreibe die verschiedenen Formen des Zusammenlebens von Familien.
C Schreibe einen kurzen Brief an eine Freundin oder einen Freund zu dem Thema: „Was ist eigentlich eine Familie?"

Zusammenleben heute
M1 *Vielfalt der Lebensformen*

1. Beschreibe die vielfältigen Formen von Familien auf den Bildern.
2. **a)** Ordne den Fotos jeweils eine oder mehrere Überschriften zu:

   Alleinerziehender Vater   Eltern mit einem Kind   Eltern mit zwei Kindern

   Großfamilie   Alleinerziehende Mutter   Patchworkfamilie   Mehrgenerationenfamilie

   b) Welche Überschriften fallen dir noch ein? Ergänze.
3. Diskutiert Vorteile und Herausforderungen der unterschiedlichen Familienformen. Kugellager

Familien sind vielfältig

Leben in einer Patchworkfamilie

M2 *Fallbeispiel aus der Jugendzeitschrift Fluter, Thema: Familie, Nr. 49, 2013*

Der Sohn, 13:

Wenn mich mein Vater fürs Wochenende abholt, dann darf er nicht ins Haus. Er soll draußen warten, bis ich und mein Bruder rauskommen. Meine Mutter
5 sagt, sie ertrage ihn nicht. Ich find das komisch, schließlich waren sie ja mal zusammen. Heute tun sie immer so, als sei das alles ein großer Irrtum gewesen. Als sich meine Eltern trennten, war ich acht. Eines Abends hat meine Mutter meinem Bruder und
10 mir gesagt, dass sie mal mit uns reden müsse, und dann auch von Stefan erzählt, einem Arbeitskollegen von ihr. Kurz danach ist mein Vater ausgezogen, was ich gar nicht richtig mitbekommen habe. Der Streit kam später, als es darum ging, bei wem wir
15 mehr Zeit verbringen. Ständig haben meine Eltern von „Übergabe" gesprochen, wenn es um uns ging – als wären wir irgendein Gegenstand. Am Anfang habe ich meinen Vater sehr vermisst, weil ich ihn nur jedes zweite Wochenende sehe. Mittlerweile bin ich
20 sowieso mehr mit meinen Freunden zusammen. Mit dem neuen Mann meiner Mutter verstehe ich mich gut – auch mit seinem Sohn, der schon etwas älter ist. Ich wollte immer einen großen Bruder haben, jetzt habe ich plötzlich einen. Und ich glaube, meine
25 Mutter ist heute glücklicher, das macht mich natürlich auch froh.

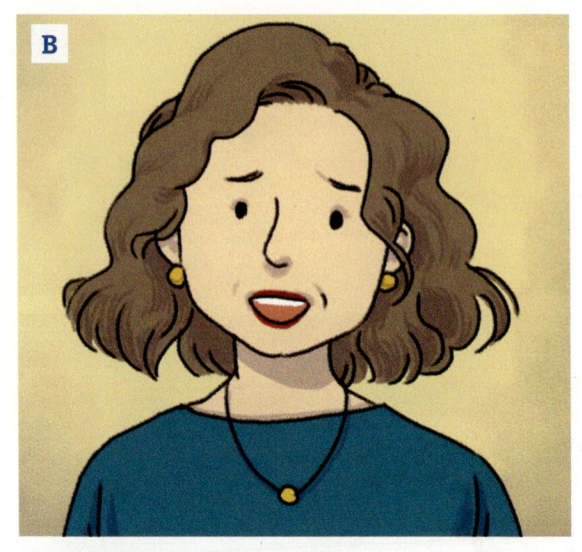

Die Mutter, 39:

Irgendwann musste ich mich entscheiden zwischen meinem Glück und dem Unglück der Kinder. So habe ich es zumindest empfunden. Auf der einen
5 Seite war ich total verliebt, auf der anderen Seite wollte ich unsere Familie nicht zerstören. Aber ist es für Kinder schön, in einem Elternhaus aufzuwachsen, in dem sich Vater und Mutter nicht mehr lieben? Die Beziehung war einfach eingeschlafen – vielleicht
10 auch ein bisschen wegen der Kinder. Ständig musste der Alltag organisiert werden, als Paar haben wir uns gar nicht mehr erlebt, haben nichts mehr gemeinsam gemacht. Ich denke, es ist wichtig, dass man trotz Kindern ein Liebespaar bleibt, aber das ist
15 inmitten vollgeschissener Windeln schwierig.
Für die Kinder war die Trennung hart, vor allem, weil wir es nicht geschafft haben, unseren Streit vor ihnen zu verbergen. Nun sind sie alt genug, um zu verstehen, dass manche Menschen nicht zusammenpas-
20 sen. Heute bin ich froh über meine Entscheidung, weil es die richtige war. Allerdings ist mein Leben komplizierter geworden, weil ich auf viel mehr Wünsche und Bedürfnisse Rücksicht nehmen muss. Und in Zukunft wird es noch komplizierter. Wir bekommen nämlich
25 noch ein gemeinsames Kind. Vielleicht wächst das ja mit seinen leiblichen Eltern auf.

Der Stiefvater, 42:

Als ich die Kinder meiner Frau zum ersten Mal traf, haben wir so getan, als sei ich nur ein Freund und nicht ihr neuer Mann. So konnten wir uns erst einmal
5 beschnuppern. Ich habe selbst auch noch einen Sohn, der aber schon 16 ist. Mit seiner Mutter war ich eigentlich nie richtig zusammen, es ist eher so passiert. Ich habe zu beiden ein gutes Verhältnis, und meinen Sohn sehe ich auch sehr oft. Neulich waren
10 wir zwei Wochen zum Klettern in Italien – nur wir beide. Auch mit den beiden Jungs meiner neuen Frau versteht er sich ganz gut. Im Grunde ist das Leben jetzt vielseitiger: Manchmal sind wir zu fünft, dann nur zu viert, und alle zwei Wochen haben wir ein
15 kinderfreies Wochenende. Mir gefällt das, so bleibt das Leben spannend. Dass wir jetzt noch ein Kind kriegen, finde ich einerseits schön, weil es ein Produkt der Liebe ist, andererseits habe ich Angst, dass mein Leben zu starr wird. Wir haben uns jedenfalls
20 geschworen, noch ausreichend Zeit miteinander zu verbringen. Genügend potenzielle Babysitter haben wir ja.

Die Oma, 73:

Als ich gehört habe, dass sich meine Tochter vom Vater ihrer Kinder trennt, war ich geschockt. Ich mochte den Mann zwar nicht besonders, aber für die
5 Kinder tat es mir leid. Ich komme selbst aus einer Trennungsfamilie und weiß, dass eine Scheidung für Kinder nicht leicht ist. Ich habe dann auf meine Tochter eingeredet, es noch einmal zu versuchen, aber sie war nicht davon abzubringen, mit dem neuen Partner
10 ein neues Leben zu versuchen. Wenn ich jetzt sehe, wie glücklich die beiden sind und wie gut sie zueinanderpassen, denke ich natürlich, dass es richtig war. Und meine Enkelkinder machen jetzt auch nicht den Eindruck, als sei ihnen ein seelischer Schaden
15 zugefügt worden.

4 Kugellager
Jedes Gruppenmitglied übernimmt eine der folgenden Personen (A–D):
der Sohn (M2), die Mutter (M3), der Stiefvater (M4), die Oma (M5).

5 Beantwortet für eure Rolle nun schriftlich diese Fragen:
a) Wie war die Situation am Anfang der Trennung für deine Person?
b) Welche Schwierigkeiten hat deine Person in der Familie?
c) Welche positive Perspektive sieht deine Person?

6 Überlegt, welche Dinge die Familie in der Situation gut gemacht hat und wo sie etwas hätte verbessern können.

Zusammenleben in einer vielfältigen Gesellschaft

Wie haben sich Familienformen verändert?

Familienformen im Wandel

Familienformen verändern sich

Menschen in Deutschland können heute viel freier als früher entscheiden, mit wem sie zusammenleben wollen. Früher bestand die traditionelle Familie aus Vater, Mutter und mehreren Kindern. Neben der traditionellen Familie gibt es heutzutage aber weitere Familienformen. Seit 2017 dürfen homosexuelle Paare eine Ehe schließen und heiraten. Man spricht hier von „Ehe für alle". Jedes Paar hat seitdem das Recht, eine Familie zu gründen oder ein Kind zu adoptieren. Man spricht auch von **queeren Familien**, wenn Paare die nicht heterosexuell sind, mit oder ohne Kinder zusammenleben. Queer meint aber auch, dass Menschen sich mit dem Geschlecht, mit dem sie auf die Welt gekommen sind, nicht wohlfühlen und lieber ein anderes oder kein Geschlecht annehmen wollen.

> **Homosexuell** heißt, jemanden vom eigenen Geschlecht zu lieben. Ein Mann liebt Männer und eine Frau liebt Frauen. Bei Männern nennt man das auch schwul. Bei Frauen heißt es lesbisch.
> **Heterosexuell** heißt es, wenn man das andere Geschlecht liebt. Etwa liebt eine Frau einen Mann.

Konflikte in Europa

In vielen Ländern in Europa dürfen gleichgeschlechtliche Paare heiraten. In manchen europäischen Ländern gibt es aber noch sehr traditionelle Vorstellungen von Familien. Hier haben queere Familien Probleme.
In Polen und Ungarn gab es beispielsweise in den letzten Jahren **Proteste**, weil die Regierungen dieser Länder queere Menschen schlechter behandelten und ausgrenzten. In Ungarn hat die Regierung verboten, andere Familienformen als die traditionelle Familie in Schulbüchern zu zeigen. In einigen Teilen Polens hatte es Gebiete gegeben, in denen queere Menschen nicht willkommen waren und dort nicht offen leben konnten.

A Beschreibe, welche Rechte gleichgeschlechtliche Paare seit 2017 haben.
B Erkläre die Begriffe queer und queere Familien. Nutze auch den Webcode.
C Beschreibe die Konflikte, die es in Polen und Ungarn im Umgang mit queeren Menschen gibt.

Film: Das bedeutet queer

Wie lebt Friderike in ihrer Familie?

M2 *Fallbeispiel aus der Jugendzeitschrift Fluter, Thema: Familie, Nr. 49, 2013*

Zu meiner Familie gehören mein Papa, meine beiden Mütter und meine vier Geschwister. Ich habe einen Zwillingsbruder, wir sind beide 15. Außerdem eine große Schwester und zwei jüngere Halbgeschwister,
5 die ich aber als richtige Geschwister sehe. Meine große Schwester wohnt bei meinem Vater – mein Bruder Conrad, ich und meine beiden kleinen Geschwister wohnen in Berlin bei Mama und Claudia. Ich finde das ganz normal. Ich kann mich gar nicht
10 mehr daran erinnern, dass es jemals anders war.

Mein Vater und meine Mutter haben sich getrennt, als ich ein Jahr alt war. Und als ich in der dritten Klasse war, haben Mama und Claudia geheiratet. Richtig muss man sagen: Sie sind eine Lebenspart-
15 nerschaft eingegangen. Zusammengelebt haben wir aber schon viel länger. Meine Freunde wollen natürlich schon wissen, wie das bei uns so läuft. Aber ehrlich gesagt kann ich denen gar nicht viel erzählen, weil es wahrscheinlich nicht anders ist als
20 bei ihnen zu Hause. Familie ist für mich einfach da, wo Liebe ist, wo es ein Miteinander gibt. Mein Bruder und ich nennen die Frau unserer Mutter Claudia. Unsere kleinen Geschwister nennen sie Mama und Mami. Mama ist unsere Mutter, die nennen wir alle
25 so. Und Claudia ist für meine kleinen Geschwister die Mami, weil sie auch die leibliche Mutter ist. [....]

Aber es gibt ja auch alleinerziehende Mütter und Väter, und da gibt es dann ebenfalls keine Mutter oder keinen Vater. Und die schaffen das ja auch. So
30 wie bei uns ist es doch eigentlich viel besser, finde ich. Weil man einen Partner hat. Und weil man nicht alles alleine machen muss. [...].

Mama und Claudia sind auf jeden Fall meine Eltern. Ich finde das alles nicht ungewöhnlich. Mein Vater
35 und meine ältere Schwester wohnen in Cottbus, aber wir sehen uns regelmäßig am Wochenende, und Weihnachten verbringen wir eigentlich immer zusammen. Und wir sind natürlich über Facebook und Skype in Kontakt oder telefonieren einfach. Ich will
40 später gern eine Familie haben. Und einen Mann haben, der da ist. Ich finde es schade, dass mein Vater so weit weg ist. Ich stelle mir das schon so vor, dass meine Kinder später ihren Vater in der Nähe haben.

1 Wähle eine Aufgabe aus:
   a) Beschreibe das Zusammenleben in Friderikes Familie.
   b) Begründe mit Textbeispielen, was Friderike über ihre Familiensituation denkt.
   c) Erkläre den Satz: „Familie ist für mich einfach da, wo Liebe ist, wo es ein Miteinander gibt" (Zeile 20-21).

Zusammenleben in einer vielfältigen Gesellschaft

Wie können Arbeit und Familie miteinander vereinbart werden?

Gleichberechtigung in Familien

Familien in früheren Zeiten

Im Laufe der Geschichte lebten Familien in anderen Zusammensetzungen als heute. Bauernfamilien lebten mit Menschen, die auf dem Hof arbeiteten, zusammen. Oft lebten so auch die Großeltern, Onkel und Tanten zusammen. Die Familie war also mehr als die Zusammensetzung aus Vater, Mutter und Kindern. Vielmehr war die Familie eine größere soziale Gruppe, die als **Hausgemeinschaft** zusammenlebte. Alle verfolgten die gemeinsame Aufgabe, die alltägliche Versorgung herzustellen. Dazu gehörte der Anbau von Getreide oder die Verpflegung von Nutztieren. Später wurden in Europa die Familien kleiner und bestanden meist nur noch aus der Zusammensetzung Vater-Mutter-Kinder. Dabei war es normal, dass nur Männer einen Beruf ausübten und das Geld für die Familie verdienten. Frauen kümmerten sich um Kinder und Haushalt.

Veränderung der Geschlechterrollen

In den letzten Jahrzehnten fand in Deutschland und anderen westlichen Ländern eine Entwicklung statt, die man **Gleichberechtigung** nennt. Das heißt, dass Männer und Frauen einen Beruf ausüben können und sich die Kindererziehung und den Haushalt aufteilen. Auch Entscheidungen werden gemeinsam getroffen.

Arbeitsaufteilung in Familien

Viele Menschen arbeiten aus unterschiedlichen Gründen nicht die volle Stundenzahl, die sie arbeiten könnten. Sie arbeiten in **Teilzeit**. Dadurch verdienen sie auch weniger als bei einer vollen Arbeitsstelle. Für Familien ist die Teilzeitarbeit oft eine gute Lösung. So ist es leichter, Beruf und Kindererziehung *„unter einen Hut"* zu bekommen.

Auch wenn die Gleichberechtigung in den letzten Jahrzehnten gut vorangekommen ist, sind in Deutschland die Rollen zwischen Männern und Frauen oft noch ungleich verteilt. Mehr Männer arbeiten in **Vollzeit**. Frauen arbeiten öfters in Teilzeit, weil sie sich im Alltag mehr um die Kinder kümmern als die Männer. Diese Tätigkeiten der Pflege, des Kümmerns und der Fürsorge von Kindern werden auch **Care-Arbeit** oder Pflegearbeit genannt. Sie wird in Deutschland immer noch überwiegend von Frauen geleistet.

A Beschreibe die Bedeutung der Familie in früheren Zeiten.
B Erkläre den Begriff Gleichberechtigung.
C Finde Beispiele für die sogenannte Care-Arbeit in Familien.

Gleichberechtigung in Familien | Digital+
WES-117685-403

Wer übernimmt die Kinderbetreuung?
M1 *Kinderbetreuung*

1 a) Besprecht, was ihr auf dem Bild seht.
 b) Notiert, welche Herausforderungen die Familie auf dem Bild hat.
 c) Entwickelt gemeinsam Ideen, wie diese Herausforderungen gelöst werden können.
Think-Pair-Share

Wie teilen Eltern in Deutschland die Arbeit auf?
M2 *Mütter und Väter in Teilzeit, 2019*

Mütter und Väter in Teilzeit So viele Männer und Frauen in Deutschland arbeiteten 2019 in Teilzeit*

Teilzeitquoten 2019 in %

nach Alter des Kindes	Mütter	Väter
unter 3 Jahre	60 %	7 %
3 bis 5	73 %	7 %
6 bis 9	71 %	6 %
10 bis 14	66 %	6 %
15 bis 17	60 %	5 %

* mit Kindern unter 18 Jahren

Quelle: Stat. Bundesamt, Mikrozensus © Globus 014899

2 a) Werte das Schaubild aus (Methode S. 78).
 b) Nenne Gründe dafür, dass Frauen deutlich mehr in Teilzeit arbeiten als Männer.
 c) Diskutiert „Sollten Frauen und Männer gleichberechtigt in Teilzeit arbeiten, damit die Kindererziehung gerechter aufgeteilt wird?" Fishbowl

Zusammenleben in einer vielfältigen Gesellschaft

Wie haben sich die Rollen der Geschlechter verändert?

Geschlechterrollen

Was ist eine Rolle?
Menschen übernehmen in unterschiedlichen Gruppen verschiedene **soziale Rollen**. In der Familie bist du in der Rolle der Tochter oder des Sohnes, der Schwester oder des Bruders. In der Schule bist du in der Rolle der Freundin oder des Freundes, aber auch in der Rolle der Schülerin oder des Schülers. In deinem Sportverein bist du in der Rolle der Mitspielerin oder des Mitspielers.

Mit all diesen Rollen sind verschiedene **Rollenerwartungen** verbunden. Beispielsweise möchten deine Eltern, dass du im Haushalt mithilfst, dein Zimmer aufräumst und am Wochenende mit ihnen einen Ausflug machst. Deine Freundinnen und Freunde erwarten von dir, dass du für sie Zeit hast und dich mit ihnen triffst. Deine Lehrerinnen und Lehrer wollen, dass du Hausaufgaben für die Schule machst. Und deine Trainerin oder dein Trainer erwarten, dass du zum Training gehst und am Wochenende an einem Spiel teilnimmst.

Geschlechterrollen
Jungs spielen mit Autos und Mädchen mit Puppen. Jungen tragen T-Shirts in blau und Mädchen in pink. Ist das so? Bei diesen Vorstellungen handelt es sich um **Rollenbilder**, die von der Gesellschaft einem Geschlecht zugeschrieben werden. Man sagt dazu auch **Geschlechterrollen**.

Noch vor wenigen Jahren wurden Männer, die sich um Haushalt und Kinder gekümmert haben, als Ausnahme wahrgenommen. Männern sollten die Rolle des Ernährers der Familie haben und sich um das „Geldverdienen" kümmern. Ebenso wurden Frauen, die sich für ihre berufliche Karriere eingesetzt haben, als schlechte Mütter bezeichnet. Ihnen wurde die Rolle als Hausfrau und Mutter zugeschrieben, welche sich um Kindererziehung und Haushalt kümmern musste.

Moderne Rollenerwartungen
In den letzten Jahren haben sich die Geschlechterrollen deutlich gewandelt und modernisiert. Es ist heute normal, dass auch Frauen arbeiten gehen und Väter sich genauso um die Kinder kümmern, wie die Frau. Beide Geschlechter teilen sich in der Regel die Aufgaben in der Familie so auf, dass der Familienalltag für alle gut funktioniert. Hierbei ist es egal, wer welche Aufgabe übernimmt. Hauptsache ist, dass diese gleichmäßig aufgeteilt und erledigt werden.

A Erkläre den Begriff soziale Rolle mithilfe von zwei Beispielen aus deinem Alltag.

B Beschreibe die Veränderungen der Geschlechterrollen von Mann und Frau in Familien.

C Diskutiert über moderne Rollenerwartungen an Männer.

Geschlechterrollen | Digital+

Geschlechterrollen im Wandel

M1 *Wie sind die Rollen bei Männern und Frauen verteilt?*

1 Arbeitet gemeinsam. Bienenkorb
   a) Beschreibt die Rollenverteilung von Frauen und Männern, die ihr auf den Fotos erkennt.
   b) Überlegt gemeinsam Überschriften für die Fotos.
   c) Beschreibt, wie die Rollen bei euch zu Hause verteilt sind.

Geschlechterrollen

Mädchen- oder Jungsfarben?

M2 *Jakob sucht Sommerkleidung, Süddeutsche Zeitung, Juli 2022*

Jakob ist traurig. Schon seit zehn Minuten scrollt er mit seinem Vater durch die Website eines Klamottenladens. Er braucht etwas für den Sommer, luftig soll es sein, schön bunt und keinesfalls dürfen die
5 Hosen Knöpfe, Reißverschlüsse, Haken oder ähnliche Gemeinheiten haben, das mag der Siebenjährige gar nicht.
Doch gerade sind sein größtes Problem die Farben und Muster. Es gibt Streifen und Dinos, Fußbälle,
10 Camouflage und Motive aus der Comic-Serie „Peanuts". Was es kaum gibt: Orange, Gelb, Rot, Violett oder wenigstens ein knalliges Grün. Erst recht nicht zu finden: Glitzer und Pailletten. Dabei feiert die Oma bald ihren Geburtstag und der Erstklässler
15 möchte mindestens so schick sein wie seine große Schwester, die für diese Gelegenheit einen goldenen Jumpsuit in den Warenkorb gelegt hat.

Sind Farben für alle da?

M3 *Luisa gefällt kein Pink, Süddeutsche Zeitung, Juli 2022**

Sind Farben für alle da? Was als mädchenhaft gilt – Rosa, Lila, Rot – ist für manche Jungen tabu und andersherum. So beobachtet die neunjährige Luisa: „An Mädchenshirts ist immer irgendwo Pink dran."
5 Weil ihr Pink aber nicht gefällt, kauft sie in der Jungenabteilung und wird daher fast immer auch für einen solchen gehalten.

*Text verändert

2 a) Beschreibe Jakobs und Luisas Probleme im Hinblick auf ihre Kleidungssuche.
b) Erkläre, warum beide keine passende Kleidung finden.
c) Kennst du die beschriebenen Probleme? Beschreibe deine Erfahrungen.

Camouflage Flecktarn, wie beim Militär
Jumpsuit Ein Ganzkörperanzug

Aufdrucke auf T-Shirts von Jungen und Mädchen

M4 *Abenteurer oder Prinzessin?*, Süddeutsche Zeitung, Juli 2022

clean good dog crew fast
dream dreamer pretty original
girl coast explore
different day unique
baby love smile surf wave

Übersetzung der Aufdrucke

3 Wähle eine Aufgabe aus:
  a) Beschreibe, welche charakterlichen Eigenschaften die Wörter in M4 vermitteln.
  b) Stelle Vermutungen auf, welche Wörter auf Mädchen und welche auf Jungen T-Shirts zu finden sind..
  c) Entwirf ein T-Shirt nach deinen Vorstellungen.

Gendermarketing bei der Kindermode

M5 *Alles ist nach Geschlechtern aufgeteilt*, Süddeutsche Zeitung, Juli 2022

Von Anfang an ist alles nach Geschlechtern aufgeteilt. […]. Dass das […] nach Jungen- und Mädchen aufgeteilte Angebot […] Fakt ist, belegt nun eine große Analyse der Süddeutschen Zeitung [von 2022]. In die Auswertung sind Bilder und Beschreibungen von mehr als 20.000 Kleidungsstücken für Kinder unter zehn Jahren eingeflossen, […]. Die Ergebnisse zeigen: Die aktuelle Kindermode […] [verfestigt] Geschlechterbilder. […].
5 [Das] ist eine Reaktion der Industrie auf die niedrigen Geburtenraten und die Bereitschaft von Eltern, mehr Geld für den Nachwuchs auszugeben. Wenn der rosa Schneeanzug der Schwester nicht vom Bruder getragen werden kann, ist das schließlich gut für den Umsatz. Diese Trennung führt auch dazu, dass es bestimmte Produkte auf dem Markt […] nicht gibt: Nachthemden mit Dinosauriern zum Beispiel, Röcke mit Fußbällen oder Cargo-Shorts mit Einhörnern. All das echte Wünsche von Jakob, sieben, der sich am Ende mit einem
10 halben Dutzend [6] farbenfrohen Fußballshorts und einem Rock mit Aprikosen zufriedengeben muss. […].

Gendermarketing Herstellung und Verkauf von Kleidung oder anderen Produkten nach Geschlechtern

4 a) Suche im Text nach Gründen für die Trennung nach Geschlechtern bei der Kindermode.
  b) Beschreibe, welche Folgen diese Trennung für Kinder hat.
  c) Diskutiere: „Gendermarketing bei Kindermode finde ich…" Placemat

Zusammenleben in einer vielfältigen Gesellschaft

Wie geht man mit Rollenkonflikten um?

Rollenkonflikte im Alltag

Was ist ein Rollenkonflikt?
Du weißt, dass die Rollen, die du täglich einnimmst, wie Schülerin und Schüler, Schwester und Bruder oder Freundin und Freund mit Erwartungen verbunden sind. Bei einem Rollenkonflikt können unterschiedliche Erwartungen an die Rollen, die du einnimmst, nicht gleichzeitig erfüllt werden. Beispielsweise erwarten deine Eltern und deine Lehrerinnen und Lehrer, dass du für die Schule lernst. Deine Freundinnen und Freunde erwarten hingegen, dass du mit ihnen spielst. Beides gleichzeitig geht jedoch nicht.

Umgang mit Rollenkonflikten
Wie löst man solche Rollenkonflikte? Sich in sein Gegenüber hineinzuversetzen und verstehen zu wollen, wo das Problem liegt, ist wichtig, um Rollenkonflikte zu lösen. Man nennt diese Eigenschaft auch **Empathie**.

Außerdem musst du **Kompromisse** machen können. Damit ist gemeint, dass man einen Weg findet, welcher unterschiedliche Rollenerwartungen erfüllt. In dem Beispiel von eben wäre ein Kompromiss, dass du dich zwar zum Spielen mit deinen Freundinnen und Freunden triffst, aber erst nachdem du für die Schule gelernt hast.

Widersprüche aushalten
Manche Rollenkonflikte sind sehr schwierig zu lösen, weil selbst ein Kompromiss kein gutes Ergebnis ergibt. Wenn beispielsweise deine beste Freundin oder dein bester Freund von dir erwartet, dass du dich genau heute mit ihm treffen sollst. Du musst aber unbedingt für die schwierige Klassenarbeit in Englisch üben. Jetzt hilft kein Kompromiss mehr.

Entscheidungen treffen
In diesem Fall musst du dich entscheiden was für dich wichtiger ist. Wenn du deiner Freundin oder deinem Freund absagst, musst du aushalten, dass sie oder er vielleicht ein bisschen verärgert ist. Wenn du dich stattdessen mit deiner Freundin oder deinem Freund triffst, musst du damit leben, dass du nicht mehr viel Zeit zum Üben für die Klassenarbeit hast.

A Erkläre den Begriff Rollenkonflikt an einem Beispiel.

B Beschreibe, wie du mit Rollenkonflikten umgehen kannst.

C Erstelle ein Beispiel zu einem Rollenkonflikt, bei dem du Widersprüche aushalten und Entscheidungen treffen musst.

Fähigkeiten des Rollenhandelns

M1 *Was du beim Umgang mit Rollenkonflikten können solltest*

A Für mich gibt es in einem Rollenkonflikt nur eine richtige Meinung: meine.

B Ich kann aushalten, dass es in einem Rollenkonflikt verschiedene Erwartungen an mich gibt.

C In einem Rollenkonflikt kann ich mich in mein Gegenüber hineinversetzen.

D Sich in die Perspektive meines Gegenübers hineinzuversetzen, finde ich zu anstrengend. Daher lasse ich es.

E Um einen Rollenkonflikt zu lösen, bin ich in der Lage Kompromisse zu machen.

F In einem Rollenkonflikt setze ich immer meine eigene Vorstellung ohne Rücksicht auf Andere durch.

G Ich mache immer alles, was mein Gegenüber möchte, damit der Rollenkonflikt schnell zu Ende ist.

H Ich kann meine eigene Persönlichkeit in einem Rollenkonflikt zeigen und sagen, was ich will.

1 Ordne die Sprechblasen nach positiven und negativen Fähigkeiten beim Umgang mit Rollenkonflikten.

Ein Rollenspiel durchführen

Mit einem Rollenspiel könnt ihr Konflikte oder gegensätzliche Interessen verdeutlichen und gemeinsam Lösungen entwickeln. Ihr solltet dabei überlegt vorgehen und einige Grundregeln beachten. Ansonsten besteht die Gefahr, dass eure Diskussion ausufert und ihr am Ende keine Lösung für den Konflikt findet.

Die Grundregeln, die ihr für das Rollenspiel lernt, könnt ihr später auch bei echten Konflikten in der Schule oder zu Hause anwenden. Es ist z. B. nie hilfreich, die eigenen Argumente möglichst laut vorzutragen.

Es ist sinnvoll, ein Rollenspiel gut vorzubereiten. Dafür solltet ihr zunächst die folgenden Schritte durchführen.

Bereitet das Rollenspiel gut vor.

1. Schritt: Informations- und Vorbereitungsphase

Überlegt euch einen Konflikt, den ihr behandeln möchtet. Ihr könnt auch den Beispielkonflikt auf S. 107 verwenden. Schreibt Rollenkarten oder verwendet die Beispiel-Rollenkarten auf S. 107. Macht euch mit dem Konflikt vertraut und verteilt die Rollen. Lest euch die Beschreibung eurer Rolle gut durch. So könnt ihr später eure Rolle besonders überzeugend spielen. Plant auch, wie ihr das Rollenspiel in eurer Klasse umsetzen möchtet. Ihr könnt z. B. eine kleine Bühne aufbauen und Stühle für die Beobachterinnen und Beobachter platzieren. Die Beobachterinnen und Beobachter sollten sich Notizen machen. Es ist sinnvoll, wenn ihr vorher einzelne Beobachtungsaufträge verteilt.

2. Schritt: Rollenspielphase

Die Teilnehmerinnen und Teilnehmer spielen das Rollenspiel, die anderen Schülerinnen und Schüler verfolgen die Diskussion und machen sich Notizen. Während der Diskussion solltet ihr euch nicht anschreien oder persönlich werden. Tragt eure Argumente ruhig und sachlich vor. Unterbrecht euch nicht und lasst alle Teilnehmerinnen und Teilnehmer ausreden. Die Beobachterinnen und Beobachter greifen nicht in die Diskussion ein.

Lasst euch gegenseitig ausreden.

3. Schritt: Auswertungsphase

Nachdem das Rollenspiel beendet ist, solltet ihr über das Rollenspiel diskutieren. Wurden grundlegende Gesprächsregeln (nicht laut werden, ausreden lassen usw.) eingehalten? Wurden die Argumente deutlich und nachvollziehbar vorgetragen? Wie sieht das Ergebnis des Rollenspiels aus? Gab es einen Kompromiss? Die Rollenspielerinnen und Rollenspieler sollten darstellen, wie sie sich während des Rollenspiels gefühlt haben. Den Verlauf des Rollenspiels, das Ergebnis und eure Bewertung solltet ihr festhalten, z. B. in einem Protokoll. Ihr könnt auch mehrere Durchgänge des gleichen Konflikts spielen und gucken, ob mit anderen Rollenspielerinnen und Rollenspielern andere Lösungen gefunden werden.

Beobachtungsbogen für ein Rollenspiel

Ein Rollenspiel durchführen | Digital+
WES-117685-406

Rollenkonflikte sinnvoll lösen

M1 *Konflikt bei Familie Kühn*

**Rollenkarte Celine Kühn,
13 Jahre alt, Schülerin**

Celine hat in der Schule zurzeit etwas Stress. Ihre Noten sind insgesamt nicht so gut. Daher muss sie heute am Nachmittag bis mindestens 16:30 Uhr ihre Hausaufgaben machen. Es ist 16:15 Uhr. Sie muss nur noch einige Englischvokabeln wiederholen. Auf einmal klingelt es …

**Rollenkarte Thomas und Eliane Kühn,
Eltern von Celine**

Die Eltern von Celine machen sich aktuell große Sorgen, weil Celine in verschiedenen Fächern mehrere schlechte Klassenarbeitsnoten mit nach Hause gebracht hat. Deshalb haben sie entschieden, dass Celine nun mehr Zeit mit ihren Hausaufgaben verbringen soll.

**Rollenkarte Tom Kühn,
5 Jahre alt, Bruder von Celine**

Tom möchte am liebsten den ganzen Tag mit seiner Schwester Celine spielen. Heute möchte er, dass sie ihm zuerst aus einem Buch vorliest und danach mit ihm im Garten verstecken spielt.

**Rollenkarte Bella,
12 Jahre alt, beste Freundin von Celine**

Es ist 16 Uhr und Bella hat alle ihre Hausaufgaben fertig. Sie möchte sich jetzt mit ihrer besten Freundin Celine treffen und mit ihr ein Eis essen gehen. Dafür möchte Bella mit dem Fahrrad zur nächsten Eisdiele fahren. Sie fährt zu Familie Kühn und klingelt um 16:15 Uhr an der Haustür …

1 a) Bereitet euch auf das Rollenspiel vor (Schritt 1).
   b) Setzt das Rollenspiel mit den Rollenkarten in M1 um (Schritt 2).
   c) Wertet es gemeinsam aus (Schritt 3).
   d) Erstellt ein Lösungsblatt. Wie sieht eure Lösung des Rollenkonflikts von Celine aus?

Zusammenleben in einer vielfältigen Gesellschaft

Wie funktioniert das Zusammenleben in einer vielfältigen Gesellschaft?

Unsere Gesellschaft ist vielfältig

Soziale Gruppen und Gemeinschaften

Alle Menschen sind unterschiedlich, weil sie eine eigene Persönlichkeit und einen eigenen Charakter haben. Durch Gemeinsamkeiten finden sich Menschen in **sozialen Gruppen** zusammen. Eine Gruppe besteht aus mehr als zwei Personen. Gemeinsamkeiten, wie Alter, Schule, Beruf, Hobbys und Interessen halten eine soziale Gruppe zusammen. Eine Freundesclique oder eine Familie sind Beispiele für soziale Gruppen.

Größere Gruppen, die gemeinsame Ziele, Eigenschaften und Meinungen verbinden, werden **Gemeinschaften** genannt. Schulklassen, Sportvereine, Verwandtschaften, Freundeskreise und Fanclubs sind Beispiele für Gemeinschaften.

Unsere Gesellschaft ist vielfältig

In einer **Gesellschaft** leben Menschen in vielfältigen sozialen Gruppen und Gemeinschaften zusammen. Die Menschen in Deutschland verbindet die Gemeinsamkeit, dass sie in einer Demokratie leben. Für alle, die in der deutschen Gesellschaft leben, gelten die gleichen Rechte und Pflichten. Beispielsweise gilt für alle Kinder und Jugendliche die Schulpflicht. Auch haben alle Kinder das Recht auf eine Erziehung ohne Gewalt.

Die deutsche Gesellschaft ist in den letzten Jahren vielfältiger geworden. Vielfalt zeigt sich bei der Religion, der Herkunft, der Muttersprache, den Interessen oder Meinungen. **Vielfalt** in der Gesellschaft bedeutet, dass alle verschieden sein dürfen. Sie müssen nicht gleich aussehen, gleiche Meinungen haben oder gleich sprechen. Vielfalt macht ein Land und die Gesellschaft interessant.

Die Einwanderungsgesellschaft

Deutschland ist eine **Einwanderungsgesellschaft**. Hier leben Menschen aus verschiedenen Ländern zusammen. Die Flucht vor Krieg oder die Suche nach Arbeit sind Gründe, warum Menschen ihre Heimat verlassen. Manche von ihnen kommen nach Deutschland. In Deutschland leben etwa 83 Millionen Menschen. Davon haben 22 Millionen einen Migrationshintergrund. **Migrationshintergrund** bedeutet, dass eine Person selbst, oder mindestens ein Elternteil nicht mit der deutschen Staatsangehörigkeit geboren wurde. Das gilt auch für als Deutsche geborene Nachkommen.

Staatsangehörigkeit
bedeutet, welchem Land jemand zugehörig ist. Er oder sie hat dann einen Pass dieses Landes

Einwanderungsland NRW

Das Bundesland Nordrhein-Westfalen (NRW), in dem auch du lebst, hat die meisten Einwohnerinnen und Einwohner in Deutschland. In NRW leben viele Menschen mit einem Migrationshintergrund. Aktuell hat NRW etwa 18 Millionen Einwohnerinnen und Einwohner. Jede vierte Einwohnerin und jeder vierte Einwohner haben einen Migrationshintergrund. Das sind 4,3 Millionen Menschen.

Ab den 1960er Jahren kamen viele Menschen aus Süd- und Osteuropa nach NRW, um in der Industrie zu arbeiten. In den letzten Jahren sind außerdem viele Menschen vor Krieg aus Syrien, dem Irak und Afghanistan nach Deutschland und NRW geflohen. Seit dem russischen Angriff auf die Ukraine im Februar 2022 suchen außerdem viele Ukrainerinnen und Ukrainer Schutz in Deutschland.

Wie gelingt das Zusammenleben?

Stell dir vor, du ziehst um und kommst auf eine neue Schule. Vieles ist dir unbekannt, du kennst niemanden und willst neue Freundinnen und Freunde finden. Menschen, die ihre Heimat verlassen haben und in einem neuen Land leben, geht es ähnlich. Auch sie müssen sich erst einmal zurechtfinden. Wenn sie Teil einer sozialen Gruppe und Gemeinschaft werden, spricht man von **Integration**.

Besonders wichtig für die Integration ist es, eine gemeinsame Sprache zu sprechen. In **Integrationskursen** und in der Schule lernen Menschen aus anderen Ländern die deutsche Sprache. Auch demokratische **Werte** und **Regeln** werden vermittelt. Wenn Einheimische und Zugewanderte offen und ohne Vorurteile miteinander umgehen, gelingt die Integration gut. Sie müssen sich in ihrem Alltag gegenseitig helfen und unterstützen.

A Erkläre die Begriffe: soziale Gruppe, Gemeinschaft und Gesellschaft.
B Erstelle eine Mindmap zum Thema Einwanderungsland NRW (Methode auf S. 26).
C Beschreibe, wie Integration gelingen kann.
D Sprecht in der Klasse über die Frage: „Was haben diese Fotos mit uns zu tun?".

Unsere Gesellschaft ist vielfältig | Digital+
WES-117685-407

Ich und die Gesellschaft
M1 *Ein Lernplakat erstellen*

- Soziale Gruppe
- Integration
- Einwanderungsgesellschaft
- Einwanderungsland Nordrhein-Westfalen
- Migrationshintergrund
- Werte und Regeln

1. Erstellt in Kleingruppen ein Plakat mit der Überschrift „Ich und die Gesellschaft". Verwendet und erklärt dabei die Begriffe aus M1. (Hinweis auf Methode, S. 111).
2. Präsentiert eure Ergebnisse in der Klasse.
   Galeriegang

Neu in Deutschland angekommen
M2 *Was ist für die Integration wichtig?*

Deutsch-Integrationskurs

3. Du bist für einen Integrationskurs zuständig.
   a) Nenne drei Dinge, die so wichtig sind, dass sie in Deutschland gelernt werden müssen.
   b) Besprecht, was sich auf die Integration in Deutschland negativ auswirken kann.
   Placemat

Das Einwanderungsland Nordrhein-Westfalen
M3 *Das „Haus der Geschichte NRW" in Düsseldorf*

4. Informiert euch unter dem Webcode über das Bundesland Nordrhein-Westfalen.
   Link: Das Land NRW
5. Recherchiert unter dem Webcode zur Geschichte des Einwanderungslandes NRW.
   Link und Film: NRW als Einwanderungsland

Neue Kinder in der Schule willkommen heißen
M4 *7 Tipps*

- Geht auf ihn oder sie zu.
- Schließt ihn oder sie mit ein.
- Kleine Gesten können viel bewirken.
- Macht eine Erkundungstour. Zum Beispiel durch eure Schule, eure Stadt, usw.
- Lernt die Sprache des Anderen.
- Hört viel zu und stellt nicht nur Fragen.
- Bietet eure Hilfe an: bei den Hausaufgaben, beim Einkaufen, in der Schule, …
- Zeigt ihr oder ihm eure liebsten Plätze in eurer Stadt oder Gemeinde.
- …

6. a) Besprecht in der Klasse die Tipps und überlegt, wie man jeden Tipp umsetzen kann.
   Think-Pair-Share
   b) Habt ihr noch weitere Tipps? Notiert diese.

Ein Lernplakat gestalten

Auf einem Plakat könnt ihr vielen Menschen Informationen präsentieren. Damit ein Plakat seine Wirkung nicht verfehlt, solltet ihr einige Punkte beachten:

1. Schritt: Inhalte erarbeiten
- Recherchiert zu eurem Thema, zum Beispiel im Internet, in der Schul- und Stadtbibliothek, bei staatlichen Stellen und gemeinnützigen Organisationen.
- Formuliert eigene Texte, gebt dabei die verwendeten Quellen von Fremdtexten oder Webseiten an.
- Wählt passende Bilder, Grafiken, Schaubilder oder erstellt eigene. Notiert auch hier die Quellen.

2. Schritt: Plakat planen
- Stellt die Informationen für das Plakat zusammen.
- Formuliert eine klare und prägnante Überschrift, die auf das Thema hinweist.
- Macht eine Skizze zur Aufteilung des Plakats. Plant dabei die Blickrichtung des Betrachtenden mit ein und lenkt sie durch eine klare Aufteilung.

3. Schritt: Plakat gestalten
- Achtet auf einheitliche Schriftbilder und Schriftgrößen. Denkt daran, dass man alles aus einer Entfernung von zwei, drei Metern gut lesen kann.
- Ihr könnt durch Nummerierungen, Kästen oder Symbole eine Struktur schaffen.
- Verseht unterschiedliche Teilthemen mit Teilüberschriften.
- Ergänzend könnt ihr üben, euer Plakat den möglichen Betrachtern kurz vorzustellen.

Beispielplakat „Einwanderungsland NRW"

SCHREIBE DAS THEMA GROSS ÜBER DAS PLAKAT

- Verwende Farben.
- Schreibe stichpunktartig.
- Fasse dich kurz.
- Verwende Druckbuchstaben.

Bilder

- Unterstreiche.
- Verwende unterschiedliche Schriftgrößen.
- Schreibe sauber und deutlich.

Achte auf Symmetrie.

Karten

Gliedere übersichtlich.
- Mache zunächst einen Entwurf.
- Schreibe mit Bleistift vor.
- Verwende Pfeile.
- Verwende unterschiedliche Aufzählungszeichen.

Umrahme Wichtiges.

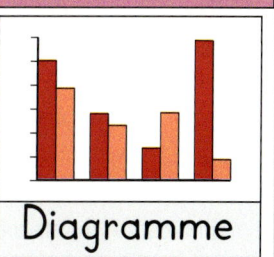

Diagramme

Zusammenleben in einer vielfältigen Gesellschaft

Wie können Familien und Gesellschaft nachhaltig handeln?

Kinderflohmarkt in Rheda-Wiedenbrück

Nachhaltig Handeln in der Familie

Die Familie muss wirtschaften

In Familien gibt es viele Ausgaben, etwa für Lebensmittel, Schule, Energie, Freizeit, Mobilität oder Urlaub. Diese Ausgaben sollten dauerhaft nicht höher sein als die Einnahmen, welche die Eltern durch ihre **Einkommen** erwirtschaften. Der **Klimawandel** und das Weltgeschehen, wie zum Beispiel Kriege, haben direkte Auswirkungen auf das **Wirtschaften** von Familien. Strom- und Gaspreise sind in den letzten Jahren enorm angestiegen.

Nachhaltiges Handeln in der Familie

Damit Familien diese Herausforderungen schaffen, müssen alle Familienmitglieder klug wirtschaften und nachhaltig handeln. Das bedeutet, dass mit Wasser und Strom **sparsam** umgegangen wird. Auch die Heizung muss nicht voll aufgedreht sein. Nachts sollte sie heruntergedreht werden. Insgesamt müssen sich alle Familienmitglieder **bewusster** verhalten, um so wenig wie möglich zu verschwenden. Neben diesen Punkten im Haushalt sollte auch das Autofahren oder der **Konsum** von Fleisch überdacht werden. Hiermit lassen sich große Effekte auf den CO_2-Ausstoß bewirken. Das Fahren mit Bus, Bahn oder Fahrrad anstelle des Autos hat einen positiven Effekt auf das Klima und ist auch gut für den Geldbeutel der Familie.

Nachhaltiges Handeln in der Gesellschaft

Nachhaltigkeit ist eine Aufgabe der gesamten Gesellschaft. Auch in Wirtschaft und Politik hat ein Umdenken stattgefunden. Alternative Formen der Energiegewinnung werden beliebter. Anstelle von Diesel- und Benzinautos gibt es immer mehr elektrische Autos. Der Strom in Wohnungen und Häusern wird immer mehr aus Solar- und Windenergie, statt aus Kohle-, Gas- oder Atomkraft hergestellt. Heizungen werden mit erneuerbaren Energien statt mit Erdöl betrieben.

Auch die Vermeidung von Abfall wird immer wichtiger. Besonders der hohe Plastikkonsum führt zu hohen Umweltproblemen. In den Weltmeeren gibt es Ansammlungen aus Plastik, die so groß sind wie ganze Länder. Daher hat die eruopäische Politik beschlossen, Produkte aus Plastik wie Teller, Besteck oder Strohhalme zu verbieten.

Immer mehr Menschen leben bewusster und achten darauf, wie sie mit unserer Umwelt umgehen. Sie wissen: Wie wir heute handeln, entscheidet über die Zukunft der Erde und der folgenden Generationen.

A Beschreibe, wie Familien und Gesellschaft nachhaltig handeln können.

Ist das nachhaltig?

M1 *Alltäglicher Umgang mit Strom, Wasser und Lebensmitteln*

A Stundenlanges Spielen am Gaming-PC

B Baden im Gartenpool

C Offene Kühlschranktür

D Lebensmittel wegwerfen, die noch essbar sind

E Handykabel nach dem Laden stecken lassen

F Langes Duschen

1
a) Beschreibe mögliche Probleme und Folgen, welche durch die Handlungen auf den Fotos entstehen.
b) Überlege, wie du bei den Aktivitäten A–F nachhaltiger handeln kannst.
c) Denke dir eigene Beispiele aus, bei denen nachhaltiges Handeln wichtig ist.

Handlungsalternativen

M2 *Nachhaltiges Handeln in meinem Alltag*

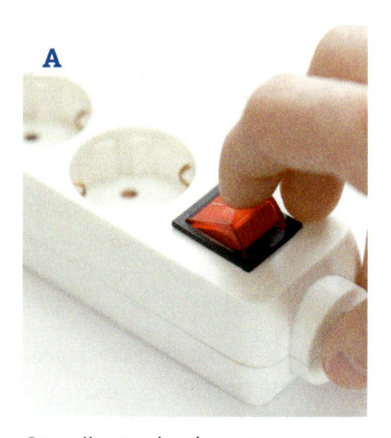

A Standbystecker benutzen

B Fahrrad fahren

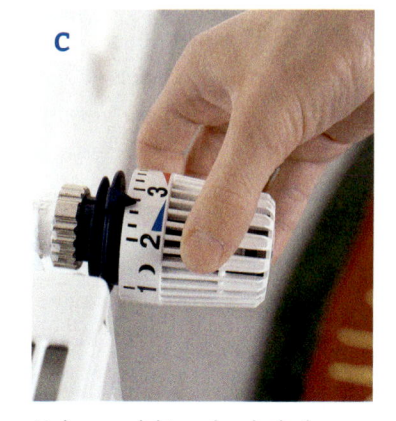

C Heizung nicht zu hoch drehen

2 a) Erkläre, wie auf den Fotos nachhaltig gehandelt wird.
b) Erstelle ein Plakat zum Thema „Nachhaltiges Handeln in Gesellschaft und Familie" (siehe Methode S. 111). Nutze die Materialien dieser Doppelseite.

Zusammenleben in einer vielfältigen Gesellschaft

Welche Rechte haben Kinder?

„Children need Peace – not war": Kinder brauchen Frieden, keinen Krieg.

Kinder haben Rechte!

Geschichte der Kinderrechte
Kinder sind keine kleinen Erwachsenen. Sie sind eigene Persönlichkeiten mit eigenen Rechten. Im Gegensatz zu Erwachsenen sind Kinder besonders auf den Schutz durch andere angewiesen, weil sie körperlich, geistig und emotional noch nicht vollständig entwickelt sind.

Die **UN-Kinderrechtskonvention** von 1989 stellt die Rechte von Kindern unter besonderen Schutz. Kinder haben unter anderem das Recht, ohne Gewalt aufzuwachsen und ausreichend Freizeit, gute Bildung und Gesundheit zu erhalten. Jedes Jahr erinnert der **Weltkindertag** daran, und verpflichtet die Regierungen dazu, Kinder und Jugendliche zu fördern. Die **UNICEF**, das Kinderhilfswerk der **Vereinten Nationen (UN)**, organisieren den Weltkindertag. Die Vereinten Nationen sind eine internationale (weltweite) Organisation aus fast allen Ländern der Welt. Sie wollen, dass die Menschen auf der Welt friedlich miteinander leben und die Menschenrechte eingehalten werden.

Armut von Kindern
Die Situation von Kindern ist weltweit sehr unterschiedlich. In vielen Ländern müssen Kinder arbeiten, um die Existenz ihrer Familien zu sichern. Armut ist der wichtigste Grund, warum Kinder nicht regelmäßig zur Schule gehen können, sondern arbeiten müssen.

Die UN versucht die weltweite **Kinderarmut** zu bekämpfen, indem sie beispielsweise durch die Kinderrechtskonvention die Rechte von Kindern in allen Ländern der Welt unterstützt und Hilfsgelder organisiert.

Kinderrechte ins Grundgesetz?
Seit längerer Zeit wird darüber diskutiert, ob **Kinderrechte** ins **Grundgesetz** aufgenommen werden sollen. Das Grundgesetz ist die Verfassung von Deutschland. Hier stehen die Grundrechte wie **Freiheit**, **Gleichheit** und **Würde** jedes einzelnen Menschen. Weitere Gesetze regeln das Zusammenleben in der Gesellschaft. Mit dem in Deutschland geltenden Grundgesetz sind auch die Rechte von Kindern abgedeckt. Jedoch fordern viele Menschen, dass es noch einer Ergänzung bedarf, um die Besonderheiten von Kinderrechten auch im Grundgesetz festzuhalten. Die aktuelle Bundesregierung hat sich zum Ziel gesetzt, die Kinderrechte ins Grundgesetz aufzunehmen.

A Erkläre, warum Kinder „keine kleinen Erwachsenen" sind und daher eigene Rechte haben.

B Beschreibe die Aufgabe der UN-Kinderrechtskonvention.

C Recherchiere, wann der Weltkindertag jedes Jahr stattfindet und ob er auch in deiner Gemeinde organisiert wird.

Lebenssituationen von Kindern weltweit

M1 *Ein Straßenkind erzählt, Welthaus Bielefeld*

Hi Freaks,

tut mir den Gefallen: Erspart mir Euer Mitleid. Wir Straßenkinder sind keine armen, schwachen Geschöpfe, die auf euer Mitleid und auf Spenden aus Europa warten. Wir sind stark, wir kämpfen uns durch. Sicher ist es nicht immer leicht. Aber wir können zumindest unser Leben selbst bestimmen. Wir können entscheiden, was wir machen, wer unsere Freunde sind, wo wir uns aufhalten. Wir werden nicht eingesperrt in Familien, in denen Eltern meinen zu wissen, was für uns gut ist. Wir wollen auf der Straße leben, nicht in einem Heim, wo strenge Erzieher uns Benehmen beibringen. Unsere Freiheit ist uns viel wert. Dafür nehmen wir sogar in Kauf, nicht immer satt zu werden. Wir müssen auch nicht zur Schule gehen.

M2 *Zahlen zu Straßenkindern weltweit, Hilfsorganisation Terre des hommes**

Für weltweit rund 100 Millionen Kinder ist die Straße der Lebensmittelpunkt.
33 Millionen obdachlose Kinder leben weltweit schätzungsweise dauerhaft ohne ihre Eltern auf der Straße.

Rund 19 Millionen Straßenkinder gibt es allein in Indien. Die meisten leben obdachlos und ohne Eltern. [...]
Etwa 9.000 Kinder, Jugendliche und junge Erwachsene leben in Deutschland auf der Straße.
* Text verändert

1. **a)** Beschreibe deine Empfindungen, die du beim Lesen von M1 hast. Glaubst du dem Straßenjungen?
   b) Vergleiche dein Leben mit dem des Straßenjungen. Gibt es Freiheiten, die er hat und du nicht?
   c) Stelle die Situation von Straßenkindern auf der Welt mithilfe von M1 und M2 genauer dar.

Wie kann man globale Armut nachhaltig bekämpfen?

M3 *Ziele für nachhaltige Entwicklung - Keine Armut und Nachhaltige Bildung*

Keine Armut
„Armut ist nicht natürlich, sie wurde von den Menschen geschaffen und kann deshalb überwunden und [...] ausgerottet werden. Die Beseitigung der Armut ist kein Akt der Barmherzigkeit, sondern der Gerechtigkeit."

Nelson Mandela, Friedensnobelpreisträger

Nachhaltige Bildung
„Lasst uns den Kampf aufnehmen gegen Analphabetismus, Armut und Terror und dazu unsere Bücher und Stifte in die Hand nehmen. Sie sind unsere wirksamsten Waffen. Ein Kind, ein Lehrer, ein Stift und ein Buch können die Welt verändern. Bildung ist die einzige Lösung."

Malala Yousafzai, Friedensnobelpreisträgerin

2. Entwickelt Ideen, wie man die beiden Ziele nachhaltiger Entwicklung konkret umsetzen kann. Nutzt auch den Webcode. Placemat Link: Was sind die 17 Ziele für nachhaltige Entwicklung?

Kinder haben Rechte!

Welche Rechte haben Kinder?

M4 *Die zehn wichtigsten Kinderrechte, Deutsches Komitee für UNICEF*

A Du hast das Recht, zusammen mit deinen Eltern in einem sicheren Zuhause aufzuwachsen. Auch wenn du nicht mit Ihnen zusammenleben kannst, hast du das Recht auf ein sicheres Zuhause.

B Kleine Kinder dürfen gar nicht arbeiten. Ältere Kinder müssen davor geschützt werden, dass sie eine Arbeit machen, die ihnen schadet.

C Du hast Recht auf eine gute Schulbildung. Der Staat muss dafür sorgen, dass alle Kinder zur Schule gehen und kein Kind dort schlecht behandelt wird.

D Im Krieg und auf der Flucht hast du das Recht auf besonderen Schutz.

E Du hast das Recht, niemals von anderen Menschen verletzt zu werden. Du hast das Recht auf deine eigene Privatsphäre.

F Die Erwachsenen müssen dabei helfen, dass Luft, Wasser und Nahrung sauber bleiben. Du hast Recht auf Pflege und Medizin, wenn du krank bist.

KINDER HABEN RECHTE

Jedes Kind hat das Recht auf
1. einen Namen
2. Gesundheit und eine saubere Umwelt
3. Bildung
4. Spiel und Freizeit
5. Information und Beteiligung
6. Schutz vor Gewalt und Privatsphäre
7. Eltern
8. Schutz vor Ausbeutung
9. Schutz im Krieg und auf der Flucht – und es hat
10. besondere Rechte bei Behinderung

www.unicef.de

Link: Vergrößerte Darstellung

G Du hast das Recht auf besondere Hilfe, wenn du eine Behinderung hast.

H Du hast das Recht freie Zeit zu haben, zu spielen und dich auszuruhen.

I Du hast Recht dich über alles zu informieren, was in der Welt vor sich geht. Du hast das Recht angehöhrt zu werden, mitzubestimmen und Deine Ideen mit anderen zu teilen.

J Du hast das Recht auf eine Geburtsurkunde, in der Dein Name und Dein Geburtsort stehen. Du hast außerdem das Recht auf eine eigene Kultur, Sprache und Religion.

3 a) Ordne die Aussagen (A bis J) den Kinderrechten (1 bis 10) vom Unicef-Plakat (in der Mitte) zu.
b) Begründe, welche Kinderrechte dir am wichtigsten sind. Diskutiert in der Klasse über eure Reihenfolge.
Fishbowl

Sollten Kinderrechte ins Grundgesetz aufgenommen werden?

M5 *Pro-Argumente: Die Kinderrechte sollen ins Grundgesetz aufgenommen werden!*

Das Grundgesetz und die Regeln und Gesetze darin sind wichtiger als alle anderen Regeln in Deutschland. Kinderrechte müssen darum unbedingt ins Grundgesetz! Kinder und Jugendliche sind unser wichtigstes Gut. Stehen Kinderrechte im Grundgesetz, können Kinder mehr mitbestimmen. Kinder könnten dann sogar vor Gericht für ihre Rechte kämpfen. Ihre Rechte werden besser beachtet.

M6 *Kontra-Argumente: Die Kinderrechte sollen nicht ins Grundgesetz aufgenommen werden!*

Es ist nicht nötig, die Kinderrechte ins Grundgesetz aufzunehmen.
Die Rechte im Grundgesetz sind für alle Menschen in Deutschland. Damit sind auch die Kinder mitgemeint. Zusätzliche Kinderrechte sind also gar nicht nötig. Das wäre nur ein reines Symbol der Politik. Es würde die Situation von Kindern aber nicht verbessern.

Zwei Mädchen mit dem deutschen Grundgesetz

4. Informiere dich mit dem Erklärvideo unter dem Webcode zu der Streitfrage: „Sollten Kinderrechte ins Grundgesetz aufgenommen werden?"
   Film: Kinderrechte im Grundgesetz
5. Führt zunächst eine spontane Abstimmung zur Frage „Sollten Kinderrechte ins Grundgesetz aufgenommen werden?" in der Klasse durch. Wer von euch ist dafür, wer von euch ist dagegen?
6. Lies dir beide Positionen M5 und M6 durch.
   a) Erstelle eine Pro- und Kontratabelle. Notiere wichtige Argumente aus den Texten und formuliere eigene Argumente.
   b) Bereitet mithilfe der Methodenseite auf S. 22 eine Pro-Kontra-Diskussion vor.
   c) Führt nun eine Pro-Kontra-Diskussion zur Frage „Sollten Kinderrechte ins Grundgesetz aufgenommen werden?" in eurer Klasse durch.
7. Nimm eine Sprachnachricht mit deiner Meinung zur Streitfrage auf und begründe deine Position.

Fünf-Schritt-Lesemethode

Fachtexte, Zeitungsartikel oder auch Internetinformationen sind nicht immer einfach zu lesen. Diese Lesemethode hilft dir in fünf Schritten, Texte besser zu verstehen.

Am besten machst du dir Notizen beim Lesen. Danach kannst du mit den Informationen arbeiten, dich mit anderen über dein neues Wissen austauschen oder weiterführende Aufgaben erledigen.

1. Schritt: Einen Überblick bekommen
- Überfliege den Text zuerst: Das Thema steht oft in der Überschrift. Weitere Hinweise zum Thema geben dir Bilder.
- Frage dich, was dich an dem Thema interessiert oder was du vielleicht schon weißt.
- Jetzt lies den Text das erste Mal gründlich und mache dir Notizen.

2. Schritt: Sinnabschnitte bilden
- Abschnitte gliedern einen Text. Was in einem Abschnitt steht, gehört inhaltlich zusammen. Manchmal sind schon Absätze und Zwischenüberschriften vorhanden.
- Fehlen solche Gliederungspunkte, versuche selbst Sinnabschnitte zu finden.
- Notiere dazu passende Zwischenüberschriften.

3. Schritt: Schlüsselwörter finden
- Unterstrichene oder fett gedruckte Wörter sind Schlüsselwörter. Mit ihnen kannst du dir den Inhalt erschließen und den Text wiedergeben.
- Sind keine Begriffe hervorgehoben, finde selbst Schlüsselwörter und markiere sie auf deinem Arbeitsblatt zum Text.

4. Schritt: Unbekannte Begriffe klären
- Fachbegriffe werden manchmal am Rand erklärt, stehen unter dem Text oder du kannst sie aus dem Zusammenhang erschließen.
- Verstehst du weitere Wörter nicht, schlage sie im Lexikon nach oder recherchiere unter *www.duden.de*.

5. Schritt: Informationen aufbereiten
- Lies den Text jetzt noch einmal.
- Fasse die Informationen mithilfe der Zwischenüberschriften und der Stichpunkte so für dich zusammen, dass du sie anderen präsentieren kannst. Du kannst dazu zum Beispiel eine Mindmap erstellen (siehe Methode S. 26).

Die Situation von Mädchen in Afghanistan

M1 *Afghanische Mädchen dürfen nicht zur Schule gehen. Ein Bericht von der Kinderseite logo!*

In Afghanistan beginnt das neue Schuljahr [2022] - aber nicht für die Mädchen ab der siebten Klasse! Die Terrorgruppe Taliban, die die Macht in dem Land […] hat, verbietet das. Dabei hatten sie eigentlich
5 zugesagt, alle Kinder in die Schule gehen zu lassen.

Ein Sprecher der Taliban sagte […], Mädchen dürften nun doch nur bis zur 6. Klasse in die Schule gehen und danach nicht mehr. Einige Medien berichteten
10 von weinenden Schülerinnen vor den geschlossenen Schulen. Eine Schülerin sagte einem TV-Sender: „Wir sind auch Menschen, warum sollen wir nicht in die Schule gehen dürfen? Was ist unsere Schuld?" […] Die Taliban sind seit August [2021] in Afghanis-
15 tan [wieder] an der Macht. Nach ihrer Machtübernahme hatten sie zunächst weiterführende Schulen nur für Jungen wieder geöffnet. Die Zusage auch für Mädchen die Schulen wieder zu öffnen, war sehr wichtig für andere Länder, zum Beispiel auch für
20 Deutschland. Das war unter anderem eine Bedingung dafür, auch der Taliban-Regierung weiter Hilfsgelder für Afghanistan zu zahlen. Vielen Menschen in Afghanistan geht es nämlich sehr schlecht, sie sind auf die Hilfe aus anderen Ländern angewiesen.
25
[…]. Die Taliban behaupten, Mädchen haben in Schulen nichts zu suchen und generell sollen Frauen den Männern streng untergeordnet sein. Sie dürfen zum Beispiel auch nicht ohne eine männliche Person weiter als 45 Kilometer reisen. Viele Frauen
30 dürfen nicht mehr arbeiten gehen. Die Taliban begründen das mit ihrer Religion, dem Islam. Allerdings steht zum Beispiel im Koran, dem wichtigsten Buch des Islam, nichts davon, dass Mädchen nicht zur Schule gehen dürfen und keine Bildung be-
35 kommen sollen. Im Gegenteil: In vielen Versen ist davon die Rede, dass sich die Gläubigen möglichst viel Wissen aneignen sollen – zwischen Frauen und Männern wird dabei kein Unterschied gemacht. […].

M2 *„Das afghanische Mädchen" fotografiert von Steve McCurry (1982)*

Taliban
Eine islamistische Terrorgruppe, die in Afghanistan die Regierung stellt und seit 1994 existiert.

1 a) Beschreibe Gedanken und Gefühle, die dir beim Ansehen des Fotos durch den Kopf gehen.
b) Recherchiere, wo Afghanistan geografisch liegt.
c) Schau dir das Erklärvideo zu Afghanistan an.
  Erklärvideo Afghanistan
2 Bearbeite den Text mit der Fünf-Schritt-Lese Methode (S. 118). Arbeitsbogen zum Text
3 Erkläre, gegen welche Kinderrechte die Taliban in Afghanistan verstoßen.

Zusammenleben in einer vielfältigen Gesellschaft

Gibt es auch in Deutschland Kinder, die unter Armut leiden?

Kinderarmut in Deutschland

Die Situation in Deutschland

Obwohl Deutschland ein reiches Land ist, gibt es auch hier **Armut**. So ist etwa jedes fünfte Kind in Deutschland von Armut betroffen. Das sind fast 3 Millionen Kinder. Von Armut wird gesprochen, wenn Menschen deutlich weniger **Einkommen** als der Durchschnitt der Bevölkerung zum Leben haben. Wenn Menschen sich nicht das Nötigste zum Leben kaufen können, wie Essen und Trinken, spricht man von **absoluter Armut**. Das betrifft etwa Menschen, die obdachlos sind.

In Deutschland kommt die **relative Armut** häufiger vor, als die absolute Armut. Hiermit ist gemeint, dass Menschen im Vergleich zu Anderen viel weniger besitzen. Sie können sich nicht so teure Kleidung und Lebensmittel kaufen. Auch sind Freizeitaktivitäten, wie Kino, Schwimmbad oder ein Eis essen gehen, nur selten oder nie möglich. Für die Schule fehlt es ebenfalls oft an Unterstützung.

Gründe für Kinderarmut in Deutschland

Es gibt verschiedene Gründe für **Kinderarmut**. Besonders betroffen sind Kinder, wenn ihre Eltern arbeitslos sind oder zu wenig verdienen. In NRW ist die Armut in den letzten Jahren besonders stark angestiegen. Besonders problematisch ist es im Ruhrgebiet, wo mehr als 1 Millionen Menschen in Armut leben.

Maßnahmen gegen Kinderarmut

Das sogenannte **Bürgergeld** unterstützt arbeitslose Menschen und Familien, ihre alltäglichen Ausgaben zu sichern. Für Kinder übernimmt der Staat Kosten für Bildung, wie für Klassenfahrten, Wandertage oder Schulmaterial. Somit sollen armutsbetroffene Kinder faire Chancen auf einen guten Schulabschluss haben.

A Erstelle eine Mindmap zum Thema Kinderarmut in Deutschland (vgl. Methode S. 26). Nutze die Überschriften als Unterthemen.

Auswirkungen von Kinderarmut

M1 *Alltägliche Folgen von Kinderarmut*

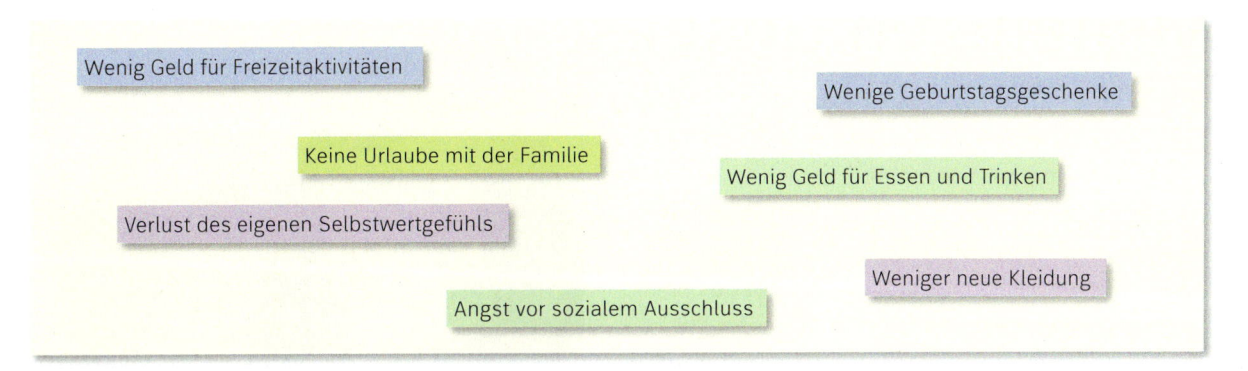

- Wenig Geld für Freizeitaktivitäten
- Wenige Geburtstagsgeschenke
- Keine Urlaube mit der Familie
- Wenig Geld für Essen und Trinken
- Verlust des eigenen Selbstwertgefühls
- Weniger neue Kleidung
- Angst vor sozialem Ausschluss

1 Wählt eine Aufgabe aus:

I a) Besprecht die Auswirkungen von Kinderarmut. Welche Auswirkungen findet ihr besonders schlimm?
II b) Besprecht die Auswirkungen von Kinderarmut. Überlegt euch gemeinsam weitere Folgen.
III c) Sucht euch mehrere Folgen von Kinderarmut aus und begründet schriftlich, warum ihr diese Auswirkungen besonders schlimm findet. Bienenkorb

Projekte gegen Kinderarmut

M2 *Ferienpatenschaften der Stiftung Kinderglück in Dortmund**

Kinderarmut ist auf den ersten Blick oft nicht sichtbar. Knapp 21 Prozent der Kinder und Jugendlichen in Deutschland sind von Armut betroffen. In Dortmund lebt sogar jedes dritte Kind in schwierigen finanziellen Verhältnissen. Das hat Folgen für Bildungschancen und Gesundheit. Kinderarmut bedeutet auch an gesellschaftlichen Aktivitäten nicht teilhaben zu können. Kino, Zoo oder Ferienaufenthalte sind unerreichbare Wünsche.
[...] Die Stiftung Kinderglück ermöglicht pro Jahr rund 500 Kindern und Jugendlichen Tagesausflüge und übernimmt Ferienpatenschaften. Ferienpatenschaften sind mehrwöchige Ferienaufenthalte an der See oder in den Bergen wie auch Tagesausflüge beispielsweise in den Zoo, zu einem BVB-Heimspiel oder ins Museum.
*Text verändert

2 a) Beschreibe das im Text vorgestellte Projekt gegen Kinderarmut.
b) Recherchiere im Internet (Methode auf S. 136) nach einem weiteren Projekt gegen Kinderarmut und präsentiere es in der Klasse (Methode auf S. 180).

Kompakt

Zusammenleben in einer vielfältigen Gesellschaft

Wie leben Familien zusammen?

Die Familie bildet eine soziale Gruppe, die durch Gefühle, aber auch wirtschaftlich miteinander verbunden ist. Es gibt viele Formen des Zusammenlebens von Familien. Trotz der Vielfältigkeit des Zusammenlebens haben alle Familienformen gemeinsam, dass es um Geborgenheit, Zuneigung und ein Miteinander geht.

Haben sich die Geschlechterrollen verändert?

Menschen übernehmen verschiedene soziale Rollen, wie Schülerin, Tochter, usw. Damit sind Erwartungen verbunden. Geschlechterrollen sind bestimmte Vorstellungen über Frauen und Männer. In den letzten Jahren haben sich die Rollenbilder modernisiert. Es ist normal, dass Frauen arbeiten und Männer sich um ihre Kinder kümmern und alle gemeinsam Entscheidungen treffen. Eine vollständige Gleichberechtigung der Geschlechter ist dennoch noch nicht erreicht.

Wie funktioniert das Zusammenleben in einer vielfältigen Gesellschaft?

In NRW leben etwa 18 Millionen Menschen. Mehr als 4 Millionen haben einen Migrationshintergrund. Die Suche einer Arbeit, die Flucht vor Kriege oder Verfolgung sind Gründe, warum Menschen ihre Heimat verlassen und in ein neues Land einwandern. Wenn sie Teil einer sozialen Gruppe, Gemeinschaft und der Gesellschaft werden, spricht man von Integration.

Welche Rechte haben Kinder?

Die UN-Kinderrechtskonvention von 1989 stellt die Rechte von Kindern unter besonderen Schutz. Kinder haben unter anderem das Recht, ohne Gewalt aufzuwachsen und ausreichend Freizeit, gute Bildung und Gesundheit zu erhalten. Die UN versucht die weltweite Kinderarmut zu bekämpfen, indem sie die Rechte von Kindern in allen Ländern der Welt unterstützt.

Gibt es auch in Deutschland Kinder, die unter Armut leiden?

In Deutschland lebt etwa jedes fünfte Kind in Armut. Das sind fast drei Millionen Kinder. Man unterscheidet absolute und relative Armut. Die Ursachen für Kinderarmut sind unterschiedlich. Ein Grund kann etwa die Arbeitslosigkeit der Eltern sein. Der Staat versucht gegen das Problem der Kinderarmut mit verschiedenen Maßnahmen anzukämpfen. So erhalten von Armut betroffene Familien finanzielle Unterstützung, zum Beispiel für die Schulbildung der Kinder.

Wichtige Begriffe
Familienformen, queer, soziale Rolle, soziale Gruppe, Geschlechterrollen, Rollenkonflikte, Gleichberechtigung, Carearbeit, Einwanderungsland, Migrationshintergrund, Integration, Kinderrechte, Kinderarmut, absolute Armut, relative Armut, nachhaltiges Handeln

Geschlechterrollen

M1 *Der Vater hilft seinem Sohn bei den Aufgaben*

1 a) Beschreibe, was du auf dem Bild siehst.
b) Erkläre, ob man auf dem Bild die Darstellung moderner Geschlechterrollen sieht.
c) Begründe, wie du moderne Geschlechterrollen findest.
d) Denk dir eine Szene aus, die moderne Geschlechterrollen darstellt. Du kannst diese selbst zeichnen oder schriftlich beschreiben.

Kinderrechte weltweit

M2 *Kinder in Afghanistan*

2 a) Welche der zehn wichtigsten Kinderrechte kennst du noch? Notiere sie.
b) Beschreibe, welche Kinderrechte die afghanischen Kinder auf dem Foto nicht haben.
c) Keine Armut und hochwertige Bildung sind Ziele der nachhaltigen Entwicklung der UN. Beschreibe, was die Kinder brauchen, um im Sinne der Kinderrechte gesund aufzuwachsen.

Soziale Rollen und Rollenkonflikte

M3 *Silbenrätsel*

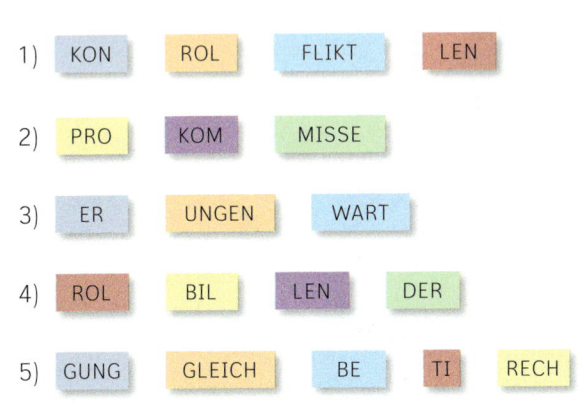

1) KON — ROL — FLIKT — LEN
2) PRO — KOM — MISSE
3) ER — UNGEN — WART
4) ROL — BIL — LEN — DER
5) GUNG — GLEICH — BE — TI — RECH

3 a) Bilde mit den Silben fünf Begriffe, die mit sozialen Rollen zusammenhängen.
b) Notiere zu jedem Begriff seine Bedeutung.
4 Erstelle einen eigenen Rollenkonflikt.

Kinderarmut in Deutschland

M4 *Folgen von Kinderarmut*

- Kein Geld für Schulbücher
- Kinobesuche nicht möglich
- Nicht in den Urlaub fahren
- Kein Pausenbrot im Rucksack

5 a) Notiere Gedanken und Gefühle, die du hast, wenn du an Kinderarmut in Deutschland denkst.
b) Schreibe einen Brief an eine Politikerin oder einen Politiker in deiner Region, in dem du über Kinderarmut in Deutschland berichtest.

Lösungen: Lerncheck

Die Medien und du

Kapitel 5

- Welche Rolle spielen Medien in meinem Alltag?
- Wie gehe ich verantwortungsvoll mit Medien um?
- Wie nehme ich mich und andere im Internet wahr?
- Darf ich einfach alles posten und teilen, was ich möchte?

Die Medien und du

Wie hat sich unsere Mediennutzung im Laufe der Zeit verändert?

Medien: früher und heute

Medien im Wandel der Zeit

Überall in unserem Alltag begleiten uns **Medien**. Morgens weckt dich der Wecker deines Smartphones. Beim Frühstück läuft das Radio und auf dem Weg zum Bus schreibst du noch schnell eine Nachricht an deine Freunde. Das war nicht immer so.

Medien sind Mittel, mit denen wir Informationen an andere weitergeben können oder mit denen wir selbst Informationen erhalten. Früher waren das Bücher und **Zeitungen**. Darin konnte man Informationen nachlesen und sich über Ereignisse in der Welt informieren. Später kamen **Radio** und **Fernsehen** hinzu. Die Informationen wurden nun auch in Ton oder bewegten Bildern weitergegeben. Die Menschen hatten aber kaum Einfluss auf die Informationen.

Die neuen Medien

Durch die Erfindung des Internets entwickelten sich die **neuen Medien**. Dazu gehört auch dein **Smartphone**. Damit hast du das Internet immer in deiner Tasche. Du kannst Informationen zu einem Thema auf unterschiedlichen Webseiten nachschauen und miteinander vergleichen. Anders als zuvor hast du zudem auch die Möglichkeit, deine eigene Meinung und Informationen mit der Welt zu teilen.

Digitale Revolution

In der heutigen Zeit kann jeder immer und überall Informationen erhalten und teilen. Das hat unsere Gesellschaft verändert. Die Veränderung nennt man **digitale Revolution**. Wir erfahren sehr schnell, wenn etwas am anderen Ende der Welt passiert. Oft können wir sogar live daran teilnehmen. Die digitale Revolution verändert auch unsere **Kommunikation** miteinander. Sie hat Auswirkungen auf unseren Alltag in Schule und Familie oder im Beruf. Du kannst mit allen Menschen auf der Welt in Kontakt treten und etwas über sie erfahren. Auch mit deinen Freunden bist du immer verbunden. Auch dann, wenn sie Urlaub machen.

Medienkompetenz

Täglich gelangen neue Informationen ins Internet. Es ist nicht immer einfach herauszufinden, welche Informationen richtig sind. Da jeder Mensch etwas im Internet veröffentlichen kann, besteht die Gefahr, dass auch falsche Informationen dabei sind. Um das erkennen zu können, brauchen wir ausreichendes Wissen. Das nennt man **Medienkompetenz**.

A Vergleiche alte und neue Medien miteinander.
B Begründe, warum man von einer digitalen Revolution spricht.

Medien: früher und heute | Digital+
WES-117685-501

Wie haben sich die Medien entwickelt?

M1 *Alte und neue Medien*

1 a) Ordne die Bilder in alte und neue Medien.
b) Überlege, welche Vor- und Nachteile die Weiterentwicklung der Medien hat.

Vom „Knochen" zum Smartphone

M2 *Die Entwicklung des Smartphones*

www.smartphone-geschichte.net

1987 kamen die ersten Handys auf den Markt. Sie waren schwer und groß. Mit ihnen konnte man nur telefonieren. Im Laufe der Zeit wurden sie kleiner und bekamen ein Display. Sie konnten auch schon ins Internet. Das dauerte allerdings sehr lange und war teuer. Mit SMS konnte man sich kurze Nachrichten schreiben. 2007 kam das Smartphone auf den Markt. Es konnte alles, was die alten Handys auch konnten. Nun wurde das Internet viel einfacher zugänglich. Das Smartphone heute ist wie ein kleiner Computer für die Hosentasche. Es kann Fotos machen, Nachrichten empfangen und digitale Angebote streamen und abspielen.

SMS
„Short message service": eine kurze Nachricht, die per Handy verschickt wird. Jede SMS kostete Geld.
streamen
einen Film oder eine Sendung im Internet anschauen

2 a) Vergleiche die Bilder A-C miteinander und beschreibe, wie sich das Aussehen von Handys verändert hat.
b) Erläutere die Entwicklung des Handys im Laufe der Zeit mithilfe der Bilder und des Textes.

Die Medien und du

Wie wichtig sind Medien in meinem Alltag?

Medien in meinem Alltag

Medien in der Schule
In der Corona-Pandemie musste in vielen Schulen in Nordrhein-Westfalen und Deutschland das **digitale Lernen** verbessert werden. Schülerinnen und Schüler lernten von zu Hause aus. Damit dennoch weiterhin Unterricht stattfinden konnte, nutzten die Schulen **Videokonferenzen, Lernplattformen,** oder **Apps**. In dieser Zeit hast du besonders intensiv das Lernen und Kommunizieren mit **digitalen Endgeräten** erlebt.

Sich informieren
Für die Fächer Politik und Wirtschaft solltest du dich regelmäßig informieren und aktuelle Nachrichten verfolgen. Hierfür kannst du **Tageszeitungen**, Radionachrichten oder Fernsehsendungen nutzen. Im Internet kannst du auch aktuelle Nachrichten recherchieren. Es gibt auch **Nachrichtenseiten** extra für Kinder.

Das Lernen in der Schule mit digitalen Endgeräten wie Tablets oder Laptops wird in Zukunft mehr werden. In deinem späteren Berufsleben wird der sichere Umgang mit digitalen Medien selbstverständlich sein. Daher ist es wichtig, dass du in der Schule Fähigkeiten für digitales Arbeiten lernst.

Medien in der Freizeit
Mithilfe von Medien können wir miteinander **kommunizieren**, online **spielen**, uns die **Zeit vertreiben** und im Alltag **unterstützt** werden. Auch **smarte Geräte**, die mit dem Internet verbunden sind, bestimmen unseren Alltag. So werden in vielen Haushalten **Sprachassistenten** genutzt, um etwa andere Geräte anzuschalten oder auszuschalten.

Chancen und Risiken
Der Umgang mit digitalen Medien bringt viele Vorteile. Vieles geht schneller und ist bequemer. Jedoch entstehen auch Risken, weil die **Informationen** von Millionen von Menschen gespeichert werden. Problematisch kann es auch sein, wenn viele Jugendliche sehr viel Zeit online verbringen. Auch beeinflussen uns Medien darin, was wir denken und wie wir uns fühlen. Sehen wir viele traurige Dinge im Netz, kann das unsere **Stimmung** beeinflussen. Andersherum geben uns schöne Dinge im Netz, etwa Fotos von Tieren, ein gutes Gefühl.

A Stelle in einer Mindmap zum Thema „Medien im Alltag" die Ergebnisse des Textes dar (siehe Methode, S. 26).

Welche Medien nutzen Kinder und Jugendliche im Alltag (täglich oder mehrmals pro Woche)?

M1 *Ergebnisse der Jim-Studie 2022*

Mediennutzung von Mädchen und Jungen in 2022

Gerätenutzung:
- Smartphone: Mädchen 98 %, Jungen 85 %
- Tablet: Mädchen 52 %, Jungen 47 %
- Internet: Mädchen 95 %, Jungen 93 %
- Musik hören: Mädchen 91 %, Jungen 87 %
- Fernsehen: Mädchen 78 %, Jungen 77 %
- Videos im Internet: Mädchen 72 %, Jungen 79 %
- digitale Spiele: Mädchen 68 %, Jungen 84 %
- Video-Streaming-Dienste: Mädchen 67 %, Jungen 66 %
- Radio: Mädchen 60 %, Jungen 53 %
- Bücher (gedruckt): Mädchen 36 %, Jungen 28 %
- Hörspiele/-bücher: Mädchen 16 %, Jungen 18 %
- Tageszeitung (gedruckt): Mädchen 12 %, Jungen 15 %

Quelle: JIM 2022, Angaben in Prozent, *Kinder und Jugendliche von 12-19 Jahren

1 Wähle eine Aufgabe aus:
- **I a)** Beschreibe die Medienbeschäftigung von Kindern und Jugendlichen in ihrer Freizeit.
- **II b)** Stelle dar, welche Unterschiede es bei der Medienbeschäftigung zwischen Jungen und Mädchen gibt.
- **III c)** Vergleiche die Ergebnisse mit deiner persönlichen Medienbeschäftigung.

Bedeutung von Medien im Alltag

M2 *Wie sieht Moritz Medienalltag aus?*

Dienstag, 6:30 Uhr:
Mein Wecker auf dem Smartphone klingelt. Zum Wachwerden höre ich Musik. Beim Frühstücken und im Badezimmer schaue ich dann meine Serie weiter. Auf dem Weg zur Schule im Bus chatte ich per Messenger-App mit meinen Freunden.

In der Schule muss ich mein Smartphone dann in die Tasche packen. Im Matheunterricht arbeiten wir mit Tablets und erstellen Diagramme. Nach der Schule fahre ich mit dem Bus nach Hause und schaue meine Serie von heute Morgen weiter. Beim Mittagessen …

2 a) Schreibe die Geschichte von Moritz Medienalltag zu Ende.
b) Erstelle eine eigene kleine Geschichte über deine Mediennutzung an einem Tag deiner Wahl.
c) Diskutiert in der Klasse „Eine Woche ohne Medien auskommen – das ist (k)ein Problem)!" Fishbowl

Eine Umfrage durchführen

Mit einer Umfrage kannst du herausfinden, was andere über ein Thema denken. Du kannst zum Beispiel erfahren, welche Wünsche sie haben oder welche Medien sie im Alltag benutzen. Damit die Befragung erfolgreich wird, musst du bestimmte Schritte einhalten.

1. Schritt: Über die Umfrage nachdenken

Zunächst solltest du über die folgenden Punkte nachdenken. Mache dir dazu Notizen.
- Was soll das Thema deiner Umfrage sein?
- Wen willst du befragen?
  – Sollen die Personen alle gleich alt sein (etwa deine Klassenkameraden)? Oder möchtest du unterschiedliche Altersgruppen befragen (deine Freunde, Eltern, Großeltern)?
  – Möchtest du deinen Jahrgang oder die ganze Schule befragen?
  – Soll es eine Umfrage in der Stadt sein?
- Je nachdem, wo du die Befragung machst, musst du um Erlaubnis fragen, z. B. bei deiner Klassenlehrerin oder der Schulleitung. In der Stadt benötigst du keine Erlaubnis.
- Wie möchtest du die Umfrage durchführen?
  – Du kannst die Umfrage mündlich oder schriftlich durchführen. Mündlich bedeutet, dass du die Fragen vorliest und dir die Antworten dann notierst. Schriftlich heißt, dass du deine Fragen auf ein Blatt Papier schreibst. Dieses Blatt füllen die Personen dann selbst aus.
- Ihr könnt auch in Partnerarbeit die Umfrage durchführen. So können Aufgaben verteilt werden.

2. Schritt: Einen Fragebogen erstellen

Nun kannst du deine Fragen planen und aufschreiben.
- Möchtest du geschlossene oder offene Fragen stellen?
  Geschlossenen Fragen beantwortet man mit Ja oder Nein. Bei offenen Fragen brauchst du die Fragewörter: Wie? Was? Womit? Warum?
- Achtung: Stelle nicht zu viele Fragen auf einmal!

3. Schritt: Umfrage durchführen

- Stelle dich zunächst höflich vor und nenne das Ziel deiner Umfrage.
- Weise darauf hin, dass deine Umfrage anonym ist. Das heißt, du schreibst keinen Namen und keine Adresse der Befragten auf.
- Halte dich an deinen Fragenkatalog.
- Beginne deine Umfrage.
- Beachte: Es kann vorkommen, dass jemand keine Lust auf eine Umfrage hat. Das ist nicht schlimm. Bedanke dich freundlich und wünsche der Person noch einen schönen Tag.

4. Schritt: Auswertung

- Zähle zunächst die Gesamtzahl der Befragten.
- Sortiere deine Fragebögen nach männlich, weiblich, divers oder keine Angaben.
- Betrachte deine geschlossenen Fragen. Zähle die Anzahl der Ja-Antworten und der Nein-Antworten. Das geht am besten mit einer Strichliste direkt in einen Umfragebogen.
- Erstelle zu den Antworten Schaubilder, z.B. Säulendiagramme. Vergiss die Überschriften nicht.
- Offene Fragen wertest du in Textform aus. Gib die Antworten mit eigenen Worten wieder. Formuliere deine Texte kurz und deutlich.

1 Führe eine Umfrage zum Thema „Mediennutzung von Kindern und Jugendlichen" durch. Die Materialien auf der nächsten Seite helfen dir dabei.

Eine Umfrage durchführen | Digital+
WES-117685-503

Befragung zum Thema „Mediennutzung von Kindern und Jugendlichen"

M1 *Vorschlag für einen Fragebogen*

Umfrage „Mediennutzung von Kindern und Jugendlichen"
Wir sind Schülerinnen und Schüler der Klasse 6 und führen eine Umfrage zur Mediennutzung von Kindern und Jugendlichen durch. Die Umfrage ist anonym. Wir notieren keine Namen und Adressen.

Wer wird befragt?	☐ männlich	☐ weiblich	☐ divers	Wie alt bist du?	☐ 10–12 ☐ 13–15 ☐ 16–18

Welche Medien nutzt du? Kreuze an!

	Jeden Tag	Ab und zu	Nie
Smartphone	☐	☐	☐
Tablet	☐	☐	☐
Fernsehen	☐	☐	☐
Computer/Laptop	☐	☐	☐
Bücher	☐	☐	☐
Spielekonsole	☐	☐	☐

Vorlage für einen Fragebogen

M2 *Mögliche Auswertung als Säulendiagramm*

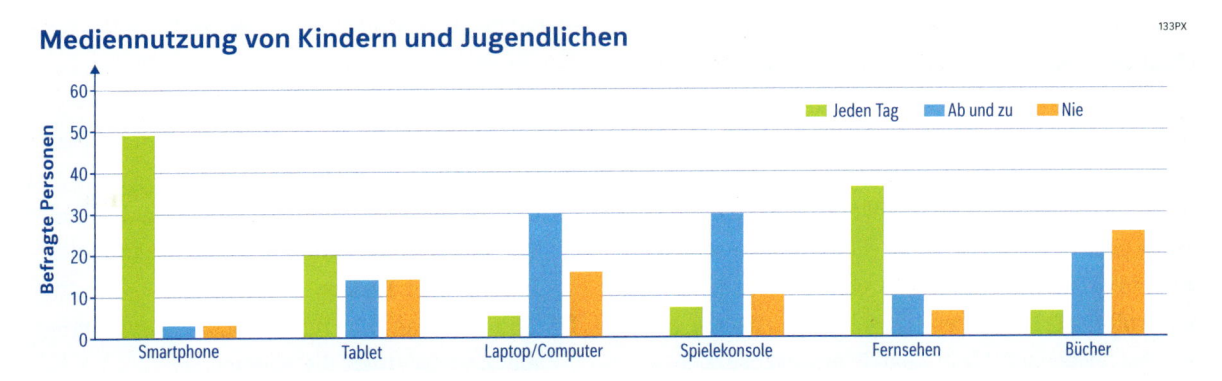

Mediennutzung von Kindern und Jugendlichen

133PX

Die Medien und du

Was kann schon passieren, wenn ich poste, teile und chatte?

Umgang mit Medien

Die Mediengeneration
Für dich sind das Smartphone, das Internet, der Computer oder Soziale Netzwerke sicherlich ganz normal. Sie sind vermutlich sogar wichtige Bestandteile deines Alltags. Ein Großteil deines Lebens läuft online ab. So geht es auch vielen anderen Kindern und Jugendlichen. Viele haben ein eigenes Smartphone und nutzen es mehrere Stunden am Tag. Auch nachts bleibt es oft angeschaltet.

Verantwortungsvoller Medienumgang
Digitale Medien bieten dir Spaß und faszinierende **Möglichkeiten**. Bei all der Faszination und Freude ist es trotzdem wichtig, dass du **verantwortungsvoll** mit digitalen Medien umgehst. Dazu gehört, dass du mit dem Posten und Teilen von persönlichen Angaben und Bildern **vorsichtig** umgehen solltest. Was du einmal online gestellt hast, kann kaum gelöscht werden. Auch kann es weiterverbreitet werden, ohne dass du darüber **Kontrolle** hast. Du solltest deshalb genau überlegen, was du online stellst und wem du etwas zusendest.

Meine Privatsphäre
Achte in den sozialen Medien immer darauf, was du mit anderen teilst. Das kannst du in den **Privatsphäre-Einstellungen** tun. Du entscheidest, wer deine Posts, Fotos oder Videos sehen darf. Auch Likes und Freundeslisten sollten nicht öffentlich sein. Beim Chatten mit **Onlinebekanntschaften** musst du besonders vorsichtig sein. Profile können gefakt, also unecht, sein. Manche Erwachsene wollen so Vertrauen zu Kindern aufbauen, verfolgen aber eigentlich schlimme Absichten. Wenn dir im Internet etwas komisch vorkommt, hol dir **Rat** bei deinen Eltern oder einer Vertrauensperson.

A Beschreibe den Begriff „Mediengeneration".
B Nenne Dinge, die du bei digitalen Medien beachten musst.
C Das Posten von persönlichen Angaben und das Chatten mit unbekannten Personen kann gefährlich sein. Erkläre.
D „Ein Tag ohne Smartphone ist, … ." vervollständigt und diskutiert die Aussage.

Kinder, Jugendliche und digitale Medien

M1 *Die Digitalen Natives, Ins Netz gehen, Bundeszentrale für gesundheitliche Aufklärung**

Als „Digital Natives" wird die Generation bezeichnet, die mit neuen Technologien und dem Internet aufwächst. Für sie ist ein kontinuierlicher Umgang mit Medien und der schnelle Blick aufs Handy zum All-
5 tag geworden. Da sich Unterhaltung, Kommunikation und Wissenserwerb vermehrt auf die digitalen Medien stützen, können sich Kinder und Jugendliche die Welt ohne Technik gar nicht richtig vorstellen. Das unterscheidet sie von den älteren Generatio-
10 nen, die ohne moderne Technik aufgewachsen sind.

*Text verändert

M2 *Entwicklung der Mediennutzung von Kinder und Jugendlichen im Vergleich (2010 und 2020)*

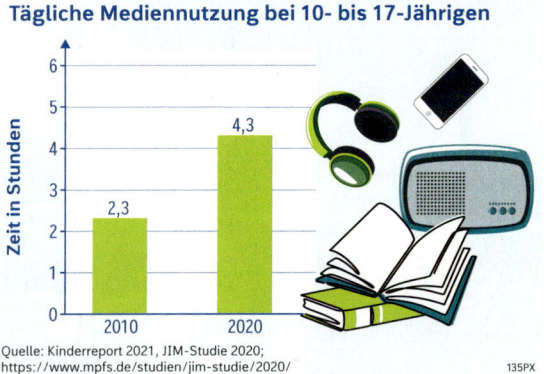

Tägliche Mediennutzung bei 10- bis 17-Jährigen

- 2010: 2,3 (Zeit in Stunden)
- 2020: 4,3 (Zeit in Stunden)

Quelle: Kinderreport 2021, JIM-Studie 2020;
https://www.mpfs.de/studien/jim-studie/2020/

---

kontinuierlich ständig; die ganze Zeit

---

1 Wähle eine Aufgabe aus:
 a) Beschreibe, was ein digitaler Native ist.
 b) Erstelle eine Mindmap zur Bedeutung digitaler Medien für Jugendliche (siehe Methode auf S. 26).
 c) Erläutere die Bedeutung der digitalen Medien für Kinder und Jugendliche.

Chatten ist nicht immer ohne Gefahren

M3 *Was ist Cybergrooming? Pro Juventute, Kinder-, Jugend- und Elternhilfe, 2023**

www.gefahren-im-netz.net

Cybergrooming heißt, dass Erwachsene online den Kontakt zu Kindern herstellen, um einen sexuellen Missbrauch vorzubereiten. Über soziale Netzwerke oder Videospiele bringen Täter und Täterinnen in Erfahrung, welche Vorlieben ihre Opfer haben, welche Musik sie mögen und welche Hobbys sie pflegen. Damit stellen sie Gemeinsamkeiten her und bauen Vertrauen auf. Sie sind aufmerksam, verständnisvoll und hilfsbereit und machen Komplimente. So erscheinen sie den Kindern als ideale Gesprächspartner.

*Text verändert

---

sexueller Missbrauch bezeichnet jede sexuelle Handlung, die gegen den Willen des Opfers vorgenommen wird

---

2 a) Erkläre den Begriff Cybergrooming. Think-Pair-Share
 b) Diskutiert Möglichkeiten, wie ihr euch vor Cybergrooming schützen könnt.

Die Medien und du

Welche Aufgaben haben Massenmedien?

Aufgaben der Massenmedien

Vielfalt an Massenmedien
In Deutschland kannst du unter einer riesigen Anzahl von Medien auswählen. Es gibt über 300 verschiedenen **Zeitungen** und 4.000 **Zeitschriften**. Du kannst hunderte von **Radio-** oder **Fernsehsendern** nutzen. Auch das Internet, das **World Wide Web (WWW)**, bietet dir zahlreiche Seiten mit Nachrichten oder Unterhaltung. Zusätzlich ermöglicht dir das WWW auch selbst Nachrichten und Beiträge zu veröffentlichen. Dieses große Angebot an Medien nennt man **Medienvielfalt**. Da diese Medien vielen Menschen zugänglich sind, spricht man von **Massenmedien**.

Nutzung von Massenmedien
Massenmedien werden von Kindern, Jugendlichen und Erwachsenen aus ganz unterschiedlichen Gründen genutzt. Die einen benutzen sie z. B. zur Entspannung oder als **Freizeitgestaltung**. Andere nutzen sie als **Kommunikationsmittel** oder zum **Wissenserwerb**, also um neues Wissen zu erhalten.

Aufgaben von Massenmedien
Massenmedien sollen vor allem sachlich informieren. Sie berichten über Themen, Meinungen oder politische Entscheidungen aus der Kommune, dem Land oder der Welt. Aufgrund der Medienvielfalt kannst du verschiedene Informationen miteinander vergleichen und dir so eine eigene Meinung bilden.

Medienvielfalt und Pressefreiheit
Sachliche Informationen in unseren Medien sind nur möglich, wenn die Berichterstattung frei ist. Der Staat darf nicht in die Berichterstattung eingreifen. Das nennt man **Pressefreiheit**. Sie wird in unserer Verfassung, dem Grundgesetz, garantiert.

A Erstelle eine Mindmap zum Thema Massenmedien (siehe Methode S. 26).
B Arbeite Nutzung und Aufgaben von Massenmedien heraus.
C Beschreibe die Berichterstattung von Medien.

Aufgaben der Massenmedien | Digital+

Aufgaben und Formen von Massenmedien
M1 *Wortsalat*

	1	2	3	4	5	6	7	8	9	10	11	12	13	14	15	16	17	18	19
a	X	F	P	R	E	S	S	E	F	R	E	I	H	E	I	T	U	B	I
b	A	M	W	A	E	S	E	X	C	A	U	Q	I	U	L	O	P	Ü	N
c	B	E	O	V	B	N	G	H	U	O	Z	E	B	T	Z	W	O	C	O
d	W	I	S	S	E	N	S	E	R	W	E	R	B	U	A	W	I	H	E
e	U	N	A	B	E	N	R	A	O	E	I	X	H	U	N	W	X	E	O
f	I	U	I	F	R	E	I	Z	E	I	T	W	P	I	L	L	M	R	U
g	L	N	H	C	R	E	F	I	C	G	U	K	V	H	O	I	R	S	J
h	U	G	O	L	M	E	D	I	E	N	N	V	I	E	L	F	A	L	T
i	A	A	K	U	D	C	G	H	G	Y	G	A	J	X	K	P	D	T	A
j	R	U	P	L	O	D	I	P	A	C	E	H	G	Z	Y	T	I	B	E
k	T	R	A	X	X	K	O	M	M	U	N	I	K	A	T	I	O	N	R

🖨 Wortsalat zum Ausdrucken

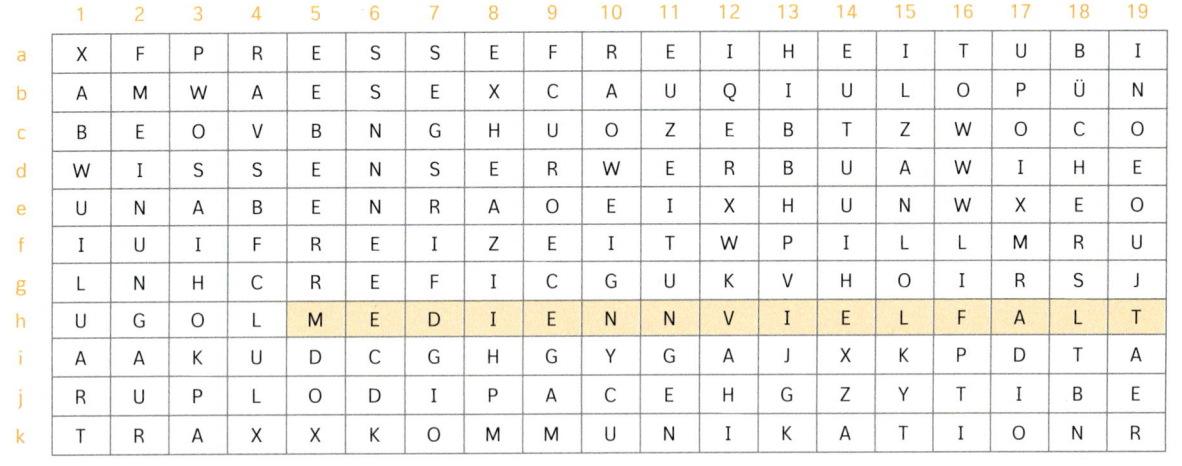

1 a) In dem „Wortsalat" haben sich waagerecht und senkrecht neun weitere Begriffe versteckt, die etwas mit den Arten und Aufgaben von Massenmedien zu tun haben. Finde und notiere sie.
b) Erläutere mithilfe der Begriffe verschiedene Formen und Aufgaben von Massenmedien. Partnervortrag

---

Meinungsfreiheit in den Massenmedien
M2 *Freie Meinungsäußerung, ein Grundrecht in Deutschland, Internetseite Helles Köpfchen, 2023**

Im Grundgesetz steht: „Jeder hat das Recht, seine Meinung in Wort, Schrift und Bild frei zu äußern und zu verbreiten. Die Pressefreiheit und die Freiheit der Berichterstattung [...] werden gewährleistet. Eine
5 Zensur findet nicht statt."
Mit diesem Grundrecht soll gewährleistet werden, dass alle Menschen ihre Meinung sagen und schreiben dürfen. Das schließt natürlich die Presse mit ein. Mit dem Begriff Presse sind alle Medien
10 gemeint, die eine Meinung in der Öffentlichkeit verteilen, also Zeitungen, Fernsehen, Radio, Internet und so weiter. Das bedeutet also, dass einem Journalisten nicht vorgeschrieben werden darf, was dieser schreiben sollte oder muss. [...]
15 Die Freiheit der Presse gilt nicht uneingeschränkt: Damit andere Menschen nicht beleidigt werden und keine falschen Dinge über einen anderen gesagt und geschrieben werden, gibt es ein paar Gesetze und Vorschriften, die jeder beachten muss. In die-
20 sen Gesetzen wird zum Beispiel auch geregelt, dass in der Presse nichts geschrieben werden darf, was dem Jugendschutz widerspricht. **Text verändert*

Grundrecht Die Grundrechte sind besonders wichtige Rechte in Deutschland. Da sie so wichtig sind, stehen sie in unserer Verfassung, dem Grundgesetz.
Zensur Ein Staat kontrolliert, was die Medien berichten wollen und verbietet Berichte, die dem Staat nicht gefallen.

2 Wähle eine Aufgabe aus:
  a) Gib das Grundrecht der Meinungsfreiheit in eigenen Worten wieder.
  b) Erläutere, was mit dem Grundrecht der Meinungsfreiheit gemeint ist.
  c) Begründe, warum das Recht auf freie Meinungsäußerungen eingeschränkt ist.

Im Internet recherchieren

Du hast bestimmt schon einmal im Internet nachgeschaut, wenn du eine Frage hattest. Auch wenn du Informationen für eine Hausaufgabe suchst, recherchierst du. Vielleicht ist dir aufgefallen, dass es sehr viele Informationen im Internet gibt. Schnell verliert man die Übersicht. Hier lernst du, wie du bei deiner Informationssuche den Überblick behältst.

1. Schritt: Thema eingrenzen

- Überlege dir genau, wonach du suchen möchtest. Je genauer dein Thema ist, desto besser kannst du Informationen finden.
- Notiere dir **Schlagwörter**, die dein Thema beschreiben. Diese kannst du nutzen, um in der Suchmaschine Ergebnisse zu finden. Willst du etwa einen Vortrag über das Thema „Medien früher und heute" halten, können dir die folgenden Schlagwörter helfen:

> **Thema:** „Medien früher und heute"
> **Schlagwörter:**
> - Medien
> - Alltag
> - Alte Medien, Neue Medien
> - Radio
> - Smartphone

2. Schritt: Suchmaschine benutzen

- Wähle nun eine **Suchmaschine** aus. Es gibt besondere Suchmaschinen für Kinder, die dir bei deiner Suche helfen. Links: Suchmaschinen für Kinder
- Jetzt gibst du deinen **Suchbegriff** in die Suchleiste ein und klickst auf den „Suchen"-Knopf.
- Zeigt dir die Suchmaschine sehr viele Informationen an, wird es unübersichtlich. Kombiniere deine notierten Schlagwörter miteinander. Dann werden die **Ergebnisse** genauer und passender zu deinem Thema.
- Oft sind die von dir gefundenen Inhalte schwierig zu verstehen. Es hilft, wenn du zusätzliche Begriffe wie „leicht verständlich" oder „einfach erklärt" in die Suchmaschine eingibst. Beispiel: „Alte Medien einfach erklärt"

3. Schritt: Suchergebnisse auswerten

- Nun solltest du dir genau anschauen, wo du deine Informationen gefunden hast. Besonders bei Beiträgen von Privatpersonen in Sozialen Medien ist Vorsicht geboten.
- Die folgenden Dinge können ein Hinweis darauf sein, dass du deiner Quelle vertrauen kannst:
  – Die Webseite enthält keine Rechtschreibfehler.
  – Die Informationen auf der Webseite sind aktuell.
  – Du erkennst, wer die Webseite betreibt und hast auch die Möglichkeit Kontakt aufzunehmen.
  – Es gibt keine oder nur wenig Werbung.
  – Wenn du passende Informationen gefunden hast, speichere sie in einem Dokument oder Ordner ab. So findest du sie schneller wieder. Wichtig: Schreibe dir dazu, wo du die Informationen gefunden hast.

4. Schritt: Informationen aufbereiten

- Nachdem du nun viele Informationen gesammelt hast, musst du diese in deinen eigenen Worten zusammenfassen. Schreibe es nicht einfach ab, sondern erkläre es so, dass du es selbst verstehen kannst.
- Deine Ergebnisse können in unterschiedlicher Form präsentiert werden:
  – als Referat
  – als Plakat (Methode auf S. 111)
  – als digitale Präsentation
  – als eigenes Erklärvideo

Im Internet recherchieren | Digital+

WES-117685-506

SUCHE

Medien früher und heute

Alle | Bilder | Videos | Nachrichten | Shopping

Ungefähr 4.880.000 Ergebnisse

Mit einer Suchmaschine für Kinder findest du einfach erklärte Informationen zu vielen Themen.

Zu einem eigenen Thema recherchieren

M1 *Spannende Themen für eine Internetrecherche rund um das Thema Medien*

→ Suchmaschinen für Kinder
→ Richtiger Umgang mit Bildern aus dem Internet
→ Was ist Cybermobbing?
→ Internetsucht: Eine Krankheit?
→ Projekt „Medienscouts" in Nordrhein-Westfalen
→ Wie erkenne ich Fakenews?
→ …

1 Führe eine Internetrecherche zu einem der Themen in M1 oder einem selbstgewählten Thema durch. Präsentiert euer Ergebnis in der Klasse.
  Galeriegang

Die Medien und du

Welche Eigenverantwortung hast du online?

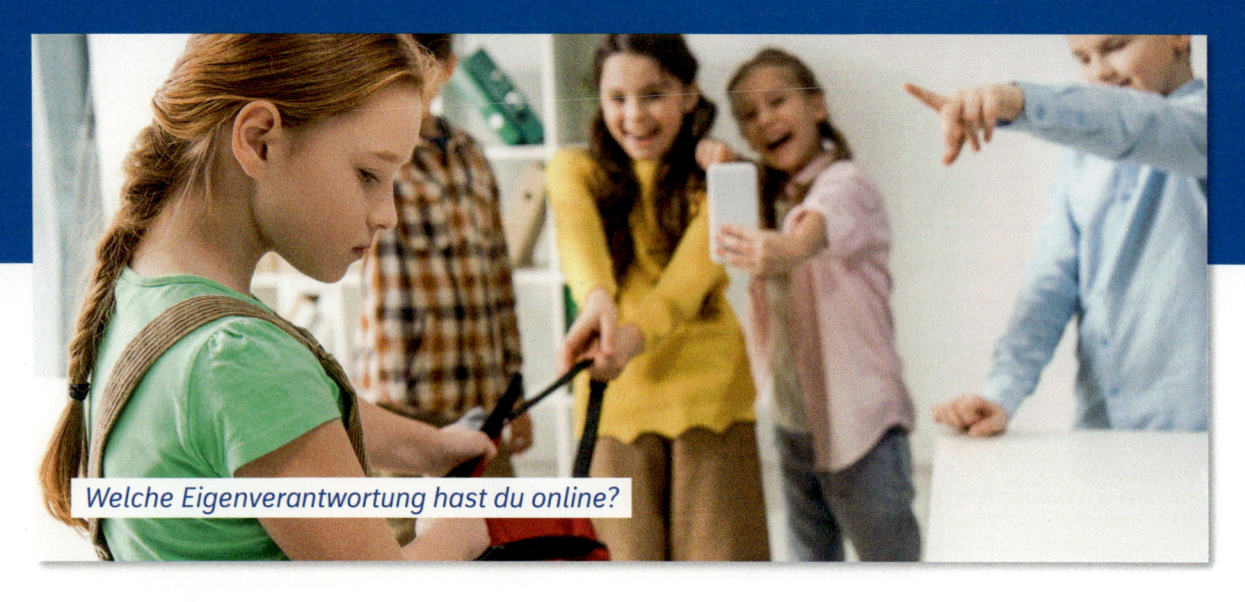

Soziale Medien und Cybermobbing

Soziale Medien

Die alten Medien wie Radio, Fernsehen oder Zeitungen werden meist von Personen erstellt, die dafür ausgebildet wurden. Bevor die Informationen anderen Menschen mittgeteilt werden wird geprüft, ob der Beitrag wahr ist. Das Teilen von Informationen nennt man auch **Veröffentlichen**. Die Ersteller der Medien sind dafür verantwortlich, dass die Informationen auch wahr sind. Sie dürfen keine Lügen verbreiten. Die **Nutzerinnen und Nutzer** der alten Medien sind in der **Rolle** des Zuschauenden, des Lesers oder des Zuhörenden.

Veränderte Rolle in den sozialen Medien

Im Gegensatz dazu sind Nutzerinnen und Nutzer von **sozialen Medien** in einer neuen Rolle. Sie können selbst aktiv werden. Die Nutzerinnen und Nutzer können miteinander chatten, Fotos oder Texte teilen und vieles mehr. Jeder kann Inhalte veröffentlichen.

Anders als in den alten Medien wird vor der Veröffentlichung nicht mehr geprüft, ob die Informationen wahr sind. Daher passiert es oft, dass Menschen falsche Informationen veröffentlichen. Das kann auch versehentlich passieren. Einige Menschen stellen jedoch mit Absicht falsche Informationen ins Netz, um andere zu beeinflussen oder jemanden zu verletzen.

Cybermobbing

Werden Menschen in sozialen Netzwerken beleidigt oder gemobbt, spricht man von **Cybermobbing**. Für Kinder und Jugendliche ist das besonders schlimm. Folgen können ein negatives Selbstbild oder psychische Krankheiten sein. Cybermobbing ist eine Straftat.

Eigenverantwortung online

Wie auch im realen Leben hast du eine **Verantwortung** für das, was du online machst. Es ist egal, ob du mit deinen Freundinnen und Freunden chattest oder ob du anonym Kommentare abgibst. Auch online musst du dich gegenüber deinen Mitmenschen respektvoll verhalten. Wenn du bemerkst, dass jemand gemobbt wird, solltest du handeln und dich vertrauensvoll an einen Erwachsenen wenden.

A Beschreibe die veränderte Rolle der Nutzerinnen und Nutzer in den sozialen Medien.
B Erkläre den Begriff Cybermobbing.
C Erläutere, welche Eigenverantwortung du im Umgang mit sozialen Medien hast.

Anonym
hier: etwas veröffentlichen, ohne dass du deinen echten Namen nennst (etwa mit einem Benutzernamen)

Zu weit gegangen
M1 *Der Neue*

Sprechblasen im Bild:
- Meint ihr, der kennt Markenklamotten?
- Mein Gott! So ein Opfer!!!
- Mit Schminke ist er nicht hübscher :)

1 Sieh dir den Kurzfilm „Der Neue" an. Wähle eine Aufgabe aus:

a) Beschreibe Cybermobbing im Film „Der Neue".

b) Erkläre, warum es sich im Film „Der Neue" um Cybermobbing handelt.

c) Erkläre, welche Personen im Film „Der Neue" am Cybermobbing beteiligt sind.

Film: Der Neue

Cybermobbing in der Schule
M2 *Umfrage von Schülerinnen und Schülern im Jahr 2022 (Bündnis gegen Cybermobbing)*

Cybermobbing an der Schule
16,7 Prozent der Schülerinnen und Schüler in Deutschland waren schon einmal **Opfer von Cybermobbing**.

Die am häufigsten erfahrenen Aktivitäten (Mädchen / Jungen):
- Beschimpfung/Beleidigung: 79 / 78
- Ausgrenzung: 56 / 63
- Verbreitung von Lügen/Gerüchten: 62 / 52
- Erpressung, Bedrohung, unter Druck Setzen: 42 / 39
- Veröffentlichung von kopierten privaten Fotos auf anderen Seiten: 35 / 33
- Verbreitung unangenehmer Fotos/Filme: 34 / 29

Mehrfachnennung möglich

Quelle: Bündnis gegen Cybermobbing, Umfrage unter 3011 Schülerinnen und Schülern im Alter von 7 bis 20 Jahren vom 13. Mai bis 20. Juli 2022

Globus 015700

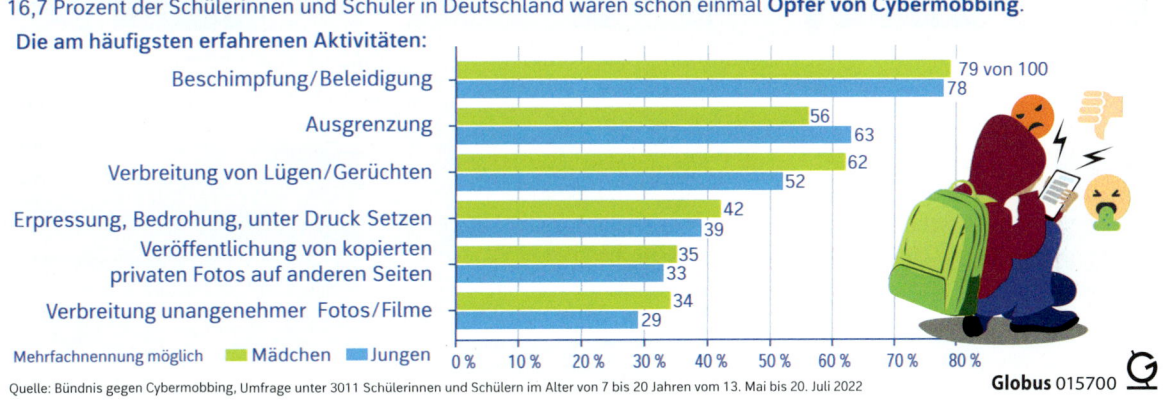

2 a) Beschreibe die Ergebnisse der Umfrage zum Cybermobbing an Schulen.

b) Überlege, ob du von den hier genannten Aktivitäten schon mal in deiner Schule etwas mitbekommen hast. Notiere deine Überlegungen.

3 Begründe, welche Arten von Cybermobbing du besonders schlimm findest.

Folgen von Cybermobbing
M3 *Auswirkungen auf die Persönlichkeit der Opfer*

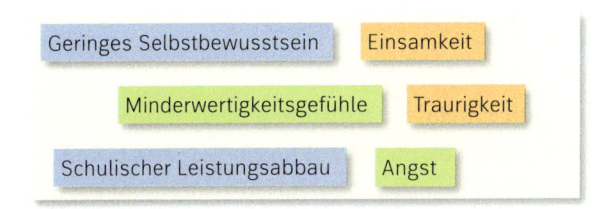

- Geringes Selbstbewusstsein
- Einsamkeit
- Minderwertigkeitsgefühle
- Traurigkeit
- Schulischer Leistungsabbau
- Angst

4 a) Besprecht die Folgen von Cybermobbing.
Kugellager

b) Notiert, welche Folgen ihr besonders schlimm findet.

c) Findet ihr weitere Folgen? Notiert diese.

Die Medien und du

Wer ist wie am Cybermobbing beteiligt?

M4 *Personen und Handlungen beim Cybermobbing*

1 *Opfer*

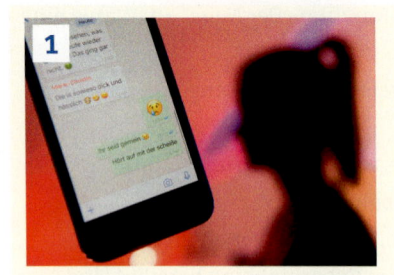

2 *Täterinnen und Täter*

3 *Mitläuferinnen und Mitläufer*

4 *Zusehende*

5 *Helferinnen und Helfer*

6 *Lehrkräfte und Eltern*

A Sie unterstützen die Täterinnen und Täter aktiv. Sie setzen die „Gefällt mir"-Zeichen online, sie kommentieren befürwortend oder mobben selbst.

B Personen, die aktiv eine oder mehrere Personen mobben. Sie fühlen sich durch ihr Tun stark und besser als andere.

C Personen, die das Ziel von Hass, Ausgrenzung und Beschimpfung werden. Sie haben keine typischen Merkmale – es kann wirklich jede oder jeden treffen.

D Ohne sie ist Cyber-Mobbing unwirksam. Diese Personen bemerken die Beschimpfungen. Oft greifen sie aber nicht ein, weil sie Angst haben, dadurch selbst zum Opfer zu werden. Sie können aber anonym die Opfer unterstützen.

E Man kann sich an sie wenden, wenn man Cybermobbing beobachtet oder selbst zum Opfer wird.
Tun sie nichts, kann das auf die Opfer ebenfalls wie ein Mitmachen wirken.

F Diese Personen stehen auf der Seite des Opfers. Sie sind mit dem Mobbing nicht einverstanden. Nicht immer weiß das Opfer davon. Manche wenden sich an Lehrkräfte, melden die Fälle in Sozialen Netzwerken oder schreiben bestärkende Direktnachrichten an die Opfer.

5 a) Ordne den Personen (1-6) die jeweilige Handlung (A–F) beim Cybermobbing zu.
  b) Diskutiert in der Klasse über die Verantwortung der Mitläuferinnen und Mitläufer und der Zusehenden.
6 Führt ein Rollenspiel (Methode auf S. 106) mit den Personen (1–6) und ihren Handlungen (A–F) durch. Verwendet dafür ein selbstausgedachtes Beispiel oder nehmt den Fall „Der Neue" (M1) als Ausgangspunkt.

Wie könnt ihr mit Cybermobbing umgehen?

M5 *Tipps zum Umgang mit Cybermobbing aus einem Jugendportal*

Du bist Opfer von Cybermobbing

Antworte nicht auf Nachrichten, die dich belästigen oder ärgern. Dadurch wird die Situation meist nur schlimmer.

Nimm die Inhalte nicht ernst – du bist okay so wie du bist. Mobbing hat nichts mit dir zu tun!

Bewahre die Nachrichten auf! Du musst sie nicht lesen, sie sind aber ein guter Beweis für die Belästigungen. Mache Screenshots von Fake-Profilen, Chatverläufen oder Hass-Gruppen. Am besten so, dass auch das Datum sichtbar ist.

Wende dich an eine Vertrauensperson. Meistens ist es eine große Erleichterung, Probleme mit einer anderen Person zu teilen. Das können deine Eltern, Freundinnen und Freunde, Lehrkräfte oder andere Personen sein.

Du beobachtest Cybermobbing

Misch dich ein! Schreibe den Opfern, dass du hinter ihnen stehst!

Melde Cyber-Mobbing in Sozialen Netzwerken. So hilfst du, dass diese in ähnlichen Fällen schneller reagieren können.

Hol Hilfe: Informiere Lehrerinnen und Lehrer, Schulsozialarbeiter, und/oder Eltern. Sie können helfen.

Mach den Täterinnen und Tätern klar, dass du ihr Handeln nicht gut findest. Denn: Wegschauen, die Gruppe verlassen, nichts tun – damit machst du selbst mit.

Hole dir Unterstützung. Sprich dich mit anderen ab – gemeinsam fällt es leichter „Stopp!" zu sagen.

Du bist Täterin oder Täter

Cyber-Mobbing ist strafbar! Wirst du angezeigt, kann dir dein Handy zur Beweissicherung weggenommen werden. Du kannst auch viele Jahre später noch Schwierigkeiten (z. B. bei der Jobsuche) bekommen. Wenn du in diese Situation unfreiwillig reingerutscht bist: Zieh dich aus der Situation zurück. Schreib keine weiteren Nachrichten, leite keine Inhalte mehr weiter und tu nichts, was das Mobbing weiter befeuert.

Fühle dich in die andere Person ein und stell dir die Frage: Wie würde es mir gehen, wenn mich jemand so behandelt?

Eine Entschuldigung ist das Mindeste, was angebracht ist. Denke auch über andere Formen der Wiedergutmachung nach.

Arbeitsblatt: Weitere Tipps für den Umgang mit Cybermobbing

7 Erstellt ein Plakat (siehe Methode S. 111) zum Thema Cybermobbing. Nutzt alle Materialien der Seiten 139 bis 141. Ihr könnt auch im Internet weitere Informationen zum Thema recherchieren (Methode S. 136).

Die Medien und du

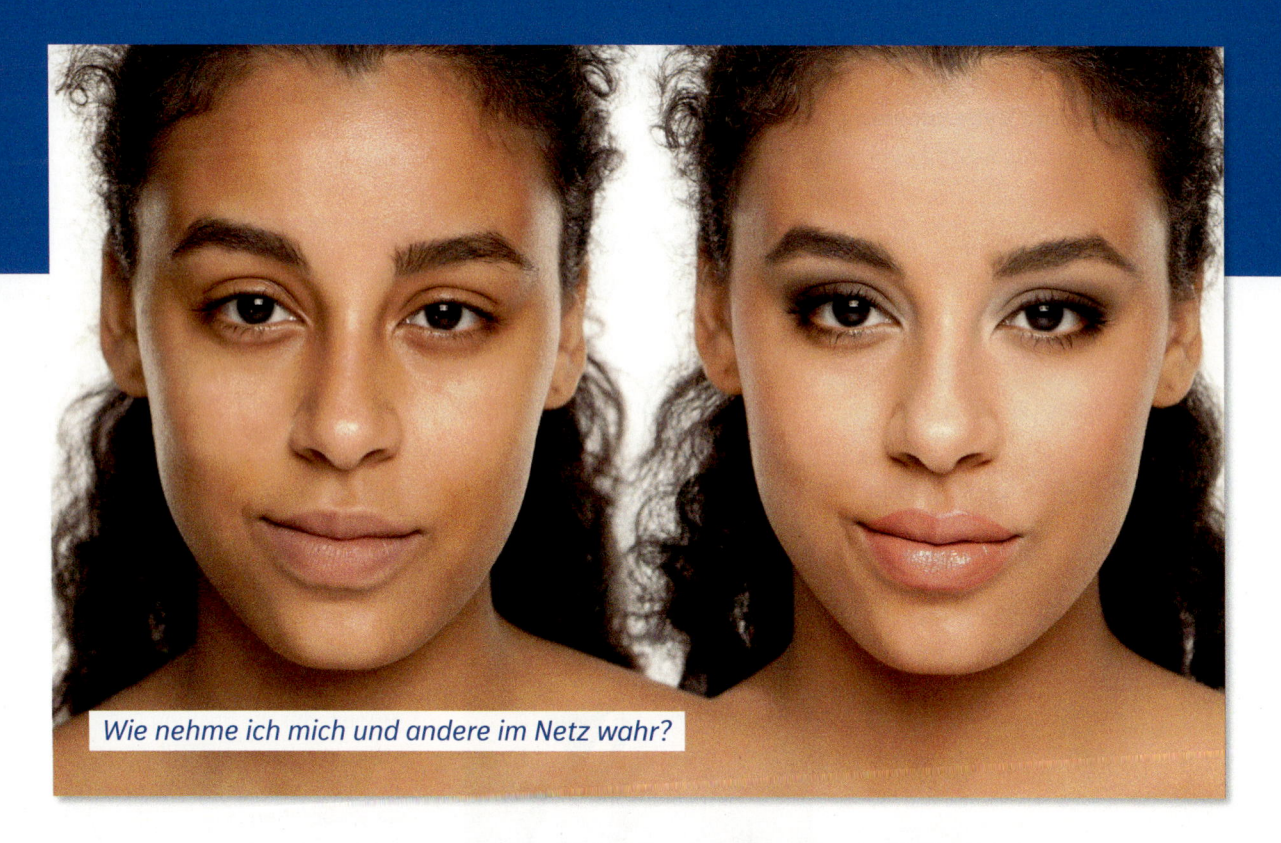

Wie nehme ich mich und andere im Netz wahr?

Sich in den Medien darstellen

Sich inszenieren = sich selbst darstellen

Kinder und Jugendliche nutzen soziale Medien aus vielen Gründen: zum Spaß haben, um mit anderen zu kommunizieren, sich selbst auszuprobieren, Neues zu erleben oder um die eigene Persönlichkeit zu finden. Zur Entwicklung der eigenen Persönlichkeit gehören Fragen wie „Wer bin ich?" oder „Werde ich von Anderen gemocht?". Die **Selbstdarstellung**, oder auch **Inszenierung** genannt, ist Teil der **Persönlichkeitsentwicklung**. Beim Posten von eigenen Fotos und Kommentaren in den sozialen Medien kann man Bestätigung, aber auch Ablehnung durch andere bekommen. Das hat Auswirkungen auf unser Selbstbewusstsein.

Selfies und Beauty-Filter

Das Selbstporträt ist nichts Neues. Menschen haben sich immer schon selbst auf Fotos oder in der Malerei dargestellt. Durch Smartphones geht das noch viel schneller. Jeder kann ein Foto von sich machen. Oft werden die Bilder mit Hilfe von **Beauty-Filtern** oder anderen Hilfsmitteln bearbeitet, um „besser" auszusehen. So kann nachträglich Make-Up aufgetragen, oder die Haut geglättet werden. Auch Merkmale wie unsere Augenfarbe, Gesichtsform oder auch der Körper können ganz einfach „verbessert" werden. Anschließend wird das Foto in den sozialen Medien veröffentlicht.

Chancen und Risiken

Durch die digitale Selbstdarstellung entwickeln junge Menschen ihr Selbstbewusstsein. Von Gleichaltrigen bekommen sie in Form von Likes und Kommentaren eine Rückmeldung zur eigenen Persönlichkeit. Das kann aber auch dazu führen, dass man mit dem eigenen „echten" Aussehen nicht mehr zufrieden ist. Das kann zur Gefahr werden und manchmal sogar **Essstörungen** oder andere **Erkrankungen** auslösen.

A Erkläre den Begriff Selbstdarstellung.
B Beschreibe die Chancen und Risiken der Nutzung von Beauty-Filtern.

Mein Selfie – Muss ich immer perfekt aussehen?

M1 *Schönheitsideale im Netz, Medienkompass**

Soziale Medien tragen zur Verbreitung der geltenden Schönheitsideale bei. Schönheitsideale sind Vorstellungen in der Gesellschaft, was als schön gilt und was nicht. Prominente, Influencerinnen und Influencer stellen sich
5 meist perfekt gestylt dar. Sie sind Vorbilder und Idole für junge Menschen.

Jugendliche versuchen, wie ihre Vorbilder zu sein, indem sie ihr Aussehen, ihre Gestik und Mimik übernehmen.
10 Hierfür werden besondere Orte aufgesucht und die Körperposen der „Stars" nachgestellt. Oft werden die Fotos mehrfach wiederholt, bis das perfekte Bild entsteht. Die Bilder werden meistens mit Beauty-Filtern und Bildbearbeitungsprogrammen nachbearbeitet und verschönert, um möglichst genauso auszusehen wie das eigene Vorbild. Einzigartigkeit (Individualität) entsteht so nicht, weil die Bilder sich durch die vielen Nachahmungen immer mehr ähneln.

*Text verändert

1 Machst du auch manchmal ein Selfie? Sprecht in der Klasse über Anlässe und eure Erfahrungen.
2 Wähle eine Aufgabe aus:
　a) Beschreibe, wie soziale Medien zur Verbreitung von Schönheitsidealen beitragen.
　b) Erkläre, welchen Einfluss die scheinbar perfekten Fotos von Influencerinnen und Influencer auf Kinder und Jugendliche haben können.
　c) Beurteile die Überschrift „Mein Selfie – Muss ich immer perfekt aussehen?"
3 Diskutiert: „Nachbearbeitung von Selfies – Top oder Flop?"

Influencerinnen und Influencer im Netz: Werbung oder Selbstdarstellung – oder Beides?

M2 *Influencer Magic Fox vor einem Sportwagen*

M3 *Influencerin Pamela Reif im Sportoutfit*

4 **a)** In M2 und M3 machen die Influencer Werbung und stellen sich selbst dar. Beschreibe.
　b) Diskutiert, ob diese Selbstdarstellungen kritisch zu bewerten sind.

Sich in den Medien darstellen

Nimm dich nicht zu ernst!

M4 *Ein Vater stellt die Selfies seiner Tochter nach*

5 a) Vergleiche die Fotos von Tochter und Vater.
b) Diskutiert Gründe, warum der Vater die Fotos seiner Tochter nachstellt.
c) Kannst du dir vorstellen, dass deine Eltern deine Selfies auf lustige Art nachstellen? Erkläre.

Sollten retuschierte (überarbeitete) Fotos in den Medien gekennzeichnet werden?

M5 *Norwegen: Kennzeichnungspflicht für Filter in Werbeanzeigen**

www.fotos-ohne-filter.net   X

[1.6.2022] Heute wurde in Norwegen ein Gesetz veröffentlicht, wonach retuschierte und manipulierte Bilder in bezahlten Anzeigen mit einem kreisrunden Hinweis (siehe Abbildung) versehen werden müssen. Darunter fallen die Körperform, -größe und -haut, also zum Beispiel Veränderungen
5 der Gesichtsform, breitere Schultern und schmalere Hüften.
Die Maßnahme soll helfen bewusst zu machen, dass Menschen in der Werbung nicht immer so gezeigt werden, wie sie in Wirklichkeit aussehen. Letztlich geht es darum, echte Körper in der Reklame darzustellen und damit vor allem Jüngere zu schützen. [...]. Die Kennzeichnungspflicht gilt
10 für alle klassischen und sozialen Medien. Ganz ausdrücklich gilt das auch für Influencerinnen und Influencer sowie andere Menschen, die Werbung im Internet und in den sozialen Medien online stellen. Wer sich nicht daran hält, dem droht eine Strafe. [...]
*Text verändert
15

Übersetzung aus dem Norwegischen: Retuschierte Person, Werbung

6 a) Erkläre das Gesetz zur Kennzeichnungspflicht von Filtern aus Norwegen.
b) Erstelle eine Pro- und Kontratabelle mit Argumenten für die Frage: Sollten bearbeitete Fotos in deutschen Medien gekennzeichnet werden?
c) Führt zur Kennzeichnungspflicht eine Pro- und Kontradiskussion in der Klasse durch (Methode, S. 22).

Wie kannst du mit Filtern sinnvoll umgehen?

M6 *Vorschläge zum Umgang mit Beauty-Filtern*

1. **Denke über deine Filternutzung nach.**
Wenn du Filter benutzt, solltest du darüber nachdenken, warum das machst. Welches Bedürfnis steht dahinter, wenn du Fotofilter nutzen willst?

2. **Mache lustige Bilder und nutze Spaß-Filter.**
Fotos müssen nicht perfekt sein! Viel wichtiger ist es, schöne Erlebnisse festzuhalten, etwa einen schönen Tag mit Freunden oder ein Urlaubsfoto. Du kannst auch Spaßfilter nutzen, wenn du dein Aussehen ändern willst. So ist dein Bild besonders und kreativ. Nimm dich selbst nicht zu ernst und probiere Neues aus.

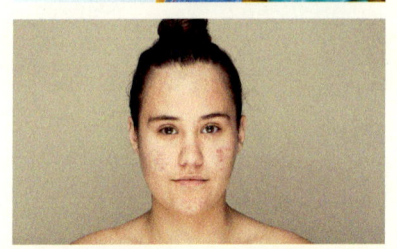

3. **Lass den Filter auch mal weg.**
Manchmal ist es schwer, sich ohne Filter zu zeigen. Aber versuch es trotzdem einmal. Dein Selbstvertrauen wird gestärkt, wenn du dich so zeigst, wie du bist. Schließlich zeigen sich auch immer mehr bekannte Influencerinnen und Influencer auch mal ohne Filter. Dein Mut wird sicher belohnt und du bekommst positives Feedback von anderen.

4. **Hinterfrage Schönheitsideale.**
Viele Menschen nutzen Beauty-Filter oder bearbeiten ihre Fotos, weil sie sich damit schöner fühlen. Aber wer bestimmt, was schön ist? Niemand im realen Leben sieht so aus, wie auf einem bearbeiteten Foto. Unbearbeitet ist schön!

5. **Deaktiviere die Like-Funktion oder Kommentare.**
Likes und Kommentare zu bekommen kann toll sein! So siehst du genau, wie viele deiner Freundinnen und Freunde deine Fotos mögen. Doch es kann auch Druck erzeugen, immer Anderen zu gefallen. Deshalb solltest du die Like-Funktion auch einmal deaktivieren.

7 Wähle eine Aufgabe aus:
   a) Erstellt ein kurzes Video zu einem der fünf Vorschläge.
   b) Erstellt einen Beitrag zum Thema „Persönlicher Umgang mit Beauty-Filtern." Der Beitrag kann ein Audiobeitrag, ein Video oder ein Podcast sein.
   c) Erstellt einen Infoflyer zum Thema „Persönlicher Umgang mit BEauty-Filtern" und stellt ihn eurer Schülervertretung (SV) vor.

Die Medien und du

Sind Influencerinnen und Influencer Vorbilder für Kinder und Jugendliche?

Influencerinnen und Influencer

Digitale Vorbilder

Für viele sind **Influencerinnen** und **Influencer** Vorbilder. Sie unterhalten und erklären bestimmte Sachen oder sind Expertinnen und Experten in Modefragen. Sie geben außerdem Ratschläge und Einblicke in ihren Alltag. Dadurch sind sie euch vertrauter als Popstars oder Kinostars. Wenn ihr euren **digitalen Vorbildern** nacheifert, findet ihr neue Hobbies und Interessen und entwickelt eure eigene Persönlichkeit.

Kommunikation digitaler Vorbilder

Influencerinnen und Influencer kommunizieren im Internet in allen sozialen Medien. Dort erlebt ihr sie hautnah. Sie erlauben mit Bildern, Videos oder Texten Einblicke in ihren Alltag. Dadurch geben sie euch als Followerin oder Follower das Gefühl, mit ihnen eng verbunden oder sogar befreundet zu sein.

Followerin/Follower Person, die jemandem in den sozialen Netzwerken folgt

Risiken durch die Vorbilder

Influencer und Influencerinnen sind sich nicht immer ihrer **Vorbildfunktion** bewusst. Perfekte, mit Fotoprogrammen bearbeitete Bilder vermitteln ein falsches Bild davon, wie Körper aussehen sollen oder wie wir leben wollen. Auch zeigen sie immer nur kurze Ausschnitte ihres Lebens. So wirkt ihr Alltag perfekter, als er eigentlich ist. Followerinnen und Follower versuchen, diesen perfekten Körpern und Leben nachzueifern. Influencerinnen und Influencer sind auch **Meinungsmacher** und **Werbeträger**. Sie werden von Unternehmen für das Bewerben von Produkten bezahlt. Oft kann man nicht auf den ersten Blick erkennen, dass es sich um Werbung handelt.

A Erkläre, die Bedeutung von Influencerinnen und Influencern für Kinder und Jugendliche.
B Erstelle eine Mindmap über Influencer.
C Diskutiert über Chancen und Risiken digitaler Vorbilder für Kinder und Jugendliche.

Vorbilder aus sozialen Netzwerken

M1 *Idole aus dem Internet, aus: Schau hin!, Berlin**

Kinder und Jugendliche folgen InfluencerInnen in sozialen Netzwerken [...]. Sie schauen sich deren Fotos und Videos an und eifern ihren Idolen nach. Die wiederum halten Produkte in die Kamera und werden dafür bezahlt. [...] Dabei sind InfluencerInnen im Internet oft Vorbilder, bester Kumpel, großer Bruder, große Schwester und Ersatzelternteil in einer Person. Jugendliche fühlen sich ihnen näher als Popstars [...], weil sie sich in den gleichen Netzwerken bewegen wie ihre FreundInnen. *Text verändert*

M2 *Comic von Nel Ioan Cozacu, September 2020*

"Du bist nicht meine Influencerin!"

1 Wähle eine Aufgabe aus:
- **a)** Beschreibe wie Kinder und Jugendliche Influencerinnen und Influencern nacheifern.
- **b)** Beurteile, wie Influencerinnen und Influencer Vorbilder für Kinder und Jugendliche werden.
- **c)** Erkläre das Bild M2. Nimm dazu auch den Text M1 zur Hilfe.

Influencerinnen und Influencer als Werbegesichter

M3 *Die Influencerinnen Lisa und Lena wollen keine Werbetafeln sein, aus einem Onlinemagazin**

Auf Musically machten sich die beiden einen Namen und sprachen etliche Teenager mit ihren Kurzvideos an, in denen sie zu Popsongs Choreographien einstudierten und synchron die Lippen bewegten. Das hatte Erfolg und verhalf Lena und Lisa zu über 10 Millionen Fans bei Instagram. [...] Auch Unternehmen scheinen längst den Marktwert der Zwillinge erkannt zu haben. Schließlich eignen sich die zwei hervorragend als Social-Media-Influencer. Als Trendsetter sollen sie die Aufmerksamkeit auf bestimmte Produkte lenken. Der Vorteil liegt auf der Hand: Die Influencer sind beliebt, ihre Follower wenden sich ihnen aktiv zu und haben Vertrauen in ihre Idole. [...] Doch die beiden sagen: „Wir wollen keine Influencer sein. Keine Werbetafeln. [...] Wenn wir keinen Spaß an einer Sache haben, machen wir es nicht". Aber natürlich haben die Zwillinge längst verstanden, wie sich aus dem Internetruhm wirtschaftlicher Gewinn in der realen Welt generieren lässt: Ihre Follower können Fanartikel der Zwillinge kaufen.

Text verändert

2 Fasse zusammen, wie die Zwillinge Lisa und Lena zu Unternehmerinnen mit einem Onlineshop wurden.

3 a) Beurteile, ob die Zwillinge mit ihrem Onlineshop Werbung für bestimmte Artikel machen.
  b) Diskutiert darüber, ob Werbung durch digitale Vorbilder für euch ein Problem ist. Fishbowl

4 Recherchiere zu angesagten Influencerinnen und Influencern (siehe Methode S. 136) und präsentiere dein Ergebnis (Methode S. 180).

Die Medien und du

Wie erkennt man Fake News?

Fake News

Was sind Fake News?
Vielleicht hast du schon einmal von Fake News gehört oder das Wort im Internet gelesen. Wörtlich übersetzt bedeutet **Fake News** gefälschte Nachrichten. Man kann auch Falschnachrichten sagen. Es sind also Nachrichten, die absichtlich falsch verbreitet werden. Fake News können **Gerüchte**, falsche **Behauptungen** oder **Lügen** sein. Sie können in Form von Texten, Fotos oder Videos verbreitet werden. Im Internet und den sozialen Medien werden Fake News besonders schnell verbreitet, weil die Nutzerinnen und Nutzer sie mit nur wenigen Klicks weiterleiten können.

Link: Spiel zum Thema Fake News

Verbreitung von Fake News
Kinder und Jugendliche erhalten in den sozialen Medien viele Informationen und Nachrichten. Das passiert vor allem über Freundinnen und Freunde, die Inhalte teilen und veröffentlichen. Kommt eine Information von einer Person, der man vertraut, halten wir sie für richtig. Aber nicht alle Informationen, die von vertrauten Personen kommen, sind wahr. Es ist wichtig, dass du ein **gesundes Misstrauen** im Umgang mit Informationen im Netz entwickelst.

Warum gibt es Fake News?
Manche Menschen erstellen Fake News aus Spaß und verbreiten sie. Die meisten Fake News werden aber aus zwei Motiven in die Welt gesetzt: um Geld zu verdienen und um Menschen zu beeinflussen.

Wir fallen auf Sensationsmeldungen rein
Webseitenbetreiber verdienen ihr Geld mit Werbung. Je mehr Menschen ihre Seite anklicken, desto mehr Geld erhalten sie. Damit möglichst viele Menschen ihre Seite besuchen, locken sie die Nutzerinnen und Nutzer mit interessanten oder berührenden Überschriften an. Überschriften wie *„Du wirst nie glauben was hier passiert!"* machen uns neugierig. Oft findet man auf der Seite selbst jedoch nur wenig nützliche Informationen. Bevor du etwas anklickst, solltest du daher nachdenken, ob man dich nur auf die Seite locken will oder ob du richtige Informationen erwarten kannst.

A Erkläre den Begriff Fake News.
B Nenne Gründe, warum Fake News verbreitet werden.
C Begründe, warum Menschen auf Sensationsmeldungen hereinfallen.

Fake News | Digital+
WES-117685-510

Überschriften locken uns an

M1 *Clickbait oder ernstzunehmende Seite?*

> Aktuelle Studien belegen, dass Tinte ihre Kinder explodieren lässt!

> Zahl der gebrauchten E-Autos steigt.

> Mann schluckt täglich Tonnen an Lebensmitteln und nimmt einfach nicht zu. Hier erfahren Sie wie!

> Sie werden nie glauben, wie dieser Action-Star aus den 90ern heute aussieht!

> Mallorca räumt nach Schneechaos auf

> Dieser Kerl überlebte einen Flugzeugabsturz. Doch was dann geschah, wird Sie schockieren!

1 a) Besprecht bei welchen Überschriften es sich um Clickbait handeln könnte.
  b) Hast du eigene Erfahrungen mit Clickbait gemacht? Notiere deine Erfahrungen.
  c) Beurteile, inwiefern Clickbaiting zur Gefahr werden kann.

Clickbait „To bait" bedeutet ködern. Clickbaiting meint, dass Menschen durch aufregende oder berührende Überschriften geködert (angelockt) werden und die Webseiten deshalb oft anklicken.

Fake News erkennen

M2 *Wahr oder falsch?*

Den Klimawandel gibt es nicht! Die Regierung hat ihn erfunden.

Durch den Klimawandel wird der Meeresspiegel ansteigen!

2 Suche die wahre und falsche Aussage heraus. Begründe deine Entscheidung.

Die Medien und du

Falschmeldungen in Text und Bild

M3 *Kann das wahr sein?*

Schock für Schülerinnen und Schüler in NRW: Sommerferien werden ab diesem Jahr verkürzt

Am Montag hat das Bildungsministerium des Landes Nordrhein-Westfalen bestätigt, was viele Schülerinnen und Schüler befürchtet haben. Wegen der vielen ausgefallenen Unterrichtsstunden während der Coronapandemie, müssen alle Kinder der Klassen 3 bis 10 nun auch in den Ferien in die Schule. Statt wie üblich sechs Wochen, soll es in NRW nur noch zwei Wochen Sommerferien geben. Damit hofft man, die verlorene Unterrichtszeit aufholen zu können. Schülerinnen und Schüler sind schockiert. Manche Erwachsene freuen sich aber auch über die Nachricht. Ein Mann aus Bottrop äußerte sich dazu wie folgt: „Wenn Kinder schon nicht wie wir Erwachsenen arbeiten können, sollen sie wenigstens mehr Zeit in der Schule verbringen. Besonders in den Sommerferien toben sie immer so laut in unserer Nachbarschaft. Das muss ein Ende haben!" Die verkürzten Sommerferien gelten ab 2023 bis mindestens 2025. Dann wird neu entschieden.

Wegen zu viel Unterrichtsaufall während der Corona-Pandemie müssen die Sommerferien nun gekürzt werden

M4 *Auch Bilder können manipuliert werden*

Plakat bei einem Klimastreik im Jahr 2022

3 **a)** Beschreibe die Gründe, welche in M3 für verkürzte Sommerferien angegeben werden.
   b) Beurteile, ob die Nachricht stimmen kann.

4 Stell dir vor du würdest das Foto in M4 verändern (manipulieren) wollen. Welche Aussage könnte stattdessen auf dem Plakat stehen?

5 Warum werden Fotos oder Nachrichten „gefaket"? Diskutiert über eure Ideen.

Fake News | Digital+
WES-117685-510

Bilder rückwärts suchen

M5 *Anleitung zur Bilder-Rückwärtssuche auf Chip.de**

Mit einer Suchmaschine kannst du herausfinden, woher ein Bild kommt.
Dann kannst du besser entscheiden, ob ein Bild echt ist oder nicht.
1. Öffne eine Suchmaschine deiner Wahl, zum Beispiel Google oder Bing.
2. Rechts neben der Suchzeile klickst du auf das kleine Kamera-Symbol
3. Dort wähle den Bereich „Bild hochladen" aus.
4. Klicke nun auf „Datei auswählen". Nun kannst du das Bild auswählen und auf „Öffnen" klicken.
5. Nun wird dein Bild hochgeladen und gesucht. So gelangst du zu der Website, von der das Bild kommt.

*Text verändert

6 a) Probiere die Rückwärtssuche von Bildern aus. Nutze dafür etwa das Bild in M5 oder eigene Beispiele.
b) Wie kann die Rückwärtssuche von Bildern helfen, gefälschte Bilder zu erkennen? Diskutiere.
Think-Pair-Share

Projekt – Fake News aufdecken

M6 *Nachrichten und Bilder unter die Lupe nehmen! Bundeszentrale für politische Bildung**

Check die Quelle:
- Wer hat den Text geschrieben oder das Foto gemacht? Ist ein Autor angegeben?
- Von welcher Webseite stammt die Nachricht oder das Bild? Gibt es ein Impressum mit Namen und Adresse?
- Werden die Nachrichten auch auf anderen Nachrichtenseiten angezeigt?

Check die Bilder:
- Führe eine Bilderrückwärtssuche durch.
- Stelle W-Fragen:
  – Wo wurde das Bild aufgenommen?
  – Von wem wurde es aufgenommen?
  – Wann wurde es aufgenommen?
  – Wer schickt das Bild herum?

Hinterfrag die Nachricht:
- Schockiert die Überschrift?
- Ist die Überschrift sehr emotional aufwühlend und sorgt für Angst oder Hass?

Leite nicht einfach Nachrichten weiter:
- Könnte die Nachricht anderen Menschen schaden?
- Sprich mit deinen Bekannten, wenn Sie Falschnachrichten teilen.

*Text verändert

7 Überlegt euch in eurer Gruppe Ideen für ein Projekt „Fake News aufdecken".
a) Schaut euch dafür zuerst die beiden Filme an. Filme: Fake News
b) Besprecht die Tipps aus M6 „Nachrichten unter die Lupe nehmen".
c) Erstellt ein kurzes Video, einen Audiobeitrag, ein Rollenspiel oder einen Vortrag zum Thema „Fake News aufdecken – Nachrichten unter die Lupe nehmen".

Die Medien und du

Darf jeder einfach alles im Internet veröffentlichen und teilen?

Regeln und Rechte im Internet

Internet – kein rechtsfreier Raum
Vielleicht hast du schon einmal gehört, dass das Internet nicht vergisst. Das bedeutet etwa, dass Bilder von dir nie wieder richtig gelöscht werden können. Besonders ärgerlich ist es, wenn du das Bild nicht selbst hochgeladen hast, sondern es ohne dein Wissen passiert ist. Aber wie kannst du dich dagegen wehren? Das Grundgesetz in Deutschland schützt deine **Privatsphäre**, dies gilt natürlich auch im Internet.

Das Recht am eigenen Bild
Du darfst selbst bestimmen, ob und welche Bilder von dir veröffentlicht werden. Ohne deine **Erlaubnis** darf kein Bild von dir in den Sozialen Medien hochgeladen werden. Streng genommen müssen sogar erst alle Menschen auf einem Bild gefragt werden, bevor es veröffentlicht wird. Dies gilt auch bei Bildern unter Freunden. Solltest du dennoch ein Bild von dir im Internet finden, dann melde dich zuerst bei den Betreibern der Webseite, auf der das Foto zu sehen ist. In Sozialen Netzwerken kannst du das Bild melden. Bei drastischen Fällen kannst du sogar Anzeige erstatten.

Datenschutz
Informationen über dich, wie dein Alter, dein Name oder dein Wohnort nennt man im Internet **Daten**. Deine Daten gehören dir und sind geschützt. Das nennt man **Datenschutz**. Die Daten dürfen nicht von irgendwem benutzt oder veröffentlicht werden.

Das Urheberrecht
Im Internet sind viele Videos, Texte und Bilder öffentlich zugänglich. Sie sind aber durch das **Urheberrecht** geschützt. Das heißt, dass du sie nicht einfach selbst nutzen darfst. Du musst zuerst beim Ersteller um Erlaubnis fragen.
Hast du das Einverständnis nicht bekommen, handelst du illegal. Du kannst also für dein Handeln bestraft werden. Inhalte die du frei, also ohne Erlabunis, nutzen kannst, sind immer als solche gekennzeichnet.

A Fasse zusammen, welche Rechte im Internet gelten.

B Erkläre, wie die drei dargestellten Rechte deine Persönlichkeit schützen.

Privat oder öffentlich?
M1 *Was darf ich im Internet teilen?*

1 Meine Adresse

2 Meine Hobbys

3 Die Uhrzeit, wann meine Eltern zu Hause sind

4 Ein Foto von mir in der Badewanne

5 Ein Foto meines kleinen Bruders

6 Der Name meines Haustiers

7 Mein Lieblingsessen

8 Meine Telefonnummer

9 Meine Schuhgröße

10 Die Farbe meiner Unterwäsche

1 a) Unterteile die oben genannten Informationen in „privat" und „kann ich weitergeben/öffentlich teilen" ein.
b) Vergleicht eure Ergebnisse. Diskutiert die Fälle, in denen ihr euch nicht einig seid.
c) Diskutiert eure Ergebnisse in der Klasse.

Kugellager

Meine Persönlichkeitsrechte
M2 *Fallbeispiele*

Sidney spielt mit ihrem Handy. Plötzlich bekommt sie eine Nachricht. Ihre Freundin schreibt ihr, dass sie eine Liste mit Namen, Adresse, Geburtstag und E-Mail-Adresse von ihr gefunden hat. Sidney ist verwundert, da sie diese Liste selbst nicht erstellt hat.

Am letzten Wochenende hat Jonah Geburtstag gefeiert. Es wurden viele Fotos geschossen, besonders von den Gästen bei unterschiedlichen Spielen im Garten. In der Schule wird Jonah von einem Freund angesprochen, der ziemlich sauer ist. Jonah hat mehrere Bilder von ihm hochgeladen. Der Freund wäre gerne vorher gefragt worden.

Marie hat an einem Biologiewettbewerb teilgenommen und einen Text über ihre Experimente geschrieben. Sie hat einen Preis gewonnen und ihr Text wurde auf einer Webseite veröffentlicht. Einige Jahre später blättert sie durch eine Zeitschrift für Jugendliche zum Thema Biologie und findet ihren Artikel. Sie wurde nicht gefragt, ob der Text veröffentlicht werden darf.

2 a) Erläutere mithilfe der Fallbeispiele M2 welche Persönlichkeitsrechte nicht beachtet wurden.
3 a) Diskutiert in der Klasse, wie man sich in den Fallbeispielen in M2 im Vorfeld schützen kann.
b) Beschreibt Möglichkeiten, um euch zu wehren, wenn eure Rechte eingeschränkt werden.

Stühletausch

Die Medien und du

Wie wichtig sind Medien im Alltag?
Digitale Medien bieten Spaß und interessante Möglichkeiten. Jedoch entstehen auch Risiken, weil die Daten von Millionen von Menschen gespeichert werden. Problematisch kann es auch sein, wenn viele Jugendliche sehr viel Zeit online verbringen. Auch beeinflussen uns Medien darin, was wir denken und wie wir uns fühlen.

Welche Aufgaben haben Massenmedien?
Massenmedien wie Radio, Internet und Zeitungen berichten über Themen oder politische Entscheidungen aus der Kommune, dem Land oder der Welt. Die Medienvielfalt hilft dir, Informationen miteinander zu vergleichen und dir eine eigene Meinung zu bilden.

Welche Verantwortung hast du online?
Werden Menschen in sozialen Netzwerken beleidigt, spricht man von Cybermobbing. Für junge Menschen ist das besonders schlimm. Folgen können ein negatives Selbstbild oder psychische Krankheiten sein. Bemerkst du Cybermobbing, solltest du handeln.

Wie nehme ich mich und andere im Netz wahr?
Sich in den sozialen Netzwerken darzustellen ist Teil der Persönlichkeitsentwicklung von Kindern und Jugendlichen. Oft werden Beauty-Filter verwendet. Das kann Spaß machen. Es kann aber auch dazu führen, dass man mit dem eigenen „echten" Aussehen nicht mehr zufrieden ist.

Wie erkennt man Fake News?
Fake News sind Nachrichten, die absichtlich falsch verbreitet werden. Es können Gerüchte, falsche Behauptungen oder Lügen sein. Die meisten Fake News werden aus zwei Motiven in die Welt gesetzt: um Geld zu verdienen und um Menschen zu beeinflussen.

Darf jeder einfach alles im Internet veröffentlichen und teilen?
Du darfst selbst bestimmen, ob und was von dir online veröffentlicht wird. Ohne deine Erlaubnis darf zum Beispiel kein Bild von dir in den Sozialen Medien hochgeladen werden. Deine Daten gehören dir. Das nennt man Datenschutz. Die Daten dürfen nicht von irgendwem benutzt oder veröffentlicht werden. Im Internet sind viele Videos, Texte und Bilder öffentlich zugänglich, aber durch das Urheberrecht geschützt.

Wichtige Begriffe
Medien, Smartphone, digitale Revolution, Kommunikation, Medienkompetenz, Privatsphäre, Cybergrooming, Massenmedien, WWW (World Wide Web), Massenmedien, Pressefreiheit, soziale Medien, Cybermobbing, Beauty-Filter, Selbstdarstellung, Influencerin/Influencer, Followerin/Follower, Werbeträger, Fake News, Datenschutz, Urheberrecht, Recht am eigenen Bild

Medien: früher und heute

M1 *Brief*

M2 *Messengernachricht*

1 a) Ordne M1 und M2 begründet in die Begriffe „alte Medien" und „neue Medien" ein.
b) Erläutere, weswegen die „neuen Medien" unsere Kommunikation stark verändert haben.

Soziale Medien und Cybermobbing

M3 *Mobbing im Internet*

2 a) Erkläre den Begriff „Cybermobbing" auch mithilfe der Darstellung.
b) Nenne Folgen von Cybermobbing.
c) Erläutere jeweils drei Verhaltensweisen, wie du als Opfer und als Beobachterin oder Beobachter mit Cybermobbing umgehen kannst.

Regeln und Rechte im Internet

M4 *Achtung Fehler!*

A Videos, Texte und Bilder aus dem Internet kann ich einfach nutzen und ich muss niemanden dafür fragen.

B Daten, die ich über mich selbst im Internet poste, dürfen von jedem genutzt werden. Immerhin habe ich sie selber dort hochgeladen.

C Fotos von anderen darf ich auf Social Media posten, dafür muss ich die andere Person nicht fragen.

3 a) Berichtige die drei Aussagen.
b) Begründe, weswegen die Persönlichkeitsrechte im Internet wichtig sind.

Vorbilder aus dem Internet

M5 *Schüttelrätsel*

1. FLU - **IN** - CE - EN - RIN
2. FUNK - BILD - TI - ON - **VOR**
3. GER - BE - TRÄ - **WER**
4. LO - **FOL** - WER
5. BE - GE - SICHT - **WER**
6. KEN - **LI**

4 a) Bringe die Silben der gesuchten Begriffe in die richtige Reihenfolge. **Tipp:** Die fett gedruckte Silbe ist die Anfangssilbe.
b) Erkläre mindestens drei der gesuchten Begriffe.

Lösungen: Lerncheck

Dein Einkauf und die Umwelt

Kapitel 6

- Welche Folgen hat mein Kaufverhalten für mich und andere?
- Wie beeinflusst uns Werbung?
- Wie können wir unsere Umwelt schützen?

Dein Einkauf und die Umwelt

Was beeinflusst unser Kaufverhalten?

Einkauf in einem „Unverpacktladen" in Dortmund

Beeinflussung des Kaufverhaltens

Unsere Bedürfnisse verändern sich
Der Mensch hat schon immer Kleidung, Nahrung und eine sichere Bleibe benötigt. Auch in der Steinzeit wollte er nicht frieren, hungrig sein oder im Regen nass werden. Das ist bis heute so geblieben. Doch manche Bedürfnisse haben sich im Laufe der Menschheitsgeschichte verändert. Eine sichere Bleibe sieht heute anders aus als in der Steinzeit. Verschiedene **Faktoren** bestimmen, wie unsere Bedürfnisse aussehen und was wir kaufen. Sie beeinflussen unser **Kaufverhalten**.

Persönliche Faktoren
Zu den **persönliche Faktoren** zählen dein Alter und dein Einkommen. Junge Menschen haben andere Bedürfnisse als ältere Menschen. Wie viel Geld wir zur Verfügung haben bestimmt ebenfalls, was wir kaufen.

Soziale Faktoren
Menschen werden durch ihr **soziales Umfeld** in ihren Kaufentscheidungen beeinflusst. Das können Freundinnen und Freunde, Mitschülerinnen und Mitschüler oder Familienmitglieder sein. Sind bestimmte Kleidungsmarken angesagt, dann kaufst du dir vielleicht ebenfalls diese Marken. So fühlst du dich zugehörig.

Psychologische Faktoren
Zu den **psychologischen Faktoren** zählt etwa die eigene Einstellung zu bestimmten Dingen. Wenn du gegen Massentierhaltung bist, beeinflusst dies die Art und Weise wie du dich ernährst. So wirst du vielleicht nur noch vegetarisch essen wollen. Ein weiterer Faktor ist die Motivation. Sind deine Finger im Winter kalt, hast du die Motivation, dir Handschuhe zu kaufen.

Kulturelle Faktoren
Kulturelle Faktoren können zum Beispiel Ernährungsgewohnheiten sein. Kocht man in deiner Familie häufig asiatisches Essen, benötigst du andere Zutaten, als wenn oft italienische oder deutsche Gerichte gekocht werden.

A Erstelle eine Mindmap zu den unterschiedlichen Einflussfaktoren auf das Kaufverhalten (siehe Methode auf Seite 26).

B Nenne zu jedem Einflussfaktor auf das Kaufverhalten zwei Beispiele.

C Beschreibe, welche Menschen oder Umstände in deinem Umfeld dich schon einmal bei einer Kaufentscheidung beeinflusst haben. Begründe.

Die Beeinflussung des Kaufverhaltens
M1 *Erik und Justin unterhalten sich*

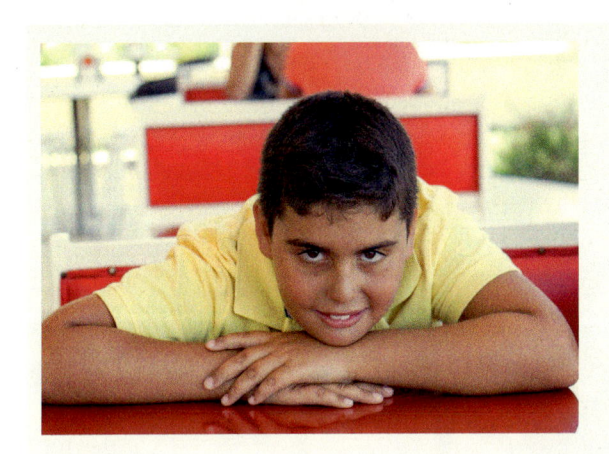

> Hey Erik, hast du dir schon das neue Deospray geholt, das in der Fernsehwerbung von unserem Fußballstar angepriesen wird?

> Ja, das ist voll gut! Bald soll passend dazu ein Duschgel angeboten werden. Das wünsche ich mir.

> Ich mir auch! Das wird wirklich richtig gut. Wenn der das empfiehlt, kann es nur super sein.

> Das Deo ist übrigens online richtig schlecht bewertet. Das waren bestimmt alles Hater.

> Echt, so schlecht bewertet? Eigentlich gucke ich mir die Bewertungen immer an und vertraue denen. Da kann dann was nicht stimmen.

Hater (hate = Hass, engl.): Menschen die im Internet feindselige Kommentare abgeben und Beleidigungen schreiben.

---

1. Wähle eine Aufgabe aus:
   - **a)** Beschreibe, wie sich Erik und Justin in M1 beeinflussen lassen.
   - **b)** Erkläre, wie sich Erik und Justin in M1 beeinflussen lassen. Nimm dazu kritisch Stellung.
   - **c)** Entwickle Ideen, wie Erik und Justin sich vor dem Kauf gut über das Produkt informieren könnten.
2. Hast du dich schon einmal von Online-Bewertungen bei einem Kauf beeinflussen lassen? Entwickle einen Dialog wie in M1.
3. Fishbowl
   - **a)** Schaut euch gemeinsam den Kurzfilm an. Film: Verändertes Kaufverhalten
   - **b)** Diskutiert im Anschluss die Vorteile und Nachteile der dargestellten Veränderungen.

Dein Einkauf und die Umwelt

Welche Tricks bringen uns im Supermarkt dazu, mehr zu kaufen als wir wollen?

Einkaufsfalle Supermarkt

Einkauf im Supermarkt – kein Problem?

Ein Einkauf im Supermarkt – eigentlich eine zügige Angelegenheit, die schnell erledigt sein sollte. Einkaufszettel raus, die Produkte suchen und in den Einkaufswagen legen. Dann alles auf der Liste abhaken und ab zur Kasse, um zu bezahlen – fertig!

Wohlfühlen im Supermarkt

Doch so einfach ist es nicht. Sehr viele Expertinnen und Experten beschäftigen sich damit, dass ein solcher schneller Einkauf nicht passiert. Warmes Licht, leise Musik und eine angenehme Raumtemperatur tragen dazu bei, dass sich Kundinnen und Kunden wohlfühlen. So bleiben sie länger im Supermarkt und kaufen auch mehr, als sie sich eigentlich vorgenommen haben.

Verkaufsstrategien im Supermarkt

Wie der Supermarkt aussieht und aufgebaut ist, ist genau geplant. So werden **Verkaufsstrategien** entwickelt, nach denen Supermärkte eingerichtet werden. Schon die Einkaufswagen sind meist sehr groß. Der Grund ist nicht, dass unsere Einkäufe so viel Platz brauchen. Vielmehr sollen die Einkäufe im Wagen weniger aussehen. So bekommen wir das Gefühl, dass noch etwas fehlt und wir noch gar nicht so viel gekauft haben. Dadurch kaufen wir unbewusst mehr oder kaufen Dinge, die wir gar nicht unbedingt brauchen.

Ein Einkauf will geplant sein

Um nicht in diese Einkaufsfallen zu tappen ist es wichtig, dass du sie kennst und damit umgehen kannst. So kannst du mit offenen Augen in den Supermarkt gehen und vergleichen, ob es nicht bessere Angebote gibt.

Ebenfalls ist es wichtig, dass du deinen Einkauf genau planst, beispielsweise durch einen Einkaufszettel, an den du dich hältst. So nimmst du nur das mit, was du wirklich brauchst.

A Beschreibe, was mit „Wohlfühlen" im Supermarkt gemeint ist.

B Erläutere die Strategien im Supermarkt.

Ein Einkauf will geplant sein

M1 *Frau und Herr Kalinowski gehen einkaufen*

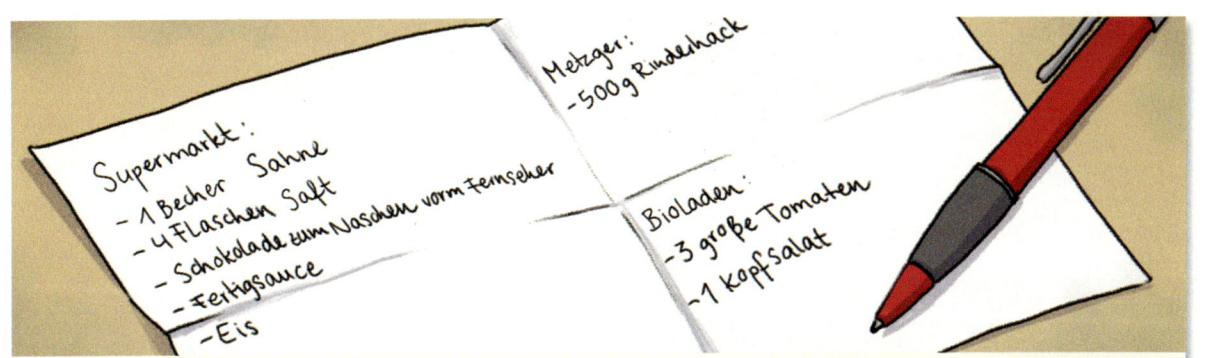

Frau und Herr Kalinowski kommen am späten Nachmittag nach einem langen Arbeitstag nach Hause. Sie merken, dass sie noch einkaufen müssen. Obwohl beide recht müde und hungrig sind, schreiben sie einen Einkaufszettel und
5   machen sich auf den Weg.

Im Supermarkt merken beide, dass sie den Einkaufszettel verloren haben. Aber sie denken sich „Egal, so schwer wird es nicht sein, dass wir uns erinnern." In der Gemüseabtei-
10 lung nimmt Frau Kalinowski einen Strauch Tomaten und einen Kopfsalat. Beides legt sie in den Einkaufswagen. Auf dem Weg in den hinteren Bereich des Supermarktes fällt den beiden ein, dass sie noch etwas zum Naschen kaufen wollten. Etwas unschlüssig vor dem Regal wählen sie einfach etwas aus, dass sie genau in der Griffhöhe haben. So landen zwei Tüten Bonbons in ihrem Wagen. Ein Regal weiter sehen sie eine Flasche Wein. Vor allem das Etikett spricht sie an, also legen sie die Flasche in ihren Einkaufswagen. Im Kühlbereich
15 holen sie Sahne. Beim Anblick der Joghurts bekommen sie beide Heißhunger. Auch der Frischkäse sieht sehr gut aus. Eine Packung Eis nehmen sie ebenfalls mit. Auf dem Weg zur Kasse kommen sie an den großen Auslegetischen mit Sonderangeboten vorbei. Sie stöbern etwas im Angebot und zwei der Sonderangebote legen sie in ihren Einkaufswagen. Ebenfalls sind Inline-Skater im Angebot. Ihre Tochter Maren hat sich genau diese für ihren Geburtstag in drei Monaten gewünscht. So ein Glück. So billig werden sie wahrscheinlich keine
20 mehr bekommen!

Frau und Herr Kalinowski gehen zur Kasse und zahlen. Sie haben allerdings ihren Einkaufskorb vergessen, also müssen sie zwei Papiertüten kaufen, damit sie ihren Einkauf nach Hause transportieren können. Sie laden alles ins Auto und fahren dann weiter zum Metzger. Ihnen fällt ein, dass sie eigentlich noch Fertigsau-
25 cen kaufen wollten, aber beim Metzger bekommen sie nur teure vom Metzger selbstgemachte Saucen. Sie wissen, dass diese gut schmecken und nehmen deswegen zwei Packungen mit.

1 a) Fasse die Geschichte von Frau und Herr Kalinowskis Einkauf in eigenen Worten zusammen.
 b) Beschreibe, was Frau und Herr Kalinowski falsch gemacht haben könnten.
 c) Entwickle Tipps, um einen Einkauf besser zu planen und um weniger auf die Verkaufstricks in einem Supermarkt hereinzufallen.

Einkaufsfalle Supermarkt

Verkaufsfallen im Supermarkt

M2 *Die Bremszone*

Damit möglichst viel Zeit im Supermarkt verbracht wird, brauchen Kunden nicht nur große Einkaufswagen, sondern auch etwas, das sie abbremst. Diese Aufgabe soll Obst und Gemüse am Eingang erledi-
5 gen. Die richtige Auswahl braucht Zeit und verlangsamt so das Tempo beim Einkaufen..

M3 *Die Musik und die Beleuchtung*

Musik dient dazu, sich zu entspannen. So soll es in einem Supermarkt nie still sein, da er sonst leblos wirken könnte. Forscher haben herausgefunden, dass Lieder, die genau zum Herzschlag des Men-
5 schen passen, am wirksamsten sind.

M4 *Die Beleuchtung*

Im richtigen Licht wirkt alles viel appetitlicher. Obst und Gemüse sehen im Sprühnebel frischer aus und durch das Licht wirkt es in diesem Teil des Supermarktes zudem wärmer. In der Fleischabteilung
5 wird rotes Licht eingesetzt. So sieht das Fleisch frisch und saftig aus.

M5 *Die Regale*

Die Regale sind in vier Zonen aufgeteilt:
– (1) Reckzone (über 180 Zentimeter)
– (2) Sichtzone
– (3) Greifzone
5 – (4) Bückzone (unter 60 Zentimeter)

Produkte der **Sichtzone (2)** werden am besten gesehen und können bequem in den Einkaufswagen gelegt werden. Hier befinden sich die teuersten Arti-
10 kel. In der **Greifzone (3)** werden Neuheiten angeboten. Man kann sie ebenfalls gut erreichen.
Am wenigsten werden Produkte in der Bückzone und in der Reckzone beachtet. Hier sind häufig Artikel zu finden, die günstig sind. In der **Reckzone (1)**
15 haben es selbst große Personen schwer, an die Artikel zu kommen. Um Artikel in der **Bückzone (4)** zu erreichen, muss man erst den Körper beugen.

M6 *Die Gangbreite*

Sind die Gänge breit, kann man schnell durch den Laden gehen und wird kaum abgebremst. In engen Gängen können sich die Kundinnen und Kunden bedrängt und gestört fühlen. Ist der Gang zu breit,
5 läuft man zu schnell durch den Supermarkt. Die ideale Gangbreite beträgt zwei Meter.

M7 *Sonderangebote*

Oft sind die Gänge mit Hindernissen versehen. So stehen Paletten im Weg. Sie sollen der Einkäuferin oder dem Einkäufer vermitteln, hier gäbe es etwas nur für kurze Zeit. Man greift also schnell zu. Kleine
5 Mengen von Einkaufswaren sehen exklusiv und teuer aus. Große Mengen wirken billig. Ein anderer Trick sind große Hinweisschilder mit Sonderangeboten. Manchmal wurde der Preis aber gar nicht verändert.

M8 *Die Verpackung*

Bei Großpackungen haben Kundinnen und Kunden das Gefühl, den günstigsten Preis gefunden zu haben, da sie einen Mengenrabatt vermuten. Das ist aber nicht immer der Fall. Viele Großpackungen sind
5 außerdem gar nicht so voll, wie sie aussehen.

M9 *Die Quengelware*

Der Ort im Supermarkt, an dem Kundinnen und Kunden häufig warten müssen, ist die Kasse. Rechts und links stehen Zeitschriften, Süßigkeiten, Alkohol, Zigaretten und Sonderangebote. Weiter unten sind
5 extra Waren für Kinder platziert, damit sie diese genau sehen können. Wer wartet, dem wird langweilig. So nimmt man oftmals noch schnell etwas mit, obwohl man es eigentlich nicht braucht.

2 Arbeitet in Gruppen:
   a) Beschreibt, welche Verkaufstricks euch schon in einem Supermarkt aufgefallen sind.
   b) Wählt drei eurer Meinung nach wirkungsvolle Verkaufstricks heraus und begründet eure Entscheidung.
   c) Entwickelt eigene Ideen, um im Supermarkt nicht in die Verkaufsfallen zu tappen.
   d) Führe mithilfe des Zusatzmaterials eine eigene Erkundung in einem Supermarkt durch. Zusatzmaterial für eine Supermarkterkundung

Dein Einkauf und die Umwelt

Wie beeinflusst uns Werbung?

Pressekonferenz nach einem Handballspiel in Köln

Beeinflussung durch Werbung

Werbung überall
Werbung findest du immer und überall – ob im Internet, an Bushaltestellen, im Fernsehen, in Zeitschriften, oder in Filmen und Musikvideos. So tauchen in Filmen und Serien manchmal plötzlich bestimmte **Markenartikel** auf. Du nimmst sie ganz nebenbei wahr: das neuste Smartphone, Markenkleidung, ein Kosmetikprodukt oder Getränke. Das nennt man **Produktplatzierung** („Schleichwerbung"). Du merkst dabei oft gar nicht, dass es sich um Werbung handelt, aber willst das Produkt dann unbedingt haben.

Werbung soll zu dir passen
Besonders im Internet spielt Werbung eine große Rolle. So zeigt dir jede Internetseite Werbung, die zu dir passt. Gerade die großen Suchmaschinen oder die sozialen Netzwerke sammeln Informationen, sogenannte **Daten**, von dir. Jedes Foto, jede Nachricht und auch jeder **Like** werden genau analysiert. Dadurch können sie dir Werbung zeigen, die dir gefällt. Mit nur einem Klick führt die Werbung dich dann zur Produktseite.

Werbung will Gefühle wecken
Grundsätzlich ist Werbung nichts Schlechtes, denn du wirst informiert und bekommst neue Dinge gezeigt, die dich interessieren könnten. Dennoch möchte Werbung auch ein bestimmtes Gefühl bei dir wecken, welches dich dann dazu bringt, etwas zu kaufen. Das ist zum Beispiel: „Wenn du dieses Smartphone besitzt, dann wirst du dich glücklich fühlen" oder „Wenn du diesen Saft trinkst, lebst du gesünder." Um dich als Kundin oder Kunden zu gewinnen, geben die Unternehmen viel Geld aus. Durch einen bestimmten Schriftzug oder ein **Logo** sollst du die **Marke** direkt erkennen. Verbindest du mit einer Marke gute Qualität oder ein positives Gefühl, kaufst du Produkte der Marke gern immer wieder.

Link: Film zu personalisierter Werbung

A Beschreibe die Ziele von Werbung.
B Begründe, warum Unternehmen viel Geld für Werbung ausgeben.
C Nimm Stellung zu der Frage, ob Werbung gut oder schlecht zu bewerten ist.

Beeinflussung durch Werbung | Digital+
WES-117685-603

Wir sind von Werbung umgeben

M1 *Beispiele für Werbung*

A So schnell wie nie!
WALKER. Dein Schuh

B Das neue RX5 Phone
Eröffnet dir die ganze Welt
Und noch viel mehr

C Käse-Level 10.000
Käsiger als alles, was du je gegessen hast!
Pizza Käse-Eskalation 8,99 €

D Erlebe den ICE TEA Frische-genuss!

E jam
LOREMIPSUM
jam Red Apple
12 oz 340g Contains exclusively natural ingredients Organic/Quality/Fruit Jam
Die beste Marmelade deines Lebens

Vergrößerte Abbildungen A-E

1. **a)** Erkläre, welche Werbung dich in M1 besonders anspricht.
   b) Begründe, warum dich diese Werbung überzeugt.
2. **a)** Finde eigene Werbebeispiele aus dem Internet oder Zeitschriften. Galeriegang
   b) Diskutiert in der Klasse, ob euch die Werbeanzeigen ansprechen.
3. Analysiere eine Werbung deiner Wahl (siehe Methode auf Seite 166).
4. Erstellt in Kleingruppen eine eigene Werbung zu einem Produkt eurer Wahl. Diskutiert eure Ergebnisse anschließend in der Klasse. Galeriegang

Werbung analysieren

Werbung ist überall. Das ist dir bestimmt auch schon aufgefallen. Es ist wichtig zu verstehen, wie Werbung funktioniert. Denn so weißt du auch besser, ob du ein Produkt wirklich kaufen willst, weil du es brauchst. Es kann nämlich auch sein, dass die Werbung dich dazu gebracht hat, es unbedingt haben zu wollen.

Werbung versucht, deine Bedürfnisse anzusprechen. Das kann beispielsweise unser Hunger oder Durst sein. Auch das Gefühl, zu einer Clique dazuzugehören, weil man die gleichen tollen Kleidungsstücke trägt ist ein Bedürfnis. Indem Werbung solche Bedürfnisse anspricht, versucht sie dich zu beeinflussen.

Mit den folgenden Schritten kannst du lernen, wie Werbung funktioniert und wie du mit Werbung umgehst.

1. Schritt: Erste Eindrücke

Schaue dir das Beispiel M1 auf der nächsten Seite genau an. Nimm dir dafür eine oder zwei Minuten Zeit. Notiere anschließend auf einem Zettel deine ersten Eindrücke zu der Werbung und was du empfindest. Die folgenden Fragen können dir dabei helfen:
- Was siehst du in der Werbung?
- Welche Farben werden verwendet?
- Wie ist die Werbung gestaltet?
- Findest du die Werbung spannend/langweilig/...? Warum?
- Würdest du das Produkt aus der Werbung kaufen wollen? Warum/warum nicht?

Formulierungshilfen:
- Auf der Werbung sehe ich ...
- Es wird vor allem die Farbe rot/blau/grün/... verwendet. Zum Beispiel ...
- Die Werbung ist sehr bunt/eher hell/eher dunkel/... gestaltet.
- Ich finde die Werbung ..., weil sie mich ...
- Ich würde das Produkt kaufen/nicht kaufen, ...
- Mein erster Eindruck ist, dass ...

2. Schritt: Werbung beschreiben

Nun musst du die Werbung beschreiben, indem du folgende Punkte analysierst:
- Um welches Produkt geht es?
- Ist auf den ersten Blick erkennbar, welches Produkt gemeint ist?
- Wo wurde die Werbung veröffentlicht? (Internet, Zeitung, auf einem Plakat in der Innenstadt?)
- Wie ist die Werbung gestaltet?
- Wieviel Text wurde genutzt? Wie groß ist die Schrift?
- Welche Sprache wird genutzt? Soll es eher Jugendliche ansprechen?
- Welche Farben wurden genutzt? Wie groß ist das Bild? Welches Motiv wird gezeigt? Was erkannt man auf dem Bild?

Formulierungshilfen:
- Auf der Werbung wird das Produkt ...
- Die Werbung wurde ... veröffentlicht.
- Es wird wenig/viel Text verwendet. Die Schrift ist klein/groß, weil ...
- Die Sprache ist kompliziert/einfach/knapp gehalten, um ...
- Auf dem Bild ist zu sehen ...
- Im Vordergrund/im Hintergrund sieht man ...

3. Schritt: Werbung analysieren

Hier blickst du hinter die Werbung. Dabei helfen dir diese Fragen:
- An wen ist die Werbung gerichtet?
- Welche Gefühle werden angesprochen?
- Was möchte die Werbung erreichen?
- Welchen Nutzen hätte das Produkt für dich?
- Was erfährst du über das Produkt nicht?

Formulierungshilfen:
- Die Werbung soll vor allem ... ansprechen.
- Die Werbung möchte Gefühle wie Freude/Zugehörigkeit/Spaß/... ansprechen.
- Die Werbung möchte erreichen, dass ...

4. Schritt: Deine Meinung

Im letzten Schritt geht es darum, dass du dir deine eigene Meinung zu der Werbung bildest. Dabei solltest du deine Ergebnisse aus den bisherigen Schritten nutzen.
- Weckt die Werbung in dir positive oder negative Empfindungen?
- Überzeugt dich die Werbung?
- Welche Einstellungen möchte die Werbung zeigen?
- Was könnte für den Kauf wichtig sein und ist deswegen auf der Werbung mit aufgenommen?
- Ist die Werbung für eine Kaufentscheidung wichtig?

Formulierungshilfen:
- Die Werbung weckt in mir gute/schlechte Gefühle, weil …
- Die Werbung überzeugt mich/überzeugt mich nicht, weil …
- Die Einstellung, die angesprochen wird, ist, dass …
- Wichtig an der Werbung für den Kunden ist, dass …
- Die Werbung beeinflusst meine Kaufentscheidung/beeinflusst die Kaufentscheidung nicht, weil …

Eine Werbung analysieren

M1 *Beispiel für eine Fahrradwerbung*

Vergrößerte Abbildung

1 Wende die Schritte zur Analyse einer Werbung auf das Beispiel M1 an.

Musterlösung zur Werbung M1

Dein Einkauf und die Umwelt

Sind das tolle Tipps für mich als Followerin und Follower oder ist es Werbung?

Werbung in Sozialen Medien

Soziale Plattformen als Werbeträger

Werbung findest du nicht nur auf der Straße oder auf Plakaten, sondern in allen Medien. Besonders auf den **sozialen Plattformen** wie Instagram, TikTok, Facebook oder YouTube begegnet dir Werbung. Durch Umfragen und Untersuchungen hat die **Werbebranche** herausgefunden, dass sie hier Kinder und Jugendliche, also auch dich, besonders gut ansprechen kann.

Werbung in Sozialen Medien

Klassische Medien stellen den Menschen Werbung bereit. Diese wird angeschaut oder gelesen. Auf Sozialen Plattformen macht sich die Werbung zunutze, dass Menschen hier miteinander kommunizieren und Meinungen austauschen. So werden Inhalte, Erfahrungen oder Tipps geteilt und veröffentlicht.
Bei Werbung in Sozialen Medien steht die Person, die etwas bewirbt mit den Personen, die dieser folgen, in einer Unterhaltung. Influencerinnen und Influencer posten Videos oder Bilder von bestimmten Produkten, wie Kleidung, Kosmetika, Schmuck oder Spielen. Sie betonen die Vorteile der vorgestellten Produkte. Die Followerinnen und Follower reagieren mit Kommentaren und Likes. So entsteht ein vertrauliches Verhältnis. Werbung wird so nicht als Werbung wahrgenommen, sondern vielmehr als nette, persönliche Empfehlung.

Verführerische Werbung

Die meisten Influencerinnen und Influencer, die Vorbilder der Kinder und Jugendlichen sind, verdienen Geld mit ihren Posts. In kleinen **Werbevideos** oder in ihren Beiträgen bewerben sie die Produkte als einzigartig. Oft sind auch zeitlich begrenzte **Rabattcodes** eingebettet. Auf solche Tricks fallen nicht nur Kinder und Jugendliche, sondern auch Erwachsene herein.

A Erkläre die Besonderheit von Werbung auf Sozialen Plattformen.
B Beschreibe, mit welchen Tricks Werbung betrieben wird.
C Diskutiert über mögliche Gefahren durch Werbung auf Sozialen Netzwerken.

Meine Influencer und ich

M1 *Gründe, Influencerinnen und Influencern zu folgen*

- Es macht Spaß, mich mit ihr/ihm zu unterhalten.
- Ich bekomme Anregungen für neue Outfits.
- Ich erhalte Tipps für mein Computerspiel.
- Ich fühle mich als Teil der Community.
- Ich vertraue den Vorschlägen.
- Für den Kauf einer neuen Gaming-Tastatur werden mir Vor- und Nachteile erklärt.
- Ich werde immer persönlich angesprochen.
- Ich habe Rabatt bei meiner Bestellung bekommen.
- Was sie/er erzählt ist absolut glaubwürdig.
- Sie/er ist meine Freundin/mein Freund.

1 **a)** Erstelle eine Liste der fünf für dich wichtigsten Gründe Influencerinnen oder Influencern zu folgen.
b) Ergänze mit weiteren Gründen, die für dich wichtig sind. ⚬ Marktplatz
c) Diskutiert über die Vor- und Nachteile, Influencerinnen und Influencern zu folgen. ⚬ Fishbowl

Wie werden Kinder zum Kauf verleitet?

M2 *Influencer-Werbung: Wie Kinder zum Kauf verleitet werden, Hamburger Abendblatt, Dezember 2021**

Es geht um Mode, trendige Hobbys, coole Getränke, die neueste Kosmetik und vieles andere mehr, das Spaß macht, aber auch Geld kostet: Influencer-Werbung richtet sich oft auch an Kinder und Jugendliche. [...] Der Wunsch, die präsentierten Waren zu kaufen, ist [...] groß [...].

Zum schnellen Kauf angeregt werden die Kinder auch durch Links zu Onlineshops, die in zahlreiche Werbepostings eingebettet sind. Mitunter reicht ein Wischen nach oben auf dem Display aus, um zum Shop zu gelangen.

*Text verändert

2 **a)** Fasse die wesentlichen Aussagen des Textes zusammen.
b) Hast du schon ähnliche Erfahrungen gemacht? Besprich die Situation mit einer Partnerin oder einem Partner. ⚬ Lerntempoduett

Werbung in Sozialen Medien

Material

Werbung in Sozialen Netzwerken erkennen

M3 *Was ist eigentlich Werbung auf Social-Media? Ins Netz gehen, Infoportal für Mediennutzung, Bundeszentrale für gesundheitliche Aufklärung (BZgA)*

www.werbung-in-sozialen-netzwerken.net/unboxing

Hier die neue, frische Gesichtsmaske in der [...] Story und dort das Unboxing der besten Gaming-Mouse [...] – auf Social Media ist Werbung überall zu finden. Jedoch ist es nicht immer ersichtlich, dass es sich bei Inhalten um Influencer-Werbung handelt. [...] Wenn die Person hinter dem Account eine Gegenleistung erhält, wie Geld, kostenlose Produkte, Gutscheine oder eine Reise, ist das Werbung. [...] Daher kann es sein, dass nicht jeder Post einer Influencerin oder eines Influencers auch die tatsächliche Meinung über das Produkt zeigt. So werden zum Beispiel nur die Vorzüge des Produktes genannt, aber keine Nachteile. Deshalb kann man sich nicht immer sicher sein, ob die Aussagen in dem Bild oder dem Video wirklich wahr sind.

Unboxing: vom engl. to unbox für auspacken

3 a) Gib die wesentlichen Aussagen des Textes wieder. Lesekarussell
  b) Erkläre den Begriff „Unboxing". Lerntempoduett
  c) Nenne Möglichkeiten, wie du Werbung auf Social Media erkennen kannst.

Sinnfluencer – eine neue Form von Posts in Sozialen Medien

M4 *Sinnfluencer – Was ist das überhaupt?, Juli 2020**

Der Begriff ‚Sinnfluencer' setzt sich aus dem deutschen Wort Sinn und dem englischen Begriff Influencer zusammen. Er beschreibt in den sozialen Netzwerken aktive Personen, die durch ihr Interesse an sozialen, ökologischen oder politischen Themen eine breite Zustimmung im Netz erhalten. Das übergeordnete Ziel der sogenannten Sinnfluencer ist, ihren Einfluss zu nutzen, um Handlungs- und Konsumalternativen aufzuzeigen und eine nachhaltige Lebensweise zu fördern. Ihre Hauptthemen sind dementsprechend gerade in der Öffentlichkeit breit diskutierte Themen wie z.B. Klimaschutz, Plastikreduzierung oder Ernährung.

*Text verändert

4 a) Nenne Bereiche, mit denen sich Sinnfluencer in sozialen Netzwerken befassen.
  b) Erkläre den Begriff „Sinnfluencer".
  c) Begründe, ob du eher Influencern oder Sinnfluencern folgen würdest.

Werbung in Sozialen Medien | Digital+
WES-117685-605

Wie Sinnfluencer darum werben, in der Gesellschaft mitzuwirken

M5 *Bekannte Sinnfluencer, Text aus dem Online-Kinderlexikon Internet-ABC**

www.werbung-in-sozialen-netzwerken.net/beruehmte-sinnfluencer

Greta Thunberg ist eine berühmte Sinnfluencerin, die sich für die Umwelt einsetzt. In Videos, Fotos und Texten teilt sie ihr Anliegen über das Internet. So entstand die Protestbewegung „Fridays for Future" („Freitage für die Zukunft"). Die Idee: Freitags versammeln sich alle Menschen, die sich eine bessere Umweltpolitik wünschen.

Ein anderes Beispiel ist Rezo. Er wollte erreichen, dass mehr junge Menschen sich mit Politik beschäftigen. Eines von Rezos Videos hatte damals für viele Diskussionen gesorgt – nicht nur über die Politik. Das Video führte auch zu Überlegungen, wie Politikerinnen und Politiker sich mit jungen Menschen im Internet über ihre politische Arbeit austauschen sollten.

Was ist der Unterschied zwischen Influencern und Sinnfluencern? Berühmte Influencerinnen und Influencer [...] nutzen ihre Beliebtheit, um bestimmte Produkte zu bewerben – zum Beispiel Spielzeug oder Mode. Mit ihrer Werbung und dem Verkauf von Produkten verdienen sie Geld. Sinnfluencerinnen und Sinnfluencer setzen sich für Themen ein, die für die Gesellschaft wichtig sind: Kinderrechte, die Rolle der Frauen oder eine bessere Klimapolitik. Auch Sinnfluencerinnen und Sinnfluencer können mit ihrer Arbeit im Internet Geld verdienen.

*Text verändert

Greta Thunberg

Rezo

5 Bearbeite den Text mit Hilfe der Fünf-Schritt-Lesemethode (Methode S. 118).
6 a) Arbeite heraus, welche Ziele die Sinnfluencer Rezo und Greta Thunberg haben.
  b) Recherchiere, was sie auf Sozialen Medien veröffentlichen (Methode S. 136).
  c) Kennst du weitere Sinnfluencer? Berichte.
7 Beurteile die Arbeit von Sinnfluencern im Vergleich zu Influencern.

Dein Einkauf und die Umwelt

Wie verändert der Klimawandel unsere Umwelt?

Menschen verändern die Umwelt

Menschlicher Einfluss auf die Umwelt

Alles, was dich umgibt, ist unsere **Umwelt**. Menschen, Tiere und Pflanzen gehören zur Umwelt, genauso wie Erde, Luft oder Wasser. Schon seitdem Menschen an festen Orten leben, haben sie in die Natur, also in die Umwelt, eingegriffen und sie für sich verändert. Mit vielen Veränderungen geht auch der **Klimawandel** einher. Das Klima wandelt sich. Das ist zunächst ein natürlicher Vorgang. Allerdings verzeichnen wir seit 200 Jahren einen beschleunigten Klimawandel. Sichtbar wird das durch zunehmende **Umweltkatastrophen**.

Gründe für den Klimawandel

Der Hauptgrund für den beschleunigten Klimawandel ist das Handeln der Menschen. Durch uns gelangen sogenannte **Treibhausgase** in die Lufthülle, die **Atmosphäre**, die uns umgibt. Dadurch kann nicht mehr genug Wärme in den Weltraum entweichen. Wie die Luft in einem Treibhaus heizt sich die Erde auf. Eins dieser schädlichen Treibhausgase, das **Kohlenstoffdioxid (CO_2)**, entsteht vor allem in der Landwirtschaft, Energie- und Wärmegewinnung und im Verkehr. So wird auch bei der Herstellung und Beförderung von Lebensmitteln Treibhausgas freigesetzt.

Folgen des Klimawandels

Die größte Folge des Klimawandels ist die **Erderwärmung**. Diese kann nicht mehr gestoppt, sondern nur noch verlangsamt werden. Deshalb ist es das Ziel vieler Politiker der Welt, den Temperaturanstieg in den nächsten Jahrzehnten unter 2° C zu halten. Um dieses Ziel zu erreichen, muss vor allem der Ausstoß von CO_2 stark reduziert werden.

Auch in Deutschland hat sich das Klima in den letzten Jahren gewandelt. Das hat zur Folge, das Wetterextreme zunehmen, etwa Hitzeperioden, Trockenphasen, Starkregen oder Orkane. Auch Ernteausfälle, Waldbrände oder Überschwemmungen werden immer häufiger.

A Beschreibe das Bild und begründe, auf welcher Seite des Bildes du lieber leben möchtest.
B Nenne Gründe für den Klimawandel.
C Beschreibe Folgen des Klimawandels.
D Erkläre, was dein Essen und deine Kleidung mit dem Klimawandel zu tun haben könnten.
E Diskutiert die Aussage: „Wir alle können eine Menge für unsere Umwelt tun."

Wie verändert der Klimawandel unsere Umwelt?

M1 *Bundesministerium für Umwelt, 2017*

Seit vielen Jahrzehnten erwärmt sich das Klima auf der Erde. Dafür sind hauptsächlich wir Menschen verantwortlich. Wir verbrauchen sehr viel Energie. Energie für Heizung und Strom, Energie für das Auto oder Energie für die Herstellung all der Produkte, die
5 wir im täglichen Leben brauchen.
Den größten Teil dieser Energie erhalten wir, indem dafür Kohle, Erdöl und Erdgas verbrannt werden. Bei der Verbrennung entsteht [...] CO_2 und gelangt in die Luft. [...] Das CO_2 „verschluckt" Wärmestrahlung, die
10 der von der Sonne erwärmte Erdboden in die Luft abgibt. Deshalb [...] wird es wärmer auf unserem Planeten.

M2 *Klimawandel und Folgen, Hilfswerk Misereor*

Forscher [...] haben gemessen, dass es immer wärmer auf der Erde wird und zwar viel schneller als noch vor 100 Jahren. Es gibt einige Prognosen, dass bis zum Jahr 2100, also in
5 weniger als 100 Jahren, die weltweite Durchschnittstemperatur um bis zu fünf Grad Celsius ansteigt. Das ist Grund zur Sorge, auch wenn es auf den ersten Blick nicht viel erscheint. Extreme Wetterereignisse wie Stürme, Dürren und
10 Überschwemmungen werden immer häufiger vorkommen – und Menschen, Tiere und Pflanzen leiden oftmals darunter.

M3 *Beispiele zu den Folgen des Klimawandels*

A **B**

C **D**

1 Wähle eine Aufgabe aus:
   a) Beschreibe die Fotos und formuliere zu jedem Foto eine Bildunterschrift.
   b) Ordne den Fotos begründet extreme Wetterereignisse zu.
   c) Erläutere mithilfe der Materialien Klimawandel und die Folgen.
2 **a)** Entwirf eine Liste, wie du zum Einsparen von CO_2 beitragen kannst. Think-Pair-Share
   b) Diskutiert in der Klasse die Ergebnisse.
3 Recherchiere zu „Folgen des Klimawandels am Nord- und Südpol." Präsentiere deine Ergebnisse vor der Klasse (siehe Methode, S. 180).

Dein Einkauf und die Umwelt

> MEINE RESSOURCEN SIND FÜR DIESES JAHR VERBRAUCHT. BALD HABEN SIE MICH ERLEDIGT!

> HIMMEL... UND DANN BIN ICH DRAN!!

Haben wir die Ressourcen unseres Planeten bald aufgebraucht?

Ressourcen – Schätze der Natur

Ressourcen und Wirtschaft

Die natürlichen **Ressourcen**, die Schätze der Natur, sind die Grundlage vieler Produkte, die wir jeden Tag verwenden. Sie können aber auch eine wichtige Energiequelle sein. Natürliche Ressourcen sind etwa Rohstoffe wie Kohle, Erdöl, Erdgas oder metallhaltige Gesteine. Auch Wasser, Boden und Luft gehören dazu. Sie sind von großer wirtschaftlicher Bedeutung für die Menschen. So sind in jedem modernen Smartphone etwa 30 Metalle verbaut. Die Metalle sind zum Teil sehr selten. Die deutsche Bundesregierung hat deshalb 2020 ein Programm beschlossen, das helfen soll, mit Ressourcen sparsamer umzugehen.

Es gibt keinen Planeten Erde B

Der **Erdüberlastungstag** (Earth Overshoot Day) erinnert uns jedes Jahr daran, wann wir die natürlichen Ressourcen aufgebraucht haben. Das bedeutet, dass wir ab diesem Tag auf Kosten anderer, vor allem der zukünftigen Generationen, leben. Eigentlich hätten wir aber bis zum Ende des Jahres mit ihnen auskommen müssen, wenn wir die Natur nicht überlasten wollen. Nur so hat sie die Chance, sich zu erholen.

Ressourcen schonen

Für Verbraucher gibt es eine Reihe von Möglichkeiten, sparender mit Ressourcen umzugehen. An erster Stelle steht immer die **Konsumentscheidung**: Muss ich das haben? Manchmal kauft man etwas, obwohl man es nicht unbedingt benötigt.
Beim Einkauf sollten wir zudem auf wenig Verpackung, Langlebigkeit, Recyclingstoffe oder Herstellungsorte achten. Vor dem Aussortieren kann man schauen, ob das Teil noch verkauft oder verschenkt werden kann. Auch gilt: Reparieren statt Neukauf.

A Erläutere, warum die natürlichen Ressourcen von großer wirtschaftlicher Bedeutung sind.
B Erkläre den Erdüberlastungstag.
C Recherchiere die Erdüberlastungstage der letzten 5 Jahre für Deutschland und für die gesamte Welt. Vergleiche.
D Diskutiert Möglichkeiten, mit Ressourcen sparsamer umzugehen.

Film: Nachricht an meine Enkelkinder. Videobotschaft des Astronauten Alexander Gerst

Wie können wir den Ressourcenverbrauch einschränken?

M1 *Bundesministerium für Umwelt, Berlin, 2022*

Secondhand ist nicht nur eine preiswerte Alternative. Viele Menschen verbinden damit auch einen nachhaltigen Lebensstil. Welchen Unterschied macht es für das Klima und die Umwelt, wenn wir
5 gebraucht statt neu kaufen? Kleidung, Notebooks, Handys oder Bücher – fast die Hälfte der Deutschen haben 2020 mindestens ein gebrauchtes Produkt erworben […] Vor allem Kleidung und Schuhe, Bücher und Möbel wurden gespendet oder weiter-
10 verkauft.
Neben Online-Marktplätzen […] gibt es inzwischen auch zahlreiche Dienstleister, die sich auf Secondhand konzentrieren. Dazu gehören auf Elektrogeräte spezialisierte Dienstleister […] oder Plattformen
15 für Gebrauchttextilien […] Durch den Handel mit gebrauchten Waren lässt sich viel Geld verdienen. Gleichzeitig wirkt er sich positiv auf die Umwelt und das Klima aus.

M2 *Beispiele für nachhaltiges Handeln*

1 Wähle eine Aufgabe aus:
　a) Nenne Möglichkeiten, nachhaltig zu konsumieren.
　b) Charakterisiere nachhaltiges Handeln mithilfe der Beispiele.
　c) „Handel mit gebrauchten Waren wirkt sich positiv auf Umwelt und das Klima aus." Nimm Stellung.
2 „Ich werde mehr gebrauchte Sachen kaufen, auch Kleidung." Diskutiert diese Aussage. Fishbowl

Was hat mein schickes Smartphone mit sozialer Ungerechtigkeit zu tun?

M3 *Smartphone und Kinderarbeit, Bundesministerium für Umwelt, Berlin, 2022**

Smartphones werden im Schnitt alle zwei Jahre ersetzt. Doch allein für die Produktion von Smartphones sind bis zu 60 unterschiedliche Rohstoffe und Materialien notwendig, wie zum Beispiel Gold […] oder Lithium für die Batterie. Auch Coltan
5 wird benötigt.
Coltan zählt zu den […] Mineralien, deren Gewinnung oft auf unmenschlichen Arbeitsbedingungen wie etwa Kinderarbeit beruhen […].

*Text verändert

Ein Kind arbeitet in einer Mine in Bolivien

3 a) Beschreibe, wie das Mineral Coltan teilweise gewonnen wird.
　b) Erkläre, warum Smartphones gegen Nachhaltigkeitsprinzipien verstoßen können.

Dein Einkauf und die Umwelt

Welche Folgen haben meine Kaufentscheidungen für mich und andere?

Folgen von Kaufentscheidungen

Produktion und Handel weltweit

Die Frauen auf dem Foto nähen Kleidung in einer Fabrik in Indien. Diese Kleidungsstücke kannst du später in den Läden in Deutschland kaufen. Wer transportierte sie hierher und durch wessen Hände sind sie bereits gegangen?

Die Produktion von Kleidungsstücken ist in viele einzelne **Arbeitsschritte** zerlegt. Diese Arbeitsschritte sind weltweit verteilt. Schritte sind zum Beispiel der Anbau und die Ernte von Baumwolle, die Herstellung der Stoffe, das Färben, das Zuschneiden und Nähen der Textilien. Gründe für die Produktion im Ausland sind beispielsweise, dass dort die Löhne niedriger sind und es weniger Regeln für Umwelt und Sicherheit an Arbeitsplätzen gibt. An den Etiketten gekaufter Bekleidung kannst du meistens nachlesen, in welchem Land sie hergestellt wurde. Allein aus China wurde im Jahr 2021 Bekleidung im Wert von 7,8 Milliarden eingeführt. Die Einfuhr von Produkten nennt man Import.

Film: Von der Baumwolle zum T-Shirt

Nachhaltiger Konsum

Nachhaltig zu konsumieren bedeutet, bewusster und manchmal auch weniger zu kaufen. Dabei spielt die **soziale Gerechtigkeit** eine wichtige Rolle. Das bedeutet, dass Produkte unter menschenwürdigen Arbeitsbedingungen hergestellt werden, also zum Beispiel ohne Kinder- und Zwangsarbeit und Ausbeutung. Auch die **ökologische** Bedeutung unseres Einkaufs ist wichtig. Wir müssen mit den knappen endlichen **Ressourcen** der Erde behutsam umgehen. Die Erde kann nur begrenzt Schadstoffe, zum Beispiel in Luft und Wasser, aufnehmen. Nur so können heutige und zukünftige Generationen ein gutes Leben führen. Du solltest dich vor dem Kauf eines neuen Produkts also immer fragen, ob du es wirklich brauchst. Für uns ist es allerdings oft gar nicht so leicht nachvollziehbar, ob Produkte nachhaltig und fair produziert wurden.

A Beschreibe, wie heute Kleidung produziert wird.
B Nenne Gründe für die weltweite Arbeitsteilung der Bekleidungsindustrie.
C Erläutere, was nachhaltiger Konsum bedeutet.

Folgen von Kaufentscheidungen | Digital+

WES-117685-608

Was ist Fast-Fashion?

M1 *Fast Fashion: Eine Definition, goin'green, 2021*

www.fastfashion.de/bedeutung

Der Begriff Fast Fashion [...] bedeutet „schnelle Mode". Er bezeichnet ein Geschäftsmodell aus der Bekleidungsindustrie, bei dem Kleidung aktuellen Trends entsprechend designt und möglichst
5 schnell und kostengünstig produziert wird. [...]. Bei Fast Fashion [werden] Produkte mit höchster Geschwindigkeit entwickelt [...], wodurch sie immer an aktuelle [...] Trends angepasst werden können.

1 a) Beschreibe das Geschäftsmodell Fast Fashion. Lerntempoduett
b) Stelle einen Zusammenhang zwischen M1 und dem Einstiegsbild auf Seite 176 her.

Welche Folgen hat Fast Fashion?

M2 *Fast Fashion hat die Textilproduktion grundlegend verändert, Greenpeace, Januar 2017**

Günstige Kopien von Designer-Mode werden massenhaft gekauft und wieder weggeworfen. Echtes Recycling findet kaum statt. [...] Bis zu 24 Kollektionen bieten Marktführer [...] jedes Jahr an.
5 Ein schnelles Geschäft mit Risiken und Nebenwirkungen: Der Natur werden Unmengen an Rohstoffen entzogen, Umwelt und menschliche Gesundheit nehmen – [...] durch giftige Chemikalien – Schaden. Die Herstellung [...] findet zudem
10 oft unter menschenunwürdigen Bedingungen statt. *Text verändert*

Recycling: etwas wird wiederverwertet

M3 *Nachhaltigkeit in deutschen Kleiderschränken, Greenpeace, Juli 2022**

Die deutschen Kleiderschränke sind leerer als vor sieben Jahren. [...] Das Bewusstsein der Deutschen für einen nachhaltigeren Umgang mit Mode ist [...] spürbar gestiegen. Nachhaltigkeit
5 ist bei der Kaufentscheidung erstmals wichtiger geworden als der Preis. [...] Trotz dieses klaren Bekenntnisses [...] hat die Fast-Fashion-Industrie ihre Produktion im vergangenen Jahr [...] um fast drei Prozent gesteigert. [...] Bei manchen chi-
10 nesischen Anbietern erscheinen täglich mehr als tausend neue Teile im Onlineshop. Wirtschaftlich erfolgreich kann das [...] nur durch ökologische und soziale Ausbeutung sein.
Text verändert

2 Wähle eine Aufgabe aus:
  I a) Beschreibe die Probleme, die durch Fast Fashion entstehen.
  II b) Charakterisiere die Fast Fashion-Produktion.
  III c) Erläutere die Aussage: „Wirtschaftlich erfolgreich kann Fast Fashion nur durch ökologische und sozialer Ausbeutung sein."
3 Diskutiert darüber, ob Schnäppchenpreise fair sein können.

Folgen von Kaufentscheidungen

Wenn Kinder arbeiten müssen

M4 *So wie dieser Junge müssen weltweit viele Kinder in Textilfabriken arbeiten, earthlink e.V., September 2018**

Mohammed ist 13 Jahre alt. Jeden Morgen steht er um sieben Uhr auf. Doch statt in die Schule zu gehen, macht er sich auf den Weg in die Arbeit – eine Textilfabrik. Hier arbeitet er meist zehn Stunden am Tag – manchmal auch
5 etwas länger, wenn es viel zu tun gibt. Obwohl er gerne in die Schule gehen würde, kann er nicht. Seine Familie lebt unter dem Existenzminimum. Deswegen unterstützt Mohammed seine Eltern mit knapp 40 Euro im Monat, damit die Familie überleben kann.
10
Obwohl die Zahl der arbeitenden Kinder in Bangladesch etwas abgenommen hat, ist immer noch fast jedes Zehnte von 40 Millionen Kindern in Indiens Nachbarstaat berufstätig, statt zur Schule zu gehen. Die Gründe dafür, dass
15 Eltern ihre Kinder zum Arbeiten schicken, sind vielfältig. Der Hauptgrund ist meist die Armut der Familien. So arbeiten die Minderjährigen häufig in Aluminiumfabriken, nähen Kleidung zusammen oder müssen als Haushaltshilfe ständig verfügbar sein. Das große Problem ist, dass die
20 Kinder oftmals mehr als 12 Stunden am Tag arbeiten müssen und dabei weniger verdienen als die Erwachsenen.

Diese Arbeit erlaubt es den Kindern nicht, in die Schule zu gehen und eine Ausbildung zu machen. Die wenigsten schaffen es deshalb aus der Armut in ein besseres Leben. Zwar liegt das momentane Mindestalter für Arbeiter bei 14 Jahren, jedoch sind über 90 Prozent der Kinder in kleinen Fabriken oder auf der Straße tätig. Abgesehen
25 von der fehlenden schulischen Ausbildung, hat die Kinderarbeit weitere Folgen für ihr Leben. Die langen Arbeitszeiten, geringen Löhne, mangelnde Nahrung- Mohammed geht oft ohne Frühstück aus dem Haus, wenn das Geld nicht reicht, [...] kann dazu führen, dass sie an psychischen oder physischen Krankheiten leiden. Auch sind Gefahren wie Misshandlung und sexueller Missbrauch am Arbeitsplatz nicht selten

*Text verändert

Existenzminimum
Die Mittel, die zum Überleben notwendig sind. Dazu gehören: Nahrung, Kleidung, Wohnung.

4 a) Beschreibe die Wirkung des Fotos auf dich.
  b) Vergleiche deinen Tagesablauf mit dem Tagesablauf von Mohammed.
  c) Stell dir vor, du könntest mit Mohammed über sein Leben sprechen. Was würdest du ihn fragen?
5 Schreibe einen Brief an eine Politikerin oder einen Politiker in deiner Region, in dem du ihm begründet deine Meinung zur Kinderarbeit mitteilst.

Folgen von Kaufentscheidungen | Digital+
WES-117685-608

Wie kann man nachhaltig konsumieren?

M5 *Mein Essen – Unser Klima, Bundeszentrum für Ernährung, 2019*

Viele Lebensmittel kann man das ganze Jahr über im Supermarkt kaufen. Zum Beispiel Erdbeeren. [...] Erdbeeren kann man in Deutschland nur im Sommer ernten. Aber viele Menschen wollen auch im Winter Erdbeeren kaufen. Dann werden sie aus anderen Ländern nach Deutschland gebracht. Mit dem Flugzeug. Ein Flugzeug verbraucht sehr viel Energie. Das ist schlecht für das Klima. [...] Darum ist es gut, die Lebensmittel dann zu kaufen, wenn man sie in Deutschland ernten kann. [...] Dann sind die Wege ganz kurz.

M6 *Slow Fashion, die andere Kleidung, goin'green, Juni 2022*

Slow Fashion steht für einen bewussten, nachhaltigen Kleidungskonsum, der den Konsumenten, Produzenten und der Umwelt zugutekommt. [...] Bei Slow Fashion [...] geht es darum, Kleidung verstärkt wertzuschätzen und auf Qualität, statt Quantität (Menge) zu setzen. Eine zeitlose Optik, umweltfreundliche oder recycelte Materialien und eine gute Qualität sind typischerweise Merkmale von Slow Fashion. Kleidungstausch und die Verwendung von Secondhand-Mode gehören der Bewegung ebenfalls an. Ein bewusster Umgang mit Mode wirkt sich natürlich auch positiv auf die Umwelt aus [...] und führt [nicht] zur Ausbeutung der Arbeitskräfte in den Produktionsländern. In unserer Wegwerfgesellschaft hat fast jeder viel mehr Klamotten [...] als nötig – viele davon landen [...] in der Altkleidersammlung oder im Müll.

6 Wähle eine Aufgabe aus:
 a) Nenne Möglichkeiten, nachhaltig zu konsumieren.
 b) Beschreibe, auch unter Berücksichtigung der Zeichnung, Möglichkeiten, nachhaltig zu konsumieren.
 c) Beurteile die aufgezeigten Möglichkeiten, nachhaltig zu konsumieren.
7 Diskutiert, ob Slow Fashion für euch in Frage kommt. Fishbowl

Siegel und Label – eine Hilfe beim Einkaufen?

M7 *Beispiele*

8 a) Welche der abgebildeten Siegel kennt ihr bereits? Erklärt sie euch gegenseitig. Think-Pair-Share
 b) Recherchiert die Bedeutung der unbekannten Siegel mithilfe des digitalen Zusatzmaterials.
 c) Begründe, ob Siegel deine Kaufentscheidungen beeinflussen oder nicht.

Film: Einfach erklärt: Fair Trade
Link: Homepage von Siegelklarheit

Arbeitsergebnisse präsentieren

Erstellung einer Präsentation

Wenn ihr zu einem Thema arbeitet, dann müsst ihr die Ergebnisse in einer Form präsentieren. Es gibt verschiedene Arten der Präsentation:
- Wandzeitungen
- Plakate
- digitale Präsentationen
- Filme usw.

Wichtig bei einer Präsentation ist, dass es etwas zu sehen gibt. Man kann auch Grafiken oder Statistiken zeigen oder Gegenstände mitbringen.

Schritt 1: Vorbereitung

Plant eure Präsentation sorgfältig. Denkt dabei an den Aufbau, die Zeit, die erforderliche Technik und wer die Präsentation sieht. Stellt die benötigten Materialien und Werkzeuge bereit (Karton, Computer).

- Mit wem kann ich gut zusammenarbeiten?
- Wie wird die Präsentation bewertet?
- Wie viel Zeit steht uns zur Verfügung?
- Welche Medien und Materialien wollen wir benutzen?

Schritt 2: Eine Präsentation erstellen

Sammelt Informationen zu eurem Thema. Lest die Texte aufmerksam und erschließt die Inhalte der Materialien. Danach solltet ihr Schwerpunkte festlegen und den Aufbau eurer Präsentation entwickeln. Überlegt euch eine Gliederung. Anschließend erarbeitet ihr die Inhalte eurer Präsentation. Was sollen die einzelnen Gliederungspunkte enthalten? Achtet darauf, sauber und übersichtlich zu arbeiten, hebt Überschriften hervor. Schreibt kurze Sätze. Wichtig ist, passende Bilder zu zeigen. Macht euch schon während der Erstellung der Präsentation Notizen zu eurem Vortrag.

Was ist wichtig für eine Präsentation?
- Prüft vor eurem Vortrag die Technik.
- Plant genug Zeit dafür ein.
- Denkt bei der Präsentation daran, den Blickkontakt zu suchen und zu halten.
- Sprecht laut und deutlich und nicht zu schnell.
- Macht kurze Pausen.
- Inhaltlich ist es wichtig, die Gliederung zu beachten und Folien oder Beispiele zu zeigen.
- Lasst das Publikum Fragen stellen und eine Rückmeldung geben.

Tipp: Rückmeldung mit Feedbackburger

Wenn jemand eine Präsentation gehalten hat, ist es wichtig, dass ihr der Person eine Rückmeldung gebt. Nenne dabei immer zuerst etwas Positives. Gehe dann auf deine Kritikpunkte ein und verbinde sie mit einem Verbesserungsvorschlag. Beende dein Feedback wieder mit einem Lob.

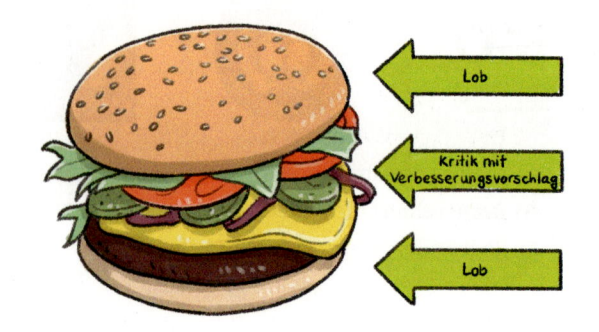

- Lob
- Kritik mit Verbesserungsvorschlag
- Lob

Arbeitsergebnisse präsentieren | Digital+
WES-117685-609

Siegel und Labels – Ein Zeichen für Qualität?

M1 *Verschiedene Siegel und Labels*

Wenn auf einem Produkt ein Siegel oder ein Label zu sehen ist denkt man, dass das Produkt gut ist. Aber ist es wirklich immer ein Zeichen für Qualität? Es gibt mehr als 1000 verschiedene Siegel und Labels auf dem Markt. Nicht immer ist es ein Qualitätsmerkmal, sondern manchmal nur Werbung. Wie findet man heraus, ob das Siegel oder Label geprüft ist?

M2 *Welche Siegel oder Labels kennt ihr?*

Siegel und Labels

M3 *Wie vergleicht ihr Siegel oder Labels?*

Checkliste
- Name des Siegels oder Labels
- Wer vergibt das?
- Warum wird es vergeben?
- Welche Unternehmen benutzen es?
- Für welche Produkte wird es benutzt?
- Was muss das Unternehmen erfüllen, um das Siegel oder Label benutzen zu dürfen?
- Wie wird das kontrolliert?

M4 *Tipps für die Präsentation*

Bringt ein Produkt mit dem Siegel oder Label als Anschauungsobjekt mit.
Oder: Zeigt ein Bild eines Produktes mit dem Siegel oder Label.

M5 *Wie bewertet ihr die Siegel oder Labels?*

Checkliste
- Kann man dem Siegel/ dem Label trauen?
- Ist das Siegel/ das Label wichtig für euch?
- Würdet ihr das Siegel weiterempfehlen?

1 Erstellt in Partnerarbeit eine umfangreiche Präsentation zu Qualitätssiegeln/Labels. Beachtet dabei die Tipps aus M4. Die folgenden Arbeitsschritte helfen euch bei der Vorbereitung eurer Präsentation:
  a) Gestaltet eine Mindmap (M2, Methode auf Seite 26) und tragt verschiedene Siegel und Labels ein.
  b) Beantwortet die Fragen der Checkliste M3 zu einem Qualitätssiegel oder Label.
  c) Bewertet die Siegel und Label mithilfe der Checkliste M5.
  d) Diskutiert die Vorteile und Nachteile von Siegeln und Labels.

Arbeitsbogen zum Thema Siegel und Label

Dein Einkauf und die Umwelt

Welche Tricks bringen uns dazu, mehr zu kaufen als wir wollen?

Ein Supermarkt ist voller Fallen, die uns als Kundinnen und Kunden gestellt werden, damit wir mehr einkaufen. Damit dir dies nicht passiert, solltest du deinen Einkauf genau planen. Hier hilft beispielsweise ein Einkaufszettel, aber auch das Wissen über die Einkaufsfallen.

Wie beeinflusst uns Werbung?

Werbung findest du überall. Dabei soll sie dich beeinflussen, damit du die neuesten Produkte kaufst. Werbung möchte vor allem Gefühle bei dir wecken. Besonders im Internet spielt Werbung eine große Rolle, da sie dort genau auf dich abgestimmt werden kann.

Wie verändert der Klimawandel unsere Umwelt?

Seit etwa 200 Jahren ist ein beschleunigter Klimawandel zu beobachten, der sich vermehrt in Umweltkatastrophen zeigt. Hauptgrund des beschleunigten Klimawandels sind Treibhausgase, die in die Atmosphäre gelangen.

Besonders schädlich ist das Treibhausgas CO_2. Es entsteht vor allem in der Landwirtschaft, Energie- und Wärmegewinnung und im Verkehr.

Haben wir die Ressourcen unseres Planeten bald aufgebraucht?

Da die natürlichen Rohstoffe endlich sind, muss sparsam mit ihnen umgegangen werden. Deswegen sollten bei jeder Kaufentscheidung Dinge wie die Langlebigkeit, Verpackung, Recyclingstoffe oder der Herstellungsort bedacht werden. Und die wichtige Frage: Brauche ich das wirklich?

Welche Folgen hat mein Einkauf?

Kleiderproduktion erfolgt heute in vielen, weltweit verteilten Arbeitsschritten. Gründe sind etwa, dass in anderen Ländern niedrige Löhne oder weniger Regeln für die Umwelt herrschen. Wenn wir nachhaltiger konsumieren wollen, müssen wir bewusster kaufen und auf soziale und ökologische Gesichtspunkte von Produkten schauen.

Wichtige Begriffe
Einflüsse, Kaufverhalten, Verkaufsstrategien, Reckzone, Sichtzone, Greifzone, Bückzone, Quengelware, Werbung, Marke, Produktplatzierung, Klimawandel, Treibhausgase, Erderwärmung, Erdüberlastung, Kaufentscheidung, Kinderarbeit

Ressourcen – Schätze der Natur

M1 *Eine Zeichnung von Jupp Wolter*

1 a) Beschreibe die Darstellung.
b) Finde eine passende Überschrift zum Bild.
c) Erkläre den Erdüberlastungstag mithilfe der Darstellung.

Dein Einkauf

M2 *Achtung Fehler!*

A Fast-Fashion ist hochwertige Bekleidung.

B Influencer haben keinen Einfluss auf Kaufentscheidungen Jugendlicher.

C Ein Supermarkt ist so aufgebaut, dass wir unseren Einkauf schnell und ohne Ablenkung erledigen können.

D Alle Ressourcen sind unendlich.

E Im Alltag begegnet uns Werbung nur selten.

2 a) Nenne die Fehler und formuliere richtige Aussagen.
b) Erstelle eine Sprachnachricht, in der du einer Mitschülerin die korrigierten Aussagen erklärst.

Menschen verändern die Umwelt

M3 *Wir schützen die Umwelt*

Deine Freundin oder dein Freund fragt dich nach Tipps, wie sie oder er die Umwelt persönlich schützen kann. Dir fallen folgende Punkte ein:

- Ich kaufe frische Produkte, die ….
- Ich kann meinen Wasserverbrauch reduzieren, indem ich …
- Meine Kleider kann ich …
- Wenn ein neues Handymodell auf den Markt kommt, …
- Bei meinem nächsten Kleidereinkauf achte ich auf …
- Wenn ich etwas Neues kaufen will, frage ich mich ob, ..
- …

3 a) Ergänze die Satzteile, sodass sinnvolle Umwelttipps entstehen.
b) Fallen dir weitere Tipps ein? Ergänze.

Der Supermarkt

M4 *Grundriss eines Supermarktes*

Vergrößerte Abbildung M4

4 a) Beschreibe den Aufbau des Supermarktes in M4.
b) Erläutere, welche „Fallen" für Kundinnen und Kunden in einem Supermarkt lauern können.
c) Entwickle Tipps, um auf die „Fallen" im Supermarkt nicht hereinzufallen.

Lösungen: Lerncheck

Wirtschaft und Politik – deine neuen Fächer

Seite 12

A Du kannst deine Mindmap zum Beispiel so beginnen:

- Was ist Wirtschaft?
- Wirtschaft im Alltag
- Wirtschaftliches Handeln
- Akteure der Wirtschaft

Seite 15

1 a) Überlege: Wie geht es den Eltern, wenn niemand mehr im Haushalt helfen will? Was denken die Lehrerinnen und Lehrer, wenn keiner zur Schule kommt?

1. Mitwirken in der Schule

Seite 21

1 Schau dir das Bild M1 genau an und denke über die folgenden Fragen nach:
- Wo haben zwei Kinder Streit miteinander? Sind sie handgreiflich geworden?
- Ist etwas kaputt gegangen?
- Liegt Müll herum?
- Tun die Kinder etwas, was sie nicht tun sollen?

Du kannst für deine Erläuterung auch folgende Satzanfänge nutzen:
- Zwei Kinder streiten sich, weil …
- Der Klassenraum ist chaotisch, da …

Um Lösungen zu finden, kannst du überlegen, was du in der Situation besser machen könntest, damit es in deiner Klasse nicht zu Konflikten oder Schäden wie auf dem Bild kommt.

Seite 25

2 Überlege, wie du von deiner Klassensprecherin oder deinem Klassensprecher behandelt werden möchtest. Etwa: nicht abweisend oder aggresiv.

Seite 29

1 c) In einer Schule gibt es viele Möglichkeiten, Probleme zu besprechen. Welche kennst du bereits? Wo könnten die Probleme besprochen werden, damit etwa Frau Meier geholfen wird? Wen könntest du noch ansprechen, außer deine Klassenlehrerin oder deinem Klassenlehrer, wenn dir etwas auffällt?

Seite 33

1 b) Um den Grundriss sauber zu zeichnen, solltest du folgende Materialien nutzen: Lineal oder Geodreieck, angespitzter Bleistift, angespitzte Buntstifte, ein weißes Blatt Papier ohne Linien oder Kästchen.

Nutze unterschiedliche Farben, um die verschiedenen Räume der Schule auszumalen. So kannst du für die Klassenräume Blau und die Naturwissenschaften Grün nutzen. Gibt es weitere besondere Orte an deiner Schule?

Seite 37

1 b) Um festzulegen, ob ein Thema wichtig oder unwichtig ist, beantworte folgende Fragen:
- Verbessert das Thema das Leben aller Personen an der Schule? Dann ist es wichtig.
- Ist das Thema an der Schule umsetzbar und können es die Schülerinnen und Schüler beeinflussen? Dann ist es wichtig.
- Haben nur wenige Schülerinnen und Schüler etwas von dem Thema und für die meisten verändert sich nichts? Dann ist es unwichtig.
- Wird sehr viel Hilfe gebraucht und können die Schülerinnen und Schüler die Entscheidung nicht alleine treffen? Dann ist es unwichtig.

3 Bearbeite die folgenden Schritte um zu verstehen, wie die Schülervertretung aufgebaut ist:
- Wer wählt die Klassensprecherin oder den Klassensprecher?
- Wie entsteht der Schülerrat?
- Was wird vom Schülerrat gebildet?
- Wer wählt die Schulsprecherin oder den Schulsprecher? Was ist ihre/seine Aufgabe?
- Wer nimmt an der Schülerversammlung teil?

Formuliere nun mithilfe deiner Antworten einen Fließtext zum Aufbau der Schülervertretung.

Seite 39

1 b) Der Name der Aktion ist „Flowers for Future", was eine Anspielung an die Bewegung „Fridays for Future" ist. Hier versammeln sich Schülerinnen und Schüler während der Schulzeit an einem Freitag, um für besseren Umweltschutz zu demonstrieren. Da die Schülerinnen und Schüler nicht zum Unterricht gehen, sagt man auch, dass sie „blau" machen. „Flowers" bedeutet Blumen, denn die Kinder pflanzen gemeinsam etwas.

2 Denke über das Verhalten anderer Menschen, aber auch über dein eigenes Verhalten nach. Lasst ihr ständig das Licht in den Klassenräumen an, auch wenn niemand dort ist? Wie viel Müll entsteht im Laufe des Tages? Wie geht ihr beispielsweise mit Wasser um?

2. Mitwirken in der Gemeinde
Seite 45

1 b) Denke bei deiner Erklärung daran, dass unser Zusammenleben Regeln braucht. Bei Verstößen erfolgen meistens Konsequenzen, das ist hier im Comic das „Nörgeln", wie es Ben nennt. Beachte auch, dass es neben festen Regeln auch Normen, also Aussagen darüber wie man sich z. B. in der Öffentlichkeit verhalten sollte, gibt.

Seite 47

2 Benutze bei der Antwort folgende Begriffe:
- Frei- und Hallenbad
- Abenteuerspielplatz
- Jugendzentrum
- verbessern
- Zusammenleben
- Lebensqualität

Seite 48

C Argumente für hauptamtliche Arbeit einer Bürgermeisterin oder eines Bürgermeisters:
- es ist eine wichtige, verantwortungsvolle Aufgabe
- sie oder er sorgt für Sicherheit und Versorgung
- Entwicklung von Ideen für eine lebenswerte Gemeinde
- sie oder er hat keine Zeit für andere berufliche Aufgaben, …

Gegenargumente können sein:
- das Geld könnte besser für andere Bereiche ausgegeben werden
- der Dienst an der Gemeinde muss nicht bezahlt werden, …

Seite 49

3 b) Beachte für deine Antwort, dass mit einer Stimme die Wählerinnen und Wähler die Interessenvertreter in den Rat wählen. Verzichtet man auf die Wahl, dann …

Seite 55

2 b) Bereite die Gemeindesitzung vor. Bestimmt die Ratsmitglieder. Verteilt dann die Argumente aus Aufgabe 2a) an die Mitglieder, die sie vertreten sollen. Bestimmt eine Bürgermeisterin/einen Bürgermeister. Spielt die Sitzung durch.

Seite 57

3 a) Du kannst deine Mindmap zum Beispiel so beginnen:

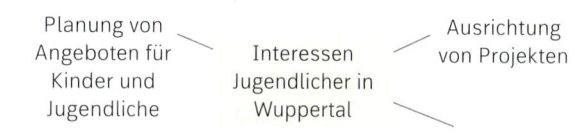

Planung von Angeboten für Kinder und Jugendliche — Interessen Jugendlicher in Wuppertal — Ausrichtung von Projekten

Seite 59

3 Plane eine Freizeitanlage, die nicht nur deine Interessen berücksichtigt. Mache dir Gedanken darüber, dass deine Anlage so wenig wie möglich Natur zerstört. Denke an nachhaltige Baumaterialien wie z. B. Holz.

Seite 62

4 b) Benutze die folgenden Begriffe, sortiere sie vorher in Argumente, die für oder gegen das Ehrenamt sprechen. Du kannst dazu eine Tabelle anlegen: Anerkennung, Menschen helfen, keine

Zeit, mitgestalten, Erfahrungen einbringen, kein Interesse, helfende Hände werden immer gebraucht, ich bin mit mir selbst genug beschäftigt …

Gründe für ein Ehrenamt	Gründe gegen ein Ehrenamt
Anerkennung	…
…	…

3. Grundlagen des Wirtschaftens

Seite 69

1 Überlegt zuerst, was wichtig ist, damit ihr die nächste Nacht auf der Insel gut überstehen könnt:
- Braucht ihr ein Feuer?
- Was kann noch im Schiff sein?
- Wird es regnen oder einen Sturm geben?
- Wer kann welche Aufgabe übernehmen?

2 Überlegt, ob jede Aufgabe, die euch einfällt, wirklich wichtig ist. Manche Aufgaben können auch später erledigt werden. Andere hingegen sollten gleich erfolgen. So findet ihr eine Rangfolge. Ihr könnt damit eine Rangliste nach „wichtig und ist zuerst zu erledigen" und „unwichtig und kann später erledigt werden" entwickeln.

Seite 73

1 a) Nutze folgende Fragen, um die beiden Fallbeispiele miteinander zu vergleichen:
- Was möchten Lisa und Ahmed erreichen?
- Warum handeln sie so?
- Haben sie ein persönliches Ziel?
- Wollen sie vor allem anderen gefallen?

b) Schaue dir noch einmal den Unterschied zwischen den Ich-Bedürfnissen und der Selbstverwirklichung an.
Wichtig ist, dass es bei den Ich-Bedürfnissen auch um Anerkennung und Wertschätzung von anderen geht, während es bei der Selbstverwirklichung vor allem um persönliche Ziele geht, die du erreichen möchtest.

Seite 75

1 b) Nutze folgende Fragen:
- Welches der Mittel war am einfachsten zu transportieren?
- Womit konnte am schnellsten und einfachsten bezahlt werden?
- Wo war der Aufwand größer, um Handel zu treiben?
- Welches Mittel gibt die beste Übersicht, um zu wissen, ob man auch etwas verdient hat?
- Welchen Wert hatte welches Mittel?

Seite 77

2 a) Schreibe deine Sätze in „Ich-Form" und notiere immer ein Beispiel dazu. Etwa:
Geld ist ein Zahlungsmittel, weil ich mir mit einem Euro am Schulkiosk ein Getränk kaufen kann.

Seite 79

1 a) Nutze die Satzanfänge aus den Kästen der Methodenseite auf S. 78:
In diesem Schaubild geht es um die Einnahmequellen von Kindern und Jugendlichen im Alter von 6 bis 19 Jahren. Diese Grafik wurde von einer Organisation namens iconkids & youth veröffentlicht. Die Zahlen sind von einer Umfrage, bei der …

Seite 83

1 a) Schreibe auf einem Blatt Papier wichtige Stichpunkte mit Zeilennummern heraus. Etwa:
- *Z. 2-3: Taschengeld erst Mitte 1960er Jahre*
- *Z. 4-5: Erziehung zur Selbstständigkeit*
- *Z. …*

Fasse dann deine Notizen in einem eigenen Text zusammen:
Erst seit Mitte der 1960er Jahre, …

Seite 85

2 Orientiere dich an der Grafik M2. Begründe deine Antwort mit den dort aufgeführten gesetzlichen Regelungen.

4. Zusammenleben in einer vielfältigen Gesellschaft

Seite 99

2 b) Lies auf S. 98 unter dem Abschnitt „Arbeitsaufteilung in Familien". Was sind Gründe, dass Frauen in Teilzeit arbeiten? Verwende auch den Begriff Care-Arbeit und erkläre ihn.

Seite 103

4 a) Überlege:
- Warum wollen die Hersteller von Kleidung, dass Kleidung für Jungen und für Mädchen hergestellt und gekauft wird?
- Niedrige Geburtenraten (Zeile 5) heißt, dass weniger Kinder geboren werden. Welche Auswirkungen hat das auf die Hersteller von Kleidung?

b) Überlege:
- Was bedeutet es für dich, wenn du in einem Kleidungsgeschäft nicht das findest, was du gesucht hast oder schön findest?
- Was bedeutet es für Kinder, wenn ihre Wunschkleidug nicht in ihrer Jungenabteilung oder Mädchenabteilung vorhanden ist?

Seite 110

3 a) Besonders wichtig ist es, die Sprache zu lernen und friedlich miteinander umzugehen.
b) Negativ wirkt sich etwa Gewalt aus.

Seite 115

2 Keine Armut: Hast du eine Idee, wie man in deiner Gemeinde oder Stadt etwas gegen Armut, besonders Kinderarmut tun kann? Recherchiere im Internet nach Projekten vor Ort, die Armut bekämpfen.
Nachhaltige Bildung: Welche Ideen hast du, um Bildung für alle Menschen auch in deiner Gemeinde oder Stadt zu ermöglichen? Gibt es Projekte an deiner Schule, welche Nachhilfe, Vorlesekurse oder Hausaufgabenhilfe anbieten? Recherchiere und frage vor Ort nach.

Seite 117

6 a) Deine Tabelle könnte wie folgt aussehen:

Pro-Argumente	Kontra-Argumente
Wenn Kinderrechte im Grundgesetz stehen, werden diese mehr beachtet.	Im Grundgesetz stehen schon Rechte, die für alle gelten. Kinder sind damit mitgemeint.
...	...

7 Beginne deine Sprachnachricht etwa so:
Hey du! Ich habe heute in der Schule etwas über die Kinderrechte gelernt. Wir haben besprochen, ob die ins Grundgesetz gehören. Da gibt es total viele Argumente. Auf der Pro-Seite sagt man, dass...
Gegner der Kinderrechte im Grundgesetz sagen, dass...
Ich bin der Meinung, ...

Seite 119

2 Nutze für diese Aufgabe deinen Atlas und suche zuerst das Land Afghanistan. Beschreibe dann möglichst genau folgende Punkte:
- Auf welchem Kontinent liegt Afghanistan?
- Welche Nachbarstaaten hat das Land?
- Wie groß ist die Entfernung bis nach Deutschland?

5. Die Medien und du

Seite 127

1 b) Eine Tabelle kann dir helfen. Deine Tabelle könnte wie folgt aussehen:

Alte Medien	Neue Medien
...	...

2 b) Lies zuerst den Text in Ruhe. Erst danach schaust du dir die Bilder genauer an. Nimm dir dann das Bild A und lies den Text erneut. Versuche dabei das Gelesene mit dem Bild zu verbinden. So gehst du nun auch bei Bild B und C vor. Mit diesen Informationen kannst du nun eine Erläuterung schreiben, wie sich das Handy entwickelt hat.

Seite 134

B Schreibe dir zunächst Stichpunkte heraus, sortiert nach Nutzung und Aufgaben von Massenmedien. Lege dazu eine Tabelle an:

Nutzung	Aufgaben
Entspannung	sachlich informieren
...	über Meinungen berichten

Fasse deine Stichpunkte anschließend in einem eigenen Text zusammen.

Seite 135

1 a) Wenn du dir die Lösungen notierst, nutze die orangen Zahlen und Buchstaben am Rand, zum Beispiel : Zeile h , Spalte 5-19 : MEDIENVIELFALT .
Diese Begriffe haben sich im Wortsalat versteckt: Pressefreiheit, Wissenserwerb, Freizeit, Medienvielfalt, Kommunikation, Meinung, Bücher, Zeitungen, Radio, WWW

Seite 139

2 a) Sieh zuerst nach, wieviel Prozent der Schülerinnen und Schüler Opfer von Cybermobbing waren. Welche Aktivitäten von Cybermobbing werden genannt? Wie oft sind diese jeweils prozentual vertreten? Schau dann, welche Aktivitäten im Schaubild besonders häufig sind. Gibt es Unterschiede zwischen Mädchen und Jungen?

Seite 147

2 Folgende Satzanfänge können dir bei deiner Antwort helfen:
- Die Unternehmen haben den Wert der Zwillinge erkannt, denn ...
- Die Zwillinge möchten keine Werbetafeln sein ...
- Die Follower der Zwillinge ...

Seite 149

1 a) Achte darauf, ob die Nachricht sehr emotional, absurd oder unglaubwürdig klingt.

Seite 150

3 b) Überlege, ob es wirklich so leicht ist die Sommerferien zu kürzen. Bedenke, dass es Urlaubszeiten für Kinder, Familien, Lehrerinnen und Lehrer sind. Überprüfe auch, ob die Aussage des Mannes aus Bottrop sinnvoll ist.

Seite 151

M6 Im Impressum werden Adresse, E-Mail, Telefonnummer und andere Informationen zum Ersteller der Website angegeben. Auf jeder Internetseite gibt es ein Impressum. Manchmal musst du etwas suchen. Häufig findest du es ganz unten am Ende einer Internetseite.

6. Dein Einkauf und die Umwelt

Seite 165

1 b) Du kannst folgende Stichworte nutzen, um deine Begründung zu schreiben:
- schöne/ansprechende/knallige/ ... Farben
- Produkt, welches du selbst nutzen würdest
- witziger Werbespruch
- Wenn du die Werbung ansiehst, fühlst du ... / Du merkst, dass du hungrig/ durstig wirst
- Du wolltest das Produkt schon immer mal nutzen / Das Produkt weckt dein Interesse/ macht dich neugierig, weil...

Seite 171

7 Lege eine Tabelle an, in die du Merkmale von Influencerinnen/Influencern und Sinnfluencerinnen/Sinnfluencern einträgst.

Influencerinnen und Influencer	Sinnfluencerinnen und Sinnfluencer
werben um alle Arten von Produkten	werben um soziale, ökologische, politische Themen
erhalten kostenlose Produkte	verdienen ihr Geld nur mit ausgesuchten, bestimmten Produkten, die nachhaltig sind
...	...

Beurteile anschließend die Arbeit von Sinnfluencerinnen und Sinnfluencern im Vergleich zu Influencerinnen und Influencern:
- Meiner Meinung nach sind die ...

Seite 173

3 Nutze ein Kinderlexikon im Internet, etwa „Planet Schule". Gib im Suchfeld die Stichworte „Klimawandel Nord- und Südpol" ein.

Seite 175

3 a) Betrachte das Foto ganz genau. Benutze für die Antwort folgende Begriffe: Kinderarbeit, wenig Schutzkleidung, dunkle Höhle, gefährliche Arbeit, einfaches Werkzeug (Schaufel), Staub, ...

Seite 177

3 Denke an die Materialkosten für Stoff, Löhne für die Arbeiter und Arbeiterinnen, die Transportkosten und den Gewinn für den Kleiderladen.

Seite 178

6 Sammle in Stichpunkten deine Argumente auf ein Blatt. Beginne deinen Brief folgendermaßen:

Sehr geehrte Frau/geehrter Herr ..., wir haben uns im Unterricht mit dem Thema Kinderarbeit beschäftigt. Ich finde es schlimm, dass ... Wenn du deine Ansicht zur Kinderarbeit beschrieben hast, bitte zum Schluss darum, dass sie oder er sich für das Einhalten der Kinderrechte einsetzt: *Ich bitte Sie darum, ...*

Textquellenverzeichnis

Kapitel 1: Mitwirken in der Schule
S. 39, M2: Klaus Gesk: Flowers For Future – Eine Aktion der Garten-AG der Anne-Frank-Realschule und des Gerther Treff. Bochum: FUNKE NRW Wochenblatt GmbH, Stadt Spiegel Bochum, 05.04.2019: https://www.lokalkompass.de/bochum/c-vereine-ehrenamt/flowers-for-future-eine-aktion-der-garten-ag-der-anne-frank-realschule-und-des-gerther-treff_a1110669 (Zugriff: 13.01.2023)

Kapitel 2: Mitwirken in der Gemeinde
S. 45, M2: Alexander Esch: Zu viele Unfälle im Skatepark: Zeiten für Rollerfahrer begrenzt. Düsseldorf: Westdeutsche Zeitung GmbH & Co. KG, 24.04.2019: https://www.wz.de/nrw/duesseldorf/zu-viele-unfaelle-im-skatepark-einschraenkungen-fuer-rollerfahrer_aid-38270989 (Zugriff: 23.01.2023)
S. 47, M2: Markus Hanneken und Frank Osiewacz: Chaos in Hamm nach Rohrbruch am Allee-Center - Ursache gefunden. Hamm: Westfälischer Anzeiger Verlagsgesellschaft mbH & Co. KG, 22.12.2021: https://www.wa.de/hamm/hamm-mitte-ort370531/wasserrohrbruch-am-allee-center-in-hamm-weite-teile-der-stadt-ohne-fliessendes-wasser-91194827.html (Zugriff: 23.01.2023)
S. 49, M1/M3/M4: Was heißt Kommunal-Wahl?/ Was wähle ich bei der Kommunal-Wahl?/Was heißt Kommunal-Wahl?. In: „Kommunal-Wahl in Nordrhein-Westfalen. Einfach wählen gehen! Ihre Stimme zählt.", Landeszentrale für politische Bildung Nordrhein-Westfalen, Wochenschau Verlag, Frankfurt/M., 2020, S. 5/ S. 9/ S. 6: https://www.politische-bildung.nrw.de/fileadmin/imperia/md/content/e-books/Wahl2020_leichte_Sprache_Neutral_eBook.pdf (Zugriff: 23.01.2023)
S. 50, M5: Wer darf wählen. In: „Kommunal-Wahl in Nordrhein-Westfalen. Einfach wählen gehen! Ihre Stimme zählt.", Landeszentrale für politische Bildung Nordrhein-Westfalen, Wochenschau Verlag, Frankfurt/M., 2020, S. 6: https://www.politische-bildung.nrw.de/fileadmin/imperia/md/content/e-books/Wahl2020_leichte_Sprache_Neutral_eBook.pdf (Zugriff: 23.01.2023)
S. 51, M8: Christian Altmayer: Neuer Spielplatz für Orenhofener Kinder. Trier: Trierischer Volksfreund Medienhaus GmbH, 10.06.2021: https://www.volksfreund.de/region/bitburg-pruem/gemeinderat-entscheidet-sich-fuer-guenstigste-variante-der-anlage_aid-59219413 (Zugriff: 27.01.2023)
S. 57, M2-M4: Wuppertaler Jugendrat, Stadt Wuppertal, Der Oberbürgermeister [Herausgeber], o. D.: https://www.wuppertal.de/microsite/jugend_freizeit/jugendraete/content/jugendrat_info.php (Zugriff: 27.01.2023)
S. 59, M1: Baesweiler Integrierter Sport- und Bürgerpark, Kontext. Baesweiler: Praxisbeispiel Zukunft Stadtgrün: Baesweiler Integrierter Sport- und Bürgerpark. Bundesministerium des Innern, für Bau und Heimat, o. D., S. 1: https://www.staedtebaufoerderung.info/SharedDocs/downloads/DE/ProgrammeVor2020/Zukunft-Stadtgruen/Praxisbeispiele/Praxisbeispiel_Baesweiler.pdf?__blob=publicationFile&v=2 (Zugriff: 27.01.2023)
S. 59, M3: Ina Brammertz: Sport- und Bürgerpark Baesweiler. Baesweiler: Stadt Baesweiler, 08.04.2022: https://www.baesweiler-jugend.de/2022/04/08/sport-und-buergerpark-baesweiler/ (Zugriff: 27.01.2023)
S. 61, M2: Carmen Knorr: Gute Gründe für das Ehrenamt. München: Deutscher Landwirtschaftsverlag GmbH, Bayerisches Landwirtschaftliches Wochenblatt, 25.08.2021: https://www.wochenblatt-dlv.de/dorf-familie/jugend-ausbildung/gute-gruende-fuer-ehrenamt-566591 (Zugriff: 31.01.2023)
S. 62, M3: Perspektiven miteinander erschließen: Talent entdecken. In: „Ehrenamt miteinander möglich machen - Freiwilligenzentrum Lupe, Leverkusen, S. 15: https://www.deikind.net/img/lupe_broschuere21x21.pdf (Zugriff: 31.01.2023)
S. 62, M4: Jugendfeuerwehr - Die Aktiven von morgen. Düsseldorf: UK NRW: Unfallkasse Nordrhein-Westfalen: https://www.unfallkasse-nrw.de/feuerwehrportal/praevention/jugendfeuerwehr.html (Zugriff: 31.01.2023)
S. 63, M6: Was ist die Ehrenamtskarte? Informationen zur Ehrenamtskarte NRW. Düsseldorf: Staatskanzlei NRW, Engagiert in NRW: https://www.engagiert-in-nrw.de/was-ist-die-ehrenamtskarte (Zugriff: 31.01.2023)
S. 63, M7: Tag des Ehrenamtes in Leverkusen am 26.04.2022. Düsseldorf: Staatskanzlei des Landes NRW, Engagiert in NRW. 04.05.2022: https://www.engagiert-in-nrw.de/aktuelle-meldungen/tag-des-ehrenamtes-leverkusen-am-26042022 (Zugriff: 31.01.2023)

Kapitel 3: Grundlagen des Wirtschaftens
S. 75, M2: SDA/asl: Amerikaner tauscht Büroklammer gegen Haus ein. Zürich: SDA/asl TX Group AG, 12.07.2006: https://www.20min.ch/story/amerikaner-tauscht-bueroklammer-gegen-haus-ein-419568485090 (Zugriff: 03.02.2023)
S. 83, M1: Alexandra Langmeyer und Ursula Winklhofer: Einführung:

Textquellenverzeichnis

Taschengeld heute vor dem Hintergrund gesellschaftlicher Veränderungen. In: Taschengeld und Gelderziehung. Eine Expertise zum Thema Kinder und ihr Umgang mit Geld, Deutsches Jugendinstitut e. V., München, 2014, S. 8: https://www.dji.de/fileadmin/user_upload/dasdji/news/2014/DJI_Expertise_Taschengeld.pdf (Zugriff: 08.02.2023)

S. 85, M1: Verträge mit Minderjährigen. Nürnberg: Stadt Nürnberg, Amt für Kinder, Jugendliche und Familien – Jugendamt, Januar 2015: https://www.nuernberg.de/imperia/md/jugendamt/dokumente/schutz/jugendschutz_vertraege.pdf (Zugriff: 08.02.2023)

S.87, M1: Elke Löw: 2020: Wofür Kinder und Jugendliche ihr Geld ausgeben (nach Branchen/Produktgruppen). München: LöwKomm. Jugend von Heute: Kinder & Jugendliche geben ein Fünftel weniger aus als vor Corona: http://jugendvonheute.de/kinder-jugendliche-geben-ein-fuenftel-weniger-aus-als-vor-corona-neue-studie-trend-tracking-kids-2020/ (Zugriff: 28.02.2023)

S. 87, M2: Ana Jimenez: Online-Marketing Magazin. Sinzig: DCF Verlag GmbH, 11.08.2020: https://www.onlinemarketingmagazin.de/digitalstudie-2020-so-kaufen-jugendliche-im-netz-ein (Zugriff: 09.02.2023)

Kapitel 4: Zusammenleben in einer vielfältigen Gesellschaft
S. 94, M2: Oliver Gehrs: So leben wir, Teil 3. Zwei Kinderzimmer, Halbgeschwister, Stiefvater – nach einer Trennung der Eltern kann es ganz schön kompliziert werden.In: fluter - Magazin der Bundeszentrale für politische Bildung, Bonn: https://www.fluter.de/so-leben-wir-teil-3 (Zugriff: 26.06.2023)

S. 97, M1: Daniel Erk: So leben wir, Teil 1. Es muss ja nicht immer Vater, Mutter, Kind sein: Friderikes Mutter ist lesbisch – deswegen wohnt sie quasi mit zwei Müttern zusammen. In: fluter - Magazin der Bundeszentrale für politische Bildung, Bonn: https://www.fluter.de/so-leben-wir-teil-1 (Zugriff: 09.02.2023)

S. 102, M2 und M3/ S. 103, M4 und M5: Berit Kruse, Natalie Sablowski, Marie-Louise Timcke und Barbara Vorsamer: Kinderkleidung - Hotpants für Mädchen, Shorts für Jungs. München: Süddeutsche Zeitung GmbH, 22.07.2022: https://www.sueddeutsche.de/projekte/artikel/gesellschaft/gegenderte-kindermode-rosa-hotpants-blaue-shorts-e701993/?reduced=true (Zugriff: 28.02.2023)

S. 115, M1: Straßenkinder. Spar dir dein Mitleid. Bielefeld: Globales Lernen Schule NRW, Welthaus Bielefeld e.V.: https://www.globales-lernen-schule-nrw.de/fileadmin/user_upload/GLSNRW/Hauptschule/HS-GL-7-8-Strassenkinder-2020.docx (Zugriff: 20.01.2023)

S. 115, M2: Straßenkinder. Daten und Fakten. Aktuelle Situation. Osnabrück: terre des hommes Deutschland e. V.: https://www.tdh.de/was-wir-tun/arbeitsfelder/strassenkinder/ (Zugriff: 28.02.2023)

S. 115, M3: Nelson Mandela: UN-Nachhaltigkeitsziel #1: keine Armut mehr. Zitiert nach: Wulkaprodersdorf: Pro Earth, AD ALL GmbH, 05.01.2023: https://news.pro.earth/2023/01/21/2055/ (Zugriff: 01.03.2023)

S. 115, M3: Malala Yousafzai: UN-Nachhaltigkeitsziel #4: Bildung für alle. Zitiert nach: Wulkaprodersdorf: Pro Earth, AD ALL GmbH, 05.01.2023: https://news.pro.earth/2023/01/25/un-nachhaltigkeitsziel-4-bildung-fuer-alle/ (Zugriff: 01.03.2023)

S. 116, M5: Andrea Pahl: Die zehn wichtigsten Kinderrechte. In: Köln: Deutsches Komitee für UNICEF: „Kinderrechte—Kinder der Welt", 2016, S. 10 ff.: https://www.globaleslernen.de/sites/default/files/files/education-material/ak081-lehrerheft-web1.pdf (Zugriff: 01.03.2023)

S. 119, M1: Meike [kein Nachname]: Afghanische Mädchen dürfen nicht zur Schule. Mainz: Zweites Deutsches Fernsehen, 26.03.2022: https://www.zdf.de/kinder/logo/afghanistan-maedchen-schule-102.html (Zugriff: 01.03.2023)

S. 121, M2: Ferienpatenschaften - Eine Auszeit für Kinder und Jugendliche. Holzwickede: Stiftung Kinderglück, Projektbüro Kinderglück-Halle, o.D.: https://stiftung-kinderglueck.de/ferienpatenschaften/(Zugriff: 26.06.2023)

Kapitel 5: Die Medien und du
S. 133, M1: Jugend & Technisierung – die digitale Jugendkultur. Köln: Digitale Jugendkultur – Die Bedeutung der Medien, Bundeszentrale für gesundheitliche Aufklärung (BZgA): https://www.ins-netz-gehen.info/eltern/beratung-und-informationen-zur-mediennutzung/digitale-jugendkultur/ (Zugriff: 13.02.2023)

S. 133, M3: Was tun bei Cybergrooming?. Zürich: Medien und Internet, Pro Juventute: https://www.projuventute.ch/de/eltern/medien-internet/cybergrooming (Zugriff: 13.02.2023)

S. 135, M2: Tanja Lindauer und Britta Pawlak: Lexikon: Pressefreiheit. Mainz: Helles Köpfchen, Lexikon. Cosmos Media UG, 18.10.2011: https://www.helles-koepfchen.de/artikel/1059.html (Zugriff: 13.02.2023)

S. 141, M5: Das kannst du gegen Cybermobbing auf Social Media tun. Wien: Bundesnetzwerk Österreichische Jugendinfos: https://www.jugendportal.at/mitmachen/das-kannst-du-gegen-mobbing-auf-social-media-tun (Zugriff: 01.03.2023)

S. 143, M1: Inwiefern prägen soziale Medien die geltenden Schönheitsideale? Stuttgart: medienkompass.de, Evangelisches Medienhaus GmbH, o.D.: https://medienkompass.de/einfluss-schoenheitsideale-social-media/ (Zugriff: 26.06.2023)

S. 144, M6: Retuschierte Werbung muss in Norwegen gekennzeichnet werden. Wien: Österreichischer Rundfunk, Stiftung öffentlichen Rechts, 01.07.2022: https://orf.at/stories/3273960/ (Zugriff: 01.03.2023)

S. 147, M1: InfluencerInnen – Das verbirgt sich hinter den Idolen aus dem Internet. In: Berlin: Influencer – Idole aus dem Internet – SCHAU HIN!: https://www.schau-hin.info/grundlagen/influencer-idole-aus-dem-internet (Zugriff: 14.02.2023)

S. 147, M3: Melanie Dahrendorf: Influencer-Zwillinge: Wie Lisa und Lena zum Internetphänomen wurden. Hannover: yeebase media GmbH, digital pioneers, 15.04.2017: https://t3n.de/news/influencer-lisa-und-lena-814368/ (Zugriff: 14.02.2023)

S. 151, M6: Tim Aschermann: Bilder per Rückwärtssuche finden - so geht's mit Google Bilder. München: BurdaForward GmbH (Chip), 18.05.2022: https://praxistipps.chip.de/bilder-per-rueckwaertssuche-finden-so-gehts-mit-google-bilder_2276 (Zugriff: 14.02.2023)

S. 151, M7: #StopFakeNews - Fake News erkennen. Bonn: Bundeszentrale für politische Bildung: https://www.bpb.de/themen/medien-journalismus/stopfakenews/ (Zugriff: 01.03.2023)

Kapitel 6: Dein Einkauf und die Umwelt
S. 169, M2: Hans Peter Seitel: Influencer-Werbung: Wie Kinder zum Kauf verleitet werden. Hamburg: Hamburger Abendblatt, FUNKE Medien Hamburg GmbH, 06.12.2021: https://www.abendblatt.de/ratgeber/article234029381/influencer-werbung-gefaehrlich-kinder-social-media.html (Zugriff: 01.02.2023)

S. 170, M3: #Ad - Alles Werbung oder was?. Köln: Ins Netz gehen, Bundeszentrale für gesundheitliche Aufklärung (BZgA): https://www.ins-netz-gehen.de/social-media/influencer-werbung-wie-kann-ich-sie-durchschauen/ (Zugriff: 02.03.2023)

S. 170, M4: Beatrix Loidl: Wie Sinnfluencer nachhaltig Content produzieren. München: PR-Blogger, Klaus Eck, 07.07.2020: https://pr-blogger.de/2020/07/07/wie-sinnfluencer-nachhaltig-content-produzieren/ (Zugriff: 03.03.2023)

S. 171, M5: Was sind Sinnfluencer? Zollhof: Internet-ABC e. V., Düsseldorf, 2022: https://www.internet-abc.de/kinder/neues-uebersnetz/was-sind-sinnfluencer/ (Zugriff: 04.04.2023)

S. 173, M1: Maria Zamut: Werde KlimaagentIn: Was heißt hier Klimaschutz?. Linz: Grünschnabel – Verein zur Förderung von Lebensqualität, 29.05.2020: https://www.gruenschnabel.at/nachhaltig-leben/was-heisst-hier-klimaschutz/ (Zugriff: 03.03.2023)

S. 173, M2: Klimawandel - Was ist das eigentlich? In: Aachen: Bischöfliches Hilfswerk Misereor e. V., Klimawandel und Folgen, Klima und Wandel, 1 Welt 4 you, Misereor, ihr Hilfswerk, S. 2.: https://www.misereor.de/fileadmin/publikationen/schuelerheft-klima-und-klimawandel-referat.pdf (Zugriff: 03.03.2023)

Bildquellenverzeichnis

S. 175, M1 und M3: Gebraucht kaufen, nachhaltig handeln. Berlin: BMUV, 10.02.2022: https://www.umwelt-im-unterricht.de/hintergrund/gebraucht-kaufen-nachhaltig-handeln (Zugriff: 03.03.2023)
S. 177, M1: Fast Fashion: Das Problem mit der Wegwerfkleidung. Unterföhring: goin`green, Seven.One Entertainment Group GmbH, 08.10.2021: https://goingreen.ran.de/fast-fashion-das-problem-mit-der-wegwerfkleidung (Zugriff: 03.03.2023)
S. 177, M2: Konsumkollaps durch Fast Fashion. Hamburg: Greenpeace e. V., 01/2017, S. 3: https://www.greenpeace.de/publikationen/s01951_greenpeace_report_konsumkollaps_fast_fashion.pdf (Zugriff: 03.03.2023)
S. 177, M3: Michael Weiland: Nachhaltigkeit in deutschen Kleiderschränken. Hamburg: Greenpeace e. V., 27.07.2022: https://www.greenpeace.de/engagieren/nachhaltiger-leben/nachhaltigkeit-deutschen-kleiderschraenken (Zugriff: 03.03.2023)
S. 178, M4: Sonjara: Textilsektor in Bangladesch: Jedes zehnte Kind muss arbeiten. München: earthlink e. V., 06.09.2018: https://www.aktiv-gegen-kinderarbeit.de/2018/09/textilsektor-in-bangladesch-jedes-zehnte-kind-muss-arbeiten/ (Zugriff: 03.03.2023)
S. 179, M5: Mein Essen - unser Klima. Einfache Tipps zum Klimaschutz. In: Bonn: Mein Essen - unser Klima. Bundesanstalt für Landwirtschaft und Ernährung (BLE), 2019, S. 9: https://www.bzfe.de/fileadmin//resources/import/pdf/Mein-Essen_Unser-Klima_leichte-Sprache.pdf (Zugriff: 03.03.2023)
S. 179, M6: Slow Fashion. Unterföhring: goin`green, Seven.One Entertainment Group GmbH, 27.06.2022: https://goingreen.ran.de/slow-fashion-nachhaltige-kleidung (Zugriff: 03.03.2023)

Bildquellenverzeichnis

|Agentur Focus - Die Fotograf*innen, Hamburg: jonas wresch 175.4. |AGRA-TEG Agrar- und Umwelttechnik GmbH, Göttingen: 181.6. |akg-images GmbH, Berlin: Lessing, Erich 75.1. |Alamy Stock Photo, Abingdon/Oxfordshire: Grunditz, Per 171.1; Marciniec, Artur 145.5; Pixsell 119.1; Polc, Jozef 143.1; Zoonar GmbH/Channel Partners 47.3. |Alamy Stock Photo (RMB), Abingdon/Oxfordshire: Daisy-Daisy 140.5; Eden Breitz 160.1, 182.1. |Baaske Cartoons, Müllheim: Mester, Gerhard 50.1; Mohr, Burkhard 62.4. |BDIH - Bundesverband der Industrie- und Handelsunternehmen für Arzneimittel, Reformwaren, Nahrungsergänzungsmittel u. kosmetische Mittel e.V, Mannheim: 181.5. |Bleckwedel, Asja, Kaltenkirchen: 10.1, 11.1, 11.2, 11.3, 11.4, 14.1, 15.1, 19.1, 19.2, 20.1, 21.1, 23.1, 23.2, 25.1, 25.2, 25.3, 25.4, 29.1, 31.1, 33.1, 40.1, 45.1, 46.1, 55.1, 71.2, 81.5, 81.6, 92.1, 94.1, 94.2, 95.1, 95.2, 97.1, 102.1, 102.2, 104.1, 107.1, 107.2, 107.3, 107.4, 108.1, 122.4, 127.1, 130.1, 149.1, 161.1, 161.2, 162.1, 162.2, 163.1, 163.2, 163.3. |Bundesministerium für Ernährung und Landwirtschaft (BMEL), Bonn: 179.3, 181.8. |Demeter e.V., Darmstadt: 179.7. |Diaz, Danae, Stuttgart: 6.1, 6.2, 7.1, 7.2, 7.3, 7.4, 8.1, 8.2, 8.3, 8.4, 9.1, 9.2, 22.1, 26.1, 30.1, 35.1, 68.1, 68.2, 69.1, 85.4, 85.5, 111.1, 118.1, 118.2, 118.3, 118.4, 118.5, 126.1, 129.2, 153.1, 153.2, 153.3, 180.2, 193.1, 193.2, 193.3, 193.4. |EPA Images, Frankfurt am Main: EFE/OLEG PETRASYUK 109.2; Nogier, Sebastian 179.3. |Fair Wear Foundation, CH Amsterdam: 'Fair Wear Foundation works with European garment companies to improve labour conditions for workers in garment factories. Fair Wear member brands are actively working towards improving the working conditions in their supply chains. Fair Wear checks how well each brand is doing and publicly reports about it. See if your favourite clothing brands are members on www.fairwear.org.' 181.11. |Fairtrade Deutschland e.V., Köln: 179.5, 181.1. |Forbrukertilsynet, Porsgrunn: 144.3. |fotolia.com, New York: aigarsr 47.1; BillionPhotos.com 89.2; Boehmer, Oliver 136.1; dom65 127.4; Eppele 159.2; GIZGRAPHICS 117.2, 117.4; Herbie 105.2; industrieblick 77.1; Kara 65.1; Kneschke, Robert 77.5, 105.5; Popcorn, Meddy 105.6; Syda Productions 106.1. |Fotostudio Henke, Paderborn: 36.1, 40.2. |Freigesprochen Medienoaching, Bergisch Gladbach: 139.1. |Gerther Treff e.V., Bochum: Medienbeauftragter Klaus Gesk/Anne-Frank-Realschule, Bochum, Flowers for Future 39.1. |Getty Images, München: Getty Images for Technogym/Schober, Gisela 143.3. |Getty Images (RF), München: FatCamera 90.1; mixetto 156.1; OR Images 62.1; Phynart Studio 137.1; PonyWang 168.1; Rafa Jodar 145.2; SDI Productions 5.1, 125.1, 169.1; SolStock 76.1; Stankovic, Dusan 73.2. |Global Standard gGmbH, Stuttgart: 179.6. |Imago, Berlin: Cord, Anja 158.1; Future Image/Kern, Frederic 143.2; penofoto 77.7. |Internationaler Verband der Naturtextilwirtschaft e.V. (IVN), Berlin: 181.7. |iStockphoto.com, Calgary: Alecsander, Igor 169.2; aylinnn 73.1; balipadma 13.4; Bayley, Don 105.4; dolgachov 106.2; draganab 145.3; EvgeniiAnd 175.2; FatCamera 24.1; fokkebok 5.2, 157.1; Hafemann, Finn 145.4; Halfpoint Titel; Hnatiuk, Viktoriia 146.1; insta_photos 132.1; Ivanytska, Nataliya 165.4; Jennifer Photography Imaging 105.8; kali9 113.8; Lin Shao-hua 155.2; MachineHeadz 4.1, 66.1; monkeybusinessimages 18.1; Motrtion 3.2, 43.1; Poravute 175.3; Rhodes, Janet 105.1; S.Rohrlach 81.2; SeventyFour 16.1, 145.1; SolStock 98.1; Teka77 Titel; undefined undefined 175.3; underworld111 75.2; valio84sl 127.3; Viktoriia Hnatiuk 124.1; Wavebreakmedia 3.1, 17.1; Yildiz, Mahsun 123.1. |Lindner, Anna K., Cremlingen/Weddel: 37.1, 50.2, 51.1, 65.7, 71.1, 73.3, 78.1, 78.2, 79.1, 129.1, 131.7, 133.1. |Lupe Lev, Leverkusen: 62.2. |Martin, Chris, Newman Lake, WA: 144.1, 144.2. |Matzerath, Ralph, Haan: 63.1. |mauritius images GmbH, Mittenwald: Manfred Habel 113.9; Otto, Werner 112.1. |Mazhiqi, Besim, Schloß Holte-Stukenbrock: 48.1, 64.2. |Mediengruppe Westfälischer Anzeiger, Hamm: Rother, Andreas 47.5. |nelcartoons.de, Erfurt: 147.1. |Picture Press Bild- und Textagentur GmbH, Hamburg: Timmins, Andrew 183.2. |Picture-Alliance, Frankfurt a.M.: 60.1, 64.4, 70.1, 79.2, 87.1, 88.1, 99.2, 139.2; APA/picturedesk/Steinmaurer, Tobias 65.8; Baumgarten, Ulrich 81.1; Bildagentur-online/Tetra Images 100.1, 122.2; DAVID BOILY 75.5; dieKLEINERT.de/Guhl, Martin 99.1; dieKLEINERT.de/Koufogiorgos, Kostas 174.1, 182.2; dpa 28.1, 40.3, 155.3, 175.1; dpa | Christian Charisius 61.5; dpa-tmn/Waibel, Catherine 113.5; dpa-Zentralbild/Büttner, Jens 34.1, 61.4; dpa-Zentralbild/Endig, Peter 75.4; dpa/B. Weissbrod 47.2; dpa/Berg, Oliver 110.2; dpa/Beytekin, Benjamin 65.5; dpa/Federico Gambarini 155.1; dpa/Fishman, Robert B. 61.1, 67.1; dpa/Frank May 113.4; dpa/Gollnow, Sebastian 54.1; dpa/Hoppe, Sven 110.1; dpa/J. Carstensen 109.3; dpa/K M Asad 176.1, 182.4; dpa/Kaiser, Henning 62.3, 171.2; dpa/Reichel, Michael 42.1; dpa/Schnörrer, Karl 74.1; dpa/Vennenbernd, Rolf 114.1, 122.1; dpa/Wittek, Ronald 65.3; dpa/Zinken, Paul 61.2; Geisler-Fotopress/Hardt, Christoph 173.1; Gentsch, Friso 75.3; Goldmann 65.6; Graf, Patrick /Geisler-Fotopress 150.2; Grubitzsch, Waltraud 93.2; imageBROKER/Arco Images/G. Di Rosa 52.1; imageBROKER/Krüger, Olaf 178.1; imageBROKER/Kuttig, Siegfried 65.4; Inderlied, David 173.4; Kern, Frederic/Geisler-Fotopress 147.2; Koene, Ton 123.2; Kubirski, Daniel 109.1; Larrieu, Pierre/Lucas, Hans 173.2; nordphoto/Meuter 164.1, 182.3; Oberhäuser, Rupert 32.1; photothek/Imo, Thomas 61.3; photothek/Trutschel, Thomas 152.1, 154.3; Shotshop/Monkey Business 101.1; Shotshop/Monkey Business 2 109.4; Stratenschulte, Julian 140.1; SZ Photo 13.1; Westend61/Baerenz, Leander 101.4; Westend61/Espadas, Victor 72.1, 88.3; Westend61/Fischinger, Mareen 86.1, 88.4, 93.5; Westend61/Guryanova, Oxana 93.7; Westend61/Heß, Irina 93.3; Westend61/Martínez, Albert 101.3; Westend61/Pindyurin, Vasily 113.1; Westend61/Ravasio, Michela 96.1; Westend61/Roesch, Sandra 80.1; Westend61/Rovirosa, Josep 101.5; Westend61/Sunegina, Evgenia 93.6; Westend61/Sánchez Mingorance, Javier 101.2; Westend61/Yakunina, Ekaterina 93.1; Westend61/zerocreatives 35.1; ZB/J. Kalaene 117.1; ZB/Pleul, Patrick 120.1, 122.3; Zoonar.com/Channel Partners 93.4; Zoonar/Fessel, Rudy 58.1. |plainpicture, Hamburg: DEEPOL/Cavan Images 77.3; DEEPOL/Maskot 77.4; DEEPOL/Rodriguez, Julio 77.2. |RAL gGmbH, Bonn: 179.4, 181.4. |Shutterstock.com, New York: BlueOrange Studio 101.6; Gurza 162.3; Irina Adamovich 21.4, 21.5; Kmpzzz 81.4; Kraska 181.10; Prostock-studio 170.1; sima 84.1, 88.2; Sorbis 177.1; tatevrika 21.2, 21.3; WindNight 81.3. |Stadt Baesweiler, Baesweiler: 59.1, 59.2. |Stadt Monheim am Rhein, Monheim am Rhein: 53.1. |Stadt Wuppertal, Wuppertal: 56.1, 57.1, 57.2, 64.2. |Stiftung Haus der Geschichte, Bonn: Jupp Wolter/Künstler 183.1. |Stiftung Kinderglück, Dortmund: 121.1. |stock.adobe.com, Dublin: A_Bruno 151.4; Antonioguillem 140.2; antto 85.1, 85.2, 85.3; benjaminnolte 13.2; Bernd Heinze 13.6; Comugnero Silvana 148.1, 154.1; contrastwerkstatt 140.6; copyright by Oliver Boehmer - bluedesign® 47.4; David de la Iglesia Villar 167.1; Daxiao Productions 13.5; DYOLF 165.2; Egoitz Bengoetxea 87.2; Engel, Jan 181.9; Ernst, Daniel 89.3; Fälchle, Jürgen 105.3; Friedel, Bernd 113.6; Haertle, Andreas 65.2; Ixepop/Duplass, Jaimie 39.2; JackF 82.1; Jaeger lorhelm, Michael 113.2; Jasinski 165.3; Kneschke, Robert 38.1, 40.4, 61.6; kowition 65.9; leszekglasner 140.4; Lievano, Sergio J 151.2, 151.3, 151.5, 151.6; LIGHTFIELD STUDIOS 4.2, 91.1, 138.1, 154.2; M.Style 131.6; metamorworks 134.1; motortion 140.3; nadiinko 131.5; pixelfreund 77.6; QuietWord 165.1; Racle Fotodesign 150.1; rawku5 131.1, 131.2, 131.3, 131.4; Rawpixel.com 44.1, 64.1; Rido 13.3; rupbilder 113.7; Schwier, Christian 105.7; sewcream 141.1; Siberian Art 165.5; StefanieBaum 89.1; Toffolo, Idil 159.1; Tryfonov 172.1; valiza14 180.1; Virlan, Gabriel 128.1; vladimirfloyd 142.1, 154.4; Vukolov, Roman 127.2; warmworld 151.1; Zhanna 179.2. |ullstein bild, Berlin: Africa Media Online 115.1; Schöning 113.3. |UNICEF Deutschland, Köln: © UNICEF 116.1; © UNICEF/UNI331932/Bänsch 117.3. |United Nations, New York, NY: https://www.un.org/sustainabledevelopment/ „The content of this publication has not been approved by the United Nations and does not reflect the views of the United Nations or its officials or Member States" 115.2, 115.3. |Verband Lebensmittel ohne Gentechnik e.V. (VLOG), Berlin: 181.2. |Verein Lilli für Prävention und Online-Beratung junger Frauen und Männer zu Sexualität und sexueller Gewalt, Zürich: 133.2. |Westdeutsche Zeitung, Wuppertal: Michaels, Judith 45.2. |Wochenschau Verlag Dr. Kurt Debus GmbH, Frankfurt/M.: 49.1. |© Bundesanstalt für Landwirtschaft und Ernährung (BLE), Bonn: 179.1. |© European Union: © European Union, 2019 181.3.

Stichwortverzeichnis

Abstimmung → 11, 22, 117
alleinerziehend → 92f., 97
Arbeitsteilung → 176
Argument → 22f., 54f., 62, 106, 117, 144
Armut → 114f., 120–123, 178, 187

Bedarf → 57, 80f.
Bedürfnispyramide → 70–73
Bürgermeisterin/ Bürgermeister → 48–51, 63–65

Care-Arbeit → 98, 187
Clickbait → 149
Cybergrooming → 133
Cybermobbing → 137–141, 154–155

Daten → 128, 152, 154–155
Datenschutz → 152, 154
Demokratie → 10, 27, 29, 40, 48–50, 61, 64, 108
Digital Native → 133
digitale Revolution → 126

Ehrenamt → 48f., 51, 60–65, 185f.
Eigenverantwortung → 138
Einkauf → 158, 160–163, 165, 169, 174, 176, 179, 182
Einwanderung → 108–111
Engagement → 60–63
Erdüberlastungstag → 174
Erziehung → 44, 83f., 92, 98f., 100, 108, 186

Fairtrade → 179
Fake News → 137, 148–151, 154
Familie → 10, 12, 20, 44, 62, 68, 73, 92–101, 107f., 112–115, 120f., 122, 126, 158, 178, 187f.
Fast Fashion → 177, 183
Filter → 142–145, 154
Flucht → 108, 116, 122
„Fridays for Future" → 39, 171, 185

Geld → 12f., 14, 65, 74–77, 79, 80–89, 98, 100, 103, 112, 114, 120f., 127, 148, 154, 158, 164, 168f., 171, 175, 178, 185f., 188
Gelderziehung → 83
Gemeinde → 38, 42–65, 110, 114, 185, 187
Gemeinderat → 48–51, 54f., 64f.
Gemeinschaft → 10, 18, 21, 44–46, 60–64, 98, 108f., 122
Geschäftsfähigkeit → 84–85
Geschlecht → 96, 98, 100–103
Gleichberechtigung → 98f.
Gruppe (soziale) → 10, 18, 60, 86, 92, 98, 100, 108f., 122

Hauptamt → 48–51
Haushalt → 12, 80, 92, 98, 100, 112, 128

Influencerin/Influencer → 13, 86f., 143–147, 168–171, 183, 188f.
Integration → 109f., 122

Jugendparlament → 56
Jugendrat → 56f., 60, 64

Kaufentscheidung → 86f., 158, 167, 176–179, 183
Kaufkraft → 86, 88
Kaufvertrag → 84, 88
Kinderarbeit → 175, 178, 182, 189
Kinderarmut → 114, 120–123, 187
Kinderrechte → 114–117, 119, 122f., 171, 187, 189
Klassenrat → 28f. 36, 40f.
Klimawandel → 112, 149, 172f., , 182, 189
Knappheit → 80f.
Kommunalwahl → 49f., 56

Like → 132, 142, 145, 164, 168

Mangel → 80f.
Massenmedien →134f.
Maximalprinzip → 81
Migration → 108–110, 122
Minimalprinzip → 81
Mobbing → 23, 30, 137–141, 154f., 188

Nachhaltigkeit → 38 –40f., 58f., 78, 86, 112, 175, 177

Ökonomie → 80

Pflicht(en) → 10, 20, 34f., 46f., 108, 144
Pressefreiheit → 134f.
Privatsphäre → 116, 132, 152
Produktplatzierung → 164

Queer → 96

Rathaus → 46, 52f.,
Recht(e)→ 10, 20, 34–36, 96., 108, 114–117, 122f., 135, 152f., 155, 171, 187
Recycling → 174f., 177, 182

Ressourcen → 38, 58, 174–176, 182 f.
Rolle (soziale) → 18, 28, 54, 98, 100–107, 122f., 138, 171

Schulden → 74
Schülerrat → 36f., 41, 184
Schülersprecherin/ Schülersprecher → 36, 41
Schülerversammlung → 36f., 41, 184
Schülervertretung → 36f., 40f., 145, 184
Schulgesetz → 34f.
Selbstdarstellung → 142f.
Selfie → 142–145
Sinnfluencer → 170f., 188f.
Stadtrat → 48–51
Straßenkind → 115
Supermarkt → 12, 160–163, 179, 183

Taschengeld → 76, 79, 82–86, 88f., 186
Teilzeit → 62, 98f., 187

Umwelt → 61, 78, 87, 112, 156–183, 185, 188
Urheberrecht → 152, 154

Vertrag → 84f.
Vollzeit → 98f.
Vorbild(er) → 86, 143, 146f., 155, 168

Wahl(en) → 10, 24f., 27, 41, 48–50, 56, 64f., 185
Werbung → 159, 164–171, 181–183, 188

Zensur → 135
Ziele für nachhaltige Entwicklung → 58, 115